하나님은 함께 모여 그분을 찬양하라고 그분의 온 가족을 부르셨다. 이 책은 그렇게 모일 수 있도록 우리 마음을 준비시킨다.

키이스 게티ㆍ크리스틴 게티 〈오직 예수〉(In Christ Alone) 작사/작곡가

《마음 다해 주일예배》는 정말 중요한 책이다. 이 탁월한 묵상집에서 폴 트립은 공예배가 얼마나 귀한 선물인지를 상기시키면서 함께 모이는 습관을 버리지 말라고 권면한다. 〔팬데믹으로〕 최근 전 세계 수많은 사람이 '교회 모임'이라는 복을 잠시 빼앗겼다. 상황이 조금씩 회복되면서, 우리는 우리가 함께 모일 때 더 좋았다는 사실을 기억했다. 또한 그분의 백성 가운데 거하시는 살아 계신 하나님의 놀라운 역사를 다시 소중히 여기게 되었다. 우리는 '외로운 늑대'로 지음받지 않았다. 하나님 나라는 각자도생으로 움직이지 않는다. 이 책은 이 사실을 아름답고도 시기적절하게 상기시킨다. 영성 넘치는 작가 폴 트립의 52개의 글 하나하나는 당신을 교회 모임이라는 영광으로 더욱 깊이 이끌어 줄 것이다.

매트 레드먼 찬양 인도자, 송라이터

주일예배의 행위 하나하나는 하나님의 백성이 복음의 선함을 선포하고 기억하게 도와준다. 예배 시작에서 축도에 이르기까지 우리가 모여서 무엇을 하고 그것을 왜 하는지를 더 깊이 이해해야 한다. 《마음 다해 주일예배》 덕분에 나는 공예배의 아름다움과 경이를 새로운 눈으로 볼 수 있게 되었다. 이 책이 당신에게도 그렇게 해 주리라 믿는다.

매트 보스웰 남침례교신학교(The Southern Baptist Theological Seminary) 교회 음악 및 찬양 부교수

어린 세 아들을 데리고 교회에 갈 준비를 하는 시간은 때로 난장판이었다. 울고불고 소리 지르는 일의 연속이었다. 아이들보다 내가 더 그랬다. 폴 트립은 주일예배를 드리러 교회에 가는 것이 왜 중요하며 거기서 매주 예수님을 만나고 예배하도록 어떻게 우리 마음을 준비해야 하는지를 알려 준다. 이 책을 몇 년 전에 만났다면 얼마나 좋았을까! 이 책은 당신과 당신의 온 가족을 위한 귀한 선물이다.

앤 윌슨 *No Perfect Parents*(완벽한 부모는 없다) 저자

Sunday Matters: 52 Devotionals to Prepare Your Heart for Church

Copyright © 2023 by Paul David Tripp
Published by Crossway
a publishing ministry of Good News Publishers
Wheaton, Illinois 60187, U.S.A.

This Korean translation edition © 2023 by Duranno Ministry, Seoul, Republic of Korea
This edition published by arrangement with Crossway
through rMaeng2, Seoul, Republic of Korea.
All rights reserved.

이 한국어판의 저작권은 알맹2를 통하여 Crossway와 독점 계약한 두란노서원에 있습니다.
신 저작권법에 의하여 한국 내에서 보호받는 저작물이므로 무단 전재와 무단 복제를 금합니다.

마음 다해 주일예배

지은이 | 폴 트립
옮긴이 | 정성묵
초판 발행 | 2023. 12. 20
등록번호 | 제1988-000080호
등록된 곳 | 서울특별시 용산구 서빙고로65길 38
발행처 | 사단법인 두란노서원
영업부 | 02)2078-3333 FAX | 080-749-3705
출판부 | 02)2078-3330

책값은 뒤표지에 있습니다.
ISBN 978-89-531-4665-5 03230

독자의 의견을 기다립니다.
tpress@duranno.com   www.duranno.com

두란노서원은 바울 사도가 3차 전도 여행 때 에베소에서 성령 받은 제자들을 따로 세워 하나님의 말씀으로 양육
하던 장소입니다. 사도행전 19장 8 - 20절의 정신에 따라 첫째 목회자를 돕는 사역과 평신도를 훈련시키는 사역,
둘째 세계선교TIM와 문서선교단행본 · 잡지 사역, 셋째 예수문화 및 경배와 찬양 사역, 그리고 가정 · 상담 사역 등을 감
당하고 있습니다. 1980년 12월 22일에 창립된 두란노서원은 주님 오실 때까지 이 사역들을 계속할 것입니다.

준비하고 함께하는 만큼 은혜롭다

마음 다해
주일예배

—— SUNDAY MATTERS ——

폴 트립 지음

정성묵 옮김

두란노

주일마다 훌륭한 설교로,

나로 복음과 그 안에 담긴 소망의 주인공이신 구주와

사랑에 빠지게 해 준 모든 목사님에게.

/ contents /

주일을 사모하는 마음이
다시 타오르기를

여느 사람들처럼 나도 완벽하지 못한 집안에서 자랐다. 하지만 우리 가정에는 평생 내 삶에 지대한 영향을 준 좋은 가족 문화가 있었다. 토요일 저녁이면 우리 형제들은 다음 날 아침 톨레도가스펠교회(Toledo Gospel Tabernacle)에서 드릴 주일예배 준비를 했다. 차례로 깨끗하게 목욕하고 각자 신발을 아버지에게 가져갔다. 그러면 아버지는 모든 신발을 반짝반짝 윤이 나게 닦아 줬다.

우리는 일요일(주일)에 교회에 갈지 말지 힘들여 토론하지 않았다. 예배 시간을 가족 일정에 억지로 끼워 넣을 필요가 없었다. 애초부터 우리 가족의 주말 일정은 한 가지를 중심으로 돌아갔기 때문이다. 바로 주일예배다. 주일예배를 뺀 주말은 상상할 수 없었다.

이런 가족 문화를 물려준 부모님에게 진심으로 감사드린다.

주일 아침마다 항상 우리 가족이 교회에 가장 먼저 도착했다. 아버지가 예배에 늦는 것을 몹시 싫어했기 때문이다. 제2차 세계대전 때 청력이 심하게 손상된 아버지를 위해 우리는 항상 예배당 맨 앞자리에 앉았다. 나는 거기서 무려 1,000편이 넘는 설교를 들었다. 거의 성경 전체를 설교로 들었다 해도 과언이 아니다. 그리고 뜨거운 믿음의 고백을 담은 수많은 찬송가를 배웠다. 그중 많은 곡을 지금도 외워서 부를 수 있다. 그렇게 나는 부모님 옆에 나란히 앉아 기독교 신앙의 핵심 교리들을 배우며 자랐다.

나는 일요일에 교회 가는 일을 삶의 당연한 일부로 여기면서 자랐다. 그건 내게 딱히 초자연적 행동이라거나 특별한 결단이 아니었다. 모든 기독교 가정이 그러하듯, 아주 어린 시절부터 일요일에 교회에 가는 건 내게 아주 자연스러웠다. 우리 가족에게 이 일요일 규칙의 예외란 없었다. 휴가지에 가서도 부모님은 주일예배를 드릴 교회부터 찾았다. 이 중요한 영적 습관을 철저히 길러 준 부모님에게 깊이 감사드린다.

그런데 기억을 더듬어 보니, 우리 부모님은 주일예배를 위해 '마음'을 준비하라는 말은 한 번도 하지 않았던 것 같다. 마음을 다해 하나님을 예배하는 것은 인간이 할 수 있는 가장 고귀한 소명이요, 가장 놀라운 일이다. 예배가 영적 전쟁이 벌어지는 전쟁터이기 때문이다. 우리 영혼의 원수는 우리가 예배에 온전히 뛰어들어 하나님 말씀을 분명히 듣고 결단하지 못하도록 막기 위해서라면 무슨 짓이든 벌인다.

우리는 준비되지 않은 마음으로 예배당에 들어가기가 쉽다. 교회 가는 길에 부모님이 말다툼을 하는 바람에 온 가족이 인상을 찌푸린 채 예배당에 들어갔던 기억이 난다. 하루는 내가 신고 있던 해진 운동화가 부끄러워서 차에서 엉엉 울고 예배 시간에도 내내 그 생각만 했던 기억이 난다. 청소년 시절에는 교회에서 예수님보다 여자아이들 만날 생각에 부풀었던 기억도 있다.

도무지 낼 방도가 없는 청구서 생각에 예배에 집중하지 못하는가? 하나님이 멀리 계신 듯 느껴지거나 나를 돌보시지 않는다는 서운함이 밀려와 어떻게든 하나님을 믿어 보려 씨름하면서 주일 아침을 맞았는가? 갈등이 끊이지 않는 부부 관계에 실망한 채 예배 시간 내내 주위의 행복해 보이는 부부들만 곁눈질하고 있는가? 교회 리더십이나 목사의 목회 방향에 불만을 품은 채 교회에 가는가? 마음이 냉담한 시절을 보내고 있는가? 하나님을 기쁘시게 하는 삶보다 세상의 성공과 권력이 더 매력적으로 보이는가? 몸 상태가 안 좋아 예배 시간이 힘들고 불편한가? 자녀의 영적 상태로 심란해 예배에 집중하기 어려운가? 회사 일로 마음이 무거운가? 갑작스러운 유산으로 몸과 마음이 아픈가? 사랑하는 사람을 잃었는가? 오랜 꿈이 무산되었는가? 누구보다 믿었던 사람에게 배신을 당했는가? 하나님께 실망했는가? 가정에서 충격적인 일을 겪었는가? 교만과 자기 의로 충만해 예배에 그다지 목마르지 않은가? 복음을 향한 열정이 예전만 못한가?

우리가 하나님의 자녀라고 해서 죄로 망가진 이 세상의 가혹한 현실을 피할 수 없다. 세상의 망가짐은 모든 인간의 삶에 파고든다. 성경은 우리 모두 '이미' 회심한 상태와 '아직' 본향에 가는 중인 상태 사이에서 시험을 만나며 신음한다고 말한다. 이 땅에서의 삶은 고단하고 참 힘겹다. 우리는 무거운 책가방을 메듯 늘 짐을 지고 살아가며, 그 짐이 공예배(corporate worship; 공중예배)의 풍요로움에 온전히 참여하지 못하게 방해하곤 한다.

이 모든 건 우리가 주일 아침에 '지극히 중요한 일'을 위한 영적 준비가 안 되어 있을 때가 많다는 걸 의미한다. 여기서 지극히 중요한 일이란 바로 하나님께 합당한 예배를 드리고 그분 말씀의 가르침에 우리 마음을 여는 것이다. 우리는 너무도 자주 주일예배 시간에 기쁨 없이, 감사 없이, 기대감 없이 그저 앉아만 있다.

그래서 이 책을 썼다. 이 책은 주일예배가 선사하는 아름다운 것을 위해 매주 마음을 준비하도록 도와줄 52개의 1년 치 짤막한 묵상 글을 담았다. 이 시간을 통해 당신이 공예배라는 하나님의 놀라운 선물에 '온전히' 참여할 뿐 아니라, 더 중요하게는 '지속적으로' 참여해 하나님과의 관계와 삶의 방식이 변화되기를 바란다. 또한 매주 드리는 공예배가 당신의 일상으로 넘쳐흐르기를 바란다. 그리하여 당신의 삶 자체가 당신을 구원하고 자녀로 입양하셨으며 당신을 가까이 부르시려 날마다 역사하시는 구주께 드리는 예배요, 찬송이 되기를!

주일 공예배는

내 삶에서 가장 귀한 것은

내 노력으로 얻을 수 없으며,

내게는 받을 자격이 없고,

예나 지금이나 전적으로 하나님 은혜의 선물임을

다시 마음에 새기기 위한 시간이다.

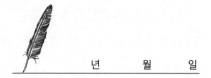

년   월   일

복음과 삶이 겉도는 이 시대 그리스도인에게

당신은 어떤지 모르겠지만 나는 바쁘고 버거운 삶 속에서 종종 중요한 뭔가를 잊곤 한다. 나를 비롯한 수많은 그리스도인이 이 미묘한 형태의 건망증을 자주 경험한다. 살면서 복음의 정신을 일시적으로 잊어버리는 때가 있다. 하나님이 존재하시지 않고, 성경이 기록된 적이 없으며, 예수님이 이 땅에서 살다가 죽고 다시 살아나신 적이 없는 것처럼 사는 경우 말이다. 신앙을 아예 떠나는 상황까지는 아닐지라도, '복음 건망증'은 분명 우리 삶을 조금씩 일그러뜨린다. 이럴 때는 내 안과 주위의 다양한 요인에 휘둘려 삶이 흉하게 일그러지기 쉽다. 하나님께 순복하는 데서 오는 온전한 쉼을 누리지 못하니, 삶이 아름답게 빚어지지 못한다. 종종 인생에서 정말 중요하고 귀한 것을 잘 보지 못할 때가 있는데, 돌아보면 그럴 때마다 크고 작은 진폭으로 내 바람과 생각과 말과 행동이 달라졌다. 나만 그런 것은 아닐 터.

남편이나 아내, 친구와 말다툼을 할 때 이기는 게 가장 중요해졌는가? 그 순간 당신은 복음의 정신을 잊은 것이다. 회사에서 승진하기 위해서라면 무슨 짓이든 서슴지 않는가? 그 순간 당신은 복음의 정신을 잊은 것이다. 땅 문제가 걸리면 이웃과의 관계 따위는 얼마든지 저버릴 수 있는가? 그 순간 당신은 복음의 정신을 잊은 것이다. 버릇없이 구는 사춘기 자녀에게 인내심을 잃고 독설을 퍼부었는가? 그 순간 당신은 복음의 정신을 잊은 것이다. 몸무게와 외모에 지나치게 집착하는가? 그 순간 당신은 복음의 정신을 잊은 것이다.

사치스러운 삶을 이어 오다가 감당할 수 없을 만큼 큰 빚을 졌는가? 그 순간 당신은 복음의 정신을 잊은 것이다. 포르노 중독에 빠져 있는가? 그 순간 당신은 복음의 정신을 잊은 것이다. 남들 이목에 지나치게 연연하는가? 그 순간 당신은 복음의 정신을 잊은 것이다. 인간관계에서 상대방을 지배하고 통제하려 하는가? 그 순간 당신은 복음의 정신을 잊은 것이다. 시기와 질투로 기쁨을 잃어버렸는가? 그 순간 당신은 복음의 정신을 잊은 것이다. 수동적인 신앙생활에 안주해 있는가? 당신은 복음의 정신을 잊은 것이다.

이 세상 어디에도 우리에게 인간의 삶을 바꾸고 생명과 소망을 주는 복음의 놀라운 가치들을 권장하는 곳은 없다. 우리는 복음의 근본 가치들을 분명히 알려 주는 목소리의 부재 속에서 살고 있다. 우리에게는 진정으로 가치 있는 것을 기억하고 그것을 추구하며 살라고 알려 줄 목소리가 필요하다. 물질주의적이고 반(反)복음적인 세속 가치관에 물들지 않기가 전에 없이 힘들다는 사실을 당신도 분명히 느끼고 있을 것이다.

세상의 목소리를 잠재우고 진정으로 중요한 것을 복음 중심으로 바라보기가 참으로 힘들다. 우리가 쉴 새 없이 세상 목소리가 흘러나오는 스마트폰을 들고 다니기 때문이다. 트위터, 틱톡, 인스타그램, 페이스북 같은 소셜 미디어가 우리 자신과 삶을 바라보는 시각에 미치는 영향력은 아무리 강조해도 지나치지 않다. 이제는 딱히 할 일이 없을 때 스마트폰을 꺼내 서핑하지 않는 게 오히려 어색하다. 일상을 사진 찍어 올리고 그것을 다른 사람이 올린 사진과 비교하지 않기가 어려워졌다. 나아가 이런 강력한 습관들이 어떤 식으로 인생에서 진정으로 중요한 것들을 잊어버리게 하는지 자각하기가 어려워졌다.

하지만 하나님은 우리 삶의 다른 모든 영적 위험에서 그러하시듯 이런 위험 속에서도 은혜로 우리를 만나 주시며 필요한 것을 주신다. 사랑의 구주께서 복음의 정신을 잊지 않으려 애쓰는 우리를 어떻게 만나 주시는가? 주로 교회라는 선물을 통해 만나 주신다. 하나님은 우리에게 도움이 필요한 줄 아신다. 그분은 우리가 영적으로 홀로 살아가도록 설계되지 않았음을 아신다. 그래서 그분은 우리에게 교회로 모이라고 명령하셨다. 교회에서 우리는 다시 한 번 기억하고, 다시 한 번 애통해하고, 다시 한 번 감사하고, 교회 바깥으로 나가서 예수 그리스도의 복음이라는 아름다운 가치의 빛 가운데서 살아야 한다.

하나님의 백성이 정기적으로 만나는 이 모임은 의무이기에 앞서 초대다. 그 자리에서 아버지 하나님은 우리를 무릎에 앉히시고, 우리 귀에 사랑한다고 속삭이시며, 우리가 누구이고 그분의 가족이 되는 것이 얼마나 귀한지를 기억하게 하신 뒤 우리를 각자의 길로 다시 보내신다.

교회 정기 모임은 인생에서 가장 귀한 것은 내 노력으로 얻을 수 없다는 사실을 되새기기 위한 시간이다. 인생에서 가장 귀한 것은 인간의 힘으로 얻을 수 없다. 돈으로 사거나 소유할 수 없다. 인생에서 가장 귀한 것은 내 힘으로 얻을 수 있는 경험도, 다른 사람이 줄 수 있는 것도 아니다.

인생에서 가장 귀한 것은 바로 하나님이 은혜로 주신 영원한 선물이다. 내가 영원한 용서를 받은 것, 하나님의 가족으로 영원히 받아들여진 것, 하나님의 자녀로서 영원한 내 운명이 보장된 것이다.

예수님의 의로운 삶, 대속의 죽음, 생명을 주는 부활로 이 모든 것이 나를 위해 확보되었다. 인생에서 가장 귀한 것은 그리스도와의 연합이다. 은혜로 말미암아 그리스도가 내 안에 있고 나는 그분 안에 있다. 이 연합은 내가 영적으로나 정서적으로나 과거의 후회에 갇혀 살지 않아도 된다는 뜻이다. 현재의 두려움과 무기력 속에서 살 필요가 없고, 미래에 대한 불안에 시달릴 필요가 없다.

복음의 가치는 우리로 하여금 겸손과 소망의 교차점에서 살 수 있게 해 준다. 내 약점을 솔직히 인정하는 동시에 용기 있게 살게 한다. 내 영광보다 더 큰 영광을 위해 살게 한다. 나를 향한 하나님의 자비하심을 따라 너그러운 태도로 살게 한다. 하나님께 받은 용서로 다른 사람을 용서하며 살게 한다. 다른 어떤 성공보다도 영적 성숙을 추구하게 한다.

그렇다고 내가 인간이 해야 할 다른 모든 일(직업, 인간관계, 재정, 육체적 건강, 오락, 여가)을 그만둔다는 뜻은 아니다. 다만 내 삶의 이런 영역이 새로운 의미와 목적을 지니게 된다. 더는 거기서 생명을 찾지 않기 때문이다. 이런 영역에서 이제 나는 오직 구속의 은혜로 받은 생명에 따라 기쁨으로 산다.

매주 교회 모임을 선물로 여겨 그 시간을 기대하며 기다리기를 바란다. 사랑하는 사람에게 받은 선물을 열어 보는 시간을 기대하듯 말이다. 주일예배는 하나님이 매주 우리에게 주시는 선물이다. 그 선물은 예수님의 은혜라는 포장에 싸여 있으며, 우리를 창조하신 분이 주시는 것이다. 그분은 우리를 아시고, 우리가 사는 이 망가진 세상 속 시험을 이해하시며, 우리에게 필요한 모든 도움을 주시는 분이다. 이 모임 중에 우리는 하나님이 결코 우리에게 싫증 내지 않으시고, 우리를 가족으로 들인 일을 결코 후회하지 않으시며, 못마땅하다면서 고개를 돌려 떠나 버리지 않으신다는 사실을 되새긴다.

　　하나님이 다시 모이라고 우리를 초대하신다. 모여서 그분의 말씀을 기억하고, 그분의 말씀을 기억함으로써 복음의 가치관을 분명히 정립해, 우리 마음의 예배를 회복하고 삶을 정돈하라 하신다.

　　교회 모임이라는 하나님의 선물을 기쁨으로 받아들이자. "모이기를 폐하는 어떤 사람들의 습관과 같이하지 말고 오직 권하여 그 날이 가까움을 볼수록 더욱 그리하자"(히 10:25).

마태복음 6장 19-21절 너희를 위하여 보물을 땅에 쌓아 두지 말라 거기는 좀과
동록이 해하며 도둑이 구멍을 뚫고 도둑질하느니라 오직 너희를 위하여 보물
을 하늘에 쌓아 두라 거기는 좀이나 동록이 해하지 못하며 도둑이 구멍을 뚫지
도 못하고 도둑질도 못하느니라 네 보물 있는 그곳에는 네 마음도 있느니라.

마태복음 13장 44-46절 천국은 마치 밭에 감추인 보화와 같으니 사람이 이를
발견한 후 숨겨 두고 기뻐하며 돌아가서 자기의 소유를 다 팔아 그 밭을 사느
니라 또 천국은 마치 좋은 진주를 구하는 장사와 같으니 극히 값진 진주 하나
를 발견하매 가서 자기의 소유를 다 팔아 그 진주를 사느니라.

어떤 습관이 '복음의 정신'을 잊도록 나를 유혹하는가?

하나님의 사람들과 정기적으로 만나면 그 유혹을 어떻게 뿌리칠 수 있을까?

나는 주로 누구 혹은 무엇에서 '생명'을 찾는가?

위 마태복음 말씀을 읽고 예배를 통해 다시 마음에 새겨야 할 것들이 무엇인지
나눠 보라(예를 들어, 복음의 놀라운 가치).

올해 받은 선물 가운데 좋았던 선물 두 가지만 말해 보라.

주일 공예배가 왜 하나님이 매주 우리에게 주시는 선물이며, 왜 그것이 다른
어떤 선물보다도 훨씬 더 귀한지 이야기해 보라.

주일 공예배는

내게 무엇이 필요한지 정확히 아시며,

무한한 사랑과 지혜, 측량 못 할 능력,

끝없는 은혜로 나를 채워 주실 분께

도와 달라고 부르짖기 위한 시간이다.

년   월   일

믿음으로 손들다, "주님, 도와주세요!"

우리는 도와 달라고 손 내밀지 못할 때가 너무도 많다. 물론 인간이 홀로 살아갈 수 없고 자신이 완벽하지 못하다는 것도 안다. 그럼에도 불구하고 여전히 "상황이 좋지 않아요. 도와주세요"라고 말하기를 주저한다. 상황이 좋지 않으면서도 교만으로 인해 그럴싸한 겉모습을 유지하는 것이다. 그래서 다른 사람들은 우리가 정말 괜찮은 줄 안다.

교만은 성숙하고 지혜롭고 강한 이미지를 풍기고 싶게 한다. 그래서 사람들이 잘 지내냐고 물으면 "좀 힘들었지만 하나님은 선하십니다" 같은 식의 표현을 쓴다. 혹은 본인의 상태에 관한 개인적 질문에 상황적 진술로 대답한다. 예를 들어, 잘 지내느냐는 질문에 "힘든 한 주였어요"라고 답하는 식이다. 보다시피 이런 답에서 파악할 수 있는 개인적 정보는 없다. 피상적 상황에 관해서만 말했을 뿐, 자신이 그 상황을 어떻게 다루고 있는지에 관한 내용은 없다. 이런 반응은 우리가 받아야 할 도움을 받지 못하게 한다.

인간인 우리 모두는 미완성 작품이다. 평생 우리는 하나님이 베푸신 은혜의 역사를 통해 성숙하고 변화하는 과정에 있다. 피조물인 우리 모두는 신음하며 구속을 기다리는 망가진 세상에서 살고 있다(롬 8:22-23). 하나님은 때로 우리가 절대 선택하거나 계획하지 않을 상황으로 이끄시곤 한다. 그래서 종종 우리는 예상치 못한 혼란과 두렵고 슬프고 실망스러운 상황을 마주한다. 도무지 어찌할 바를 모를 순간을 맞닥뜨릴 때가 있다. 그럴 때 비로소 우리는 자신이 하나님의 거룩한 기준에 한참 미치지 못함을 절감한다. 배우고 알아야 할 우리를 향한 하나님의 뜻과 계획이 아직 많다는 것, 믿는다고 말만 하지 않고 진정으로 그 고백대로 살려면 한참 멀었다는 진실에 직면한다.

결혼 생활이 예상보다 훨씬 험난한가? 장애가 있는 아이를 번듯하게 키우는 일이 생각보다 훨씬 버겁게 느껴지는가? 친척들과 가슴 아픈 갈등이 끊이지 않는가? 삶의 여러 상황 때문에 하나님의 선하심이 의심되는가? 세속 대학 문화에서 그리스도인이라는 이유로 오해받고 조롱당하는 삶이 지긋지긋해졌는가? 교회에서 큰 상처를 받아서 앞으로 어떻게 해야 할지 모르겠는가? 누구보다 믿었던 사람에게 배신당해 깊은 괴로움을 끌어안은 채 살고 있는가? 나이가 들면서 노화에 따라오는 육체적·관계적 어려움에 시달리고 있는가? 그렇다. 우리 모두는 누군가의 도움이 항상 필요하다.

인간이라면 누구나 도움이 필요하다. 아담과 하와를 생각해 보라. 하나님은 육체적·영적 흠이 전혀 없는 온전한 상태로 그들을 창조하셨다. 처음 인간은 모든 점에서 완벽했다. 그들도 완벽할뿐더러 하나님이 뜻하신 모든 일을 제자리에서 해내는 완벽한 세상에서 살았다. 무엇보다도 그들은 하나님과의 완전한 관계를 누리며 살았다. 그렇다고 해서, 그들이 아무것도 필요하지 않았던 건 아니다. 하나님은 인간인 그들이 하나님이나 서로의 존재 없이 독립적으로 살도록 설계하시지 않았기 때문이다.

독립적이면서도 건강한 삶은 '환상'이다. 그래서 하나님은 아담과 하와를 창조하자마자 그들에게 말씀하셨다. 그들이 자신들이 누구며 어떻게 살아야 할지를 알지 못했기 때문이다. 그들은 창조주께 순복하고 그분을 의지하며 그분과 교제하는 삶에서만 잠재력을 이루고 해야 할 일을 할 수 있었다. 그들은 완벽한 세상에서 하나님과의 완전한 관계를 누리는 완벽한 사람이었는데도 여전히 도움이 필요한 존재였다.

인간에게 도움이 필요한 것은 우리가 죄인이기 때문만은 아니다. 우리가 '사랑 많고 지혜롭고 선하신 하나님'을 의지하도록 설계되었기 때문이다. 하나님의 도움이 필요하다는 사실에 죄책감을 느끼지 않아도 된다. 또 창피하다며 필요한 도움을 구하지 않아서는 안 된다. 우리는 종종 교만해 허세를 부리느라, 아니면 다른 사람의 이목이나 반응이 두려워 나와 내 주변 사람에게 꼭 필요한 도움조차 잘 구하지 않는다.

하나님의 자녀로서 우리는 최고의 도움을 받을 수 있다. 우리에게 무엇이 언제 필요하며 그것을 어떻게 주는 것이 최선인지를 항상 정확히 아시는 분이 있다. 즉 우리가 아무런 도움도 받을 수 없는 절체절명의 상황에 처할 일이 없다는 뜻이다.

우리가 매주 신앙 공동체로 모이는 목적 중 하나는 '우리에게 필요한 것을 아시고 그 모든 필요를 채워 주겠노라 사랑으로 약속하신 아버지'가 계심을 서로에게 상기시키며, 서로의 두려움과 교만을 내려놓도록 격려하고 지적해 주기 위해서다.

교회 모임은 종교적으로 독립적인 사람들이 서로와 하나님 앞에서 각자의 성공을 보란 듯이 자랑하는 모임이 아니다. 교회는 부족하고 약하고 망가지고 혼란에 빠진 사람들이 모인 곳이다. 하지만 우리가 예배하고 우리 자신을 의탁한 분은 우리를 영원히 사랑하시며 있는 모습 그대로 기꺼이 받아 주신다. 우리가 함께 모이는 것은 우리가 괜찮지 않아서다. 우리는 하나님이 우리를 위하시고 우리 안에 함께하신다는 사실을 기억해야 한다. 이 사실로 인해 곤고할 때에도 우리에게는 영광스러운 소망과 도우심이 있다.

빌립보서 4장 19절 말씀은 아침마다 나를 일으켜 세운다. "나의 하나님이 그리스도 예수 안에서 영광 가운데 그 풍성한 대로 너희 모든 쓸 것을 채우시리라."

베드로가 고통 중에 있는 사람들에게 한 말도 들어보라. "그의 신기한 능력으로 생명과 경건에 속한 모든 것을 우리에게 주셨으니"(벧후 1:3). 하나님은 영생뿐 아니라 "경건"에 필요한 모든 것을 주겠노라 약속하셨다. 경건이란 무엇인가? '이미' 회심한 상태와 '아직' 본향에 이르지 않은 상태 사이에서 하나님을 영화롭게 하는 삶을 말한다. 베드로는 바로 지금 우리 앞에 놓인 난관에 대한 하나님의 도우심을 말하고 있다.

바울이 로마서 8장에서 고난에 관한 이야기를 하다가 쓴 글도 보라. "그런즉 이 일에 대하여 우리가 무슨 말 하리요 만일 하나님이 우리를 위하시면 누가 우리를 대적하리요 자기 아들을 아끼지 아니하시고 우리 모든 사람을 위하여 내주신 이가 어찌 그 아들과 함께 모든 것을 우리에게 주시지 아니하겠느냐"(31-32절). 예수 그리스도의 십자가는 우리에게 가장 필요한 것(죄의 용서)을 주신 분이 계속해서 우리에게 필요한 것을 주실 거라는 확실한 보장이다. 이 정도까지 우리의 필요를 채워 주신 분이 지금 우리를 버리신다는 게 말이 되는가?

교회 정기 모임은 하나님의 가난한 자녀들의 모임이다. 이 모임은 교만, 자기 의존, 독자적 능력에 대한 환상, 사람들 이목에 대한 두려움, 자기 의를 내려놓고 겸손히 마음을 열어, 도울 능력과 의지를 지니신 분께 다시 우리의 필요를 고백하라는 초대다. 우리는 하나님이 우리를 기꺼이 채워 주신다는 사실을 기억하기 위해 매주 다시 모인다.

하나님은 항상 새로운 자비로 우리를 채워 주신다.

하나님은 무한한 사랑으로 우리를 채워 주신다.

하나님은 무한한 지혜로 우리를 채워 주신다.

하나님은 측량할 수 없는 능력으로 우리를 채워 주신다.

하나님은 끝없는 은혜로 우리를 채워 주신다.

그러니 두려움이나 죄책감, 수치심으로 무력해지지 않아도 된다. 나는 이 사실을 계속해서 되새겨야 하며, 당신도 마찬가지다. 그러니 이번 주일에 가난한 영혼들과 다시 모이라. 믿음으로 손을 들어 아버지의 도움을 받으라. 그분이 선하고 인자하고 사랑 많고 신실하시다는 사실을 기억하게 해 주는 찬양과 말씀에 푹 잠기라. 그분이 그분의 자녀를 아끼시며 그들의 필요를 외면하시지 않는다는 사실을 마음에 다시 새기며 기뻐하라.

시편 54편 4절   하나님은 나를 돕는 이시며 주께서는 내 생명을 붙들어 주시는 이시니이다.

히브리서 4장 16절   그러므로 우리는 긍휼하심을 받고 때를 따라 돕는 은혜를 얻기 위하여 은혜의 보좌 앞에 담대히 나아갈 것이니라.

독립, 심지어 고립을 부추기는 현대 문화 속에서 하나님께 겸손히 의지하는 습관을 가지려면 어떻게 해야 할까?

히브리서 4장 16절을 읽고 도움이 필요할 때 우리가 누구를 의지할 수 있을지 이야기를 나눠 보라.

"은혜의 보좌"란 무엇이며 거기에 누가 앉아 있는가?

도움을 구하지 못하게 방해하는 삶의 걸림돌이 무엇인지 이야기해 보라.

주일 공예배는

하나님이 우리에게

복음의 나쁜 소식(죄)과 좋은 소식(은혜)을

볼 수 있는 눈, 이해할 수 있는 정신,

받아들일 수 있는 열린 마음을 주기 위해

마련하신 시간이다.

이 예배를 통해 우리 마음이 변화된다.

년   월   일

인터넷과 소셜 미디어의 침투력은 우리 마음에 나쁜 소식을 끊임없이 퍼붓는다. 이제 우리는 자기 삶의 슬픔만 안고 살아가지 않는다. 세상에서 벌어지는 온갖 나쁜 일이 매일같이 우리를 맞이한다. 지금 이 순간도 내 눈앞에서 실시간 전쟁이 벌어지고 있다. 트위터에는 전쟁의 폐허와 피투성이 현장을 적나라하게 보여 주는 동영상이 실시간 올라온다. 주변 문화의 어두움과 사람들의 분노를 피하기란 어렵다. 우리가 통제할 수 없는 힘든 사건에 관한 뉴스가 끊임없이 우리 귀에 들려온다.

우리는 유례없는 두려움과 공포 속에서 살고 있다. 인간이 인류 역사상 그 어느 시기보다 비극에 많이 노출되어 있기 때문이다. 가슴 아픈 소식에 우리는 점점 지쳐 간다. 그런 소식을 들을 때마다 자신이 작고 초라하게 느껴진다. 내가 '어찌할 수 없는 모든 일들의 희생자'인 것처럼 느껴진다. 실제로 최근에 나는 아내에게 온갖 나쁜 뉴스에 지쳐, 무언가를 멍하니 보면서 지친 뇌를 달래고 싶다고 말했다.

하지만 우리가 아무리 부인하려고 애써도 반드시 마주해야 하는 한 가지 나쁜 소식이 있다. 이 역사상 최악의 소식을 직시하느냐에 우리의 생사가 달려 있다. 이 소식에 우리 마음을 열 때 우리 삶은 끝없이 이어지는 영광스러운 새 궤도 위에 오른다. 이 소식은 당신과 내가 반드시 들어야 할 이야기다. 이 소식을 듣지 못하면 우리 자신, 우리의 인간관계, 우리가 사는 세상을 이해할 수 없다. 무엇보다도 우리에게 예수님과 그분의 역사가 절실히 필요하다는 사실을 이해할 수 없다.

우리는 '자신의 죄'에 관한 나쁜 소식을 듣고 이를 온전히 이해하고 받아들여야 한다. 다윗의 진심 어린 고백이 담긴 시편 51편에서 죄에 관한 매우 유용한 진술을 발견할 수 있다. 여기서 다윗은 죄를 세 가지 단어로 기술한다. 죄과(transgression), 죄악(iniquity), 죄(sin).

"죄과"("반역죄"-새번역)는 하나님이 정하신 경계를 넘는 것을 말한다. 이것은 눈앞에 표지판을 뻔히 보고서도 주차 금지 구역에 차를 대는 것과도 같다. 이는 하나님 명령을 위반하는 것인데도 자신이 원하는 대로 하는 행동 패턴이다. 안타깝게도 이 반역의 정신은 우리 모두의 마음속에 도사리고 있으며, 하나님의 구원이 아니면 이 상태에서 벗어날 수 없다.

"죄악"은 도덕적 더러움을 의미한다. 이물질이 들어 있어 정화시키지 않으면 해가 되는 물을 생각해 보라. 죄악은 죄가 단순한 행동 차원의 문제가 아니라, 근본적으로 마음의 문제임을 말해 준다. 죄는 우리 인간의 본성이다. 인간의 가장 뿌리 깊은 문제점은 악한 일을 행한다는 정도가 아니라, 우리가 죄인이라는 것이다. 하나님의 은혜가 아니면 이 상태에 머물 수밖에 없다. 죄성은 우리 본성의 일부라 자기 힘으로는 죄에서 벗어날 수 없다. 상황이나 사람에게서는 도망칠 수 있어도 자신에게서는 도망칠 수 없기 때문이다.

여기서 예레미야의 수사학적 질문이 도움이 된다.

> 구스인〔에티오피아인〕이 그의 피부를, 표범이 그의 반점을 변하게
> 할 수 있느냐 할 수 있을진대 악에 익숙한 너희도 선을 행할 수
> 있으리라.
>
> 예레미야 13장 23절

에티오피아인은 본래 피부색이 검다. 다른 모든 사람처럼 그는 자신의 피부색을 바꿀 능력이 없다. 피부에 색을 칠해 봐야 시간이 지나면 본래의 피부색이 다시 드러난다. 표범은 점박이다. 털을 다 밀어도 결국 반점이 다시 나타난다. 죄도 마찬가지다. 죄는 인간 본성의 문제이기 때문에 우리는 죄에서 벗어날 도리가 없다. 따라서 내게는 '하나님 보시기에 선한 삶'을 꾸준히 이어 갈 능력이 없다.

"죄"라는 단어는 인간의 무능력을 의미한다. 죄는 우리를 약하고 부족하게 만든다. 사랑 많고 거룩하며 지혜로우신 하나님의 기준에 못 미치게 한다. 100년간 화살을 쏘아 대는데 한 번도 과녁을 못 맞힌다고 상상해 보라. 우리가 굳은 의지로 아무리 노력한다 해도 변하는 건 아무것도 없다. 우리가 쏜 활은 항상 과녁을 비껴가며, 죄는 하나님이 원하시는 기준에 따라 살지 못하게 한다.

죄과, 죄악, 죄라는 단어는 우리 주 예수 그리스도의 구원하고 용서하고 받아 주고 변화시키고 능력 주시는 은혜가 우리에게 절실히 필요하다는 사실을 분명히 일깨워 준다. 이 사실 앞에서 우리는

자신의 의를 내려놓아야 한다. 스스로 변해 보겠다는 꿈을 버리고 도와 달라고 간절히 부르짖어야 한다. 또한 우리는 자신의 영적 절망 상태를 똑바로 봐야 한다. 내 노력으로 나를 구원하겠다는 희망을 버려야 한다. 그리고 나서 오직 우리 구주 예수 그리스도께만 우리의 소망을 두어야 한다.

그런데 문제가 있다. 죄의 무서운 점은 기만적이라는 것이다. 죄는 우리 눈을 멀게 한다. 다른 사람의 죄는 아무런 거리낌 없이 보면서 정작 자신의 죄는 보지 못할 때가 많다. 그래서 남이 내 죄를 지적하면 발끈한다. 우리 안에 죄가 아직 남아 있기 때문에 우리 중 그 누구도 자신을 완벽히 정확하게 보지 못한다는 점을 인정하는 게 매우 중요하다.

저마다 자신을 자신보다 더 정확히 아는 사람은 없다고 생각하지만, 눈을 멀게 하는 죄의 힘을 생각하면 이는 완전한 착각이다. 죄는 우리를 이중으로 눈멀게 한다. 우리는 자기 죄를 보지 못할뿐더러, 자기가 그렇게 눈멀어 있다는 자체를 보지 못할 때가 많다. 마치 왜곡이 심한 매직 거울을 볼 때처럼 말이다. 그래서 자신을 정확히 보고 애통해하며 하나님의 구속의 은혜를 구하고 그 은혜에 감사하기 위해서는 도움이 절실하다.

하나님의 백성이 주기적으로 모이는 공예배는 매주 거대한 거울 앞에 서는 시간이다. 공예배는 세상에서 가장 정확한 거울이다. 이 거울은 우리의 육체적 생김새, 겉모습을 보여 주는 거울이 아니라, 우리 마음속의 진짜 생각, 진짜 욕구, 진짜 상태를 적나라하게 드러내는 거울이다. 이 거울은 무엇인가? 바로, 하나님의 말씀이다. 우리가 함께 모여서 읽고 찬송으로 부르고 강해하는 성경 말씀은 성령의 손에 들린 거울이다. 이 거울은 우리의 진짜 모습을 바로 보고 우리에게 깊이 필요한 은혜를 구하게 한다. 아직 남아 있는 죄로 인해 우리는 우리 마음을 드러내는 이 역사하심이 계속해서 필요하다. 매주 내 삶에서 영적 시력을 회복시키기 위한 도구로 주일예배를 사용해 주신 하나님께 감사드린다.

우리가 죄에 관한 이 나쁜 소식을 왜 주기적으로 들어야 할까? 그러지 않으면 어느새 예수님의 의로운 삶, 대속의 죽음, 승리의 부활에 관심을 잃기 때문이다. 그것이 더는 중요해 보이지 않게 된다. 죄라는 지독한 소식은 우리로 하여금 예수님이 우리를 위해 행하셨고 행하고 계시며 행하실 모든 일에 관한 영광스럽도록 좋은 소식을 갈망하게 한다. 이 나쁜 소식은 그분의 은혜를 부여잡게 한다. 그 은혜 말고는 이생과 내세에 그 어떤 소망도 없기 때문이다. 나아가 이 나쁜 소식은 우리처럼 아무런 소망이 없는 이들에게 동일한 은혜를 베풀고 싶게 한다.

이번 주일, 하나님의 거울 앞에 다시 서라. 당신의 닫힌 눈을 열어 당신의 문제를 바로 보게 하는 거울 앞에 서라. 그리하여 치유하고 용서하고 회복시키시는 구주의 품속에 자신을 던지라.

예레미야 17장 9-10절 만물보다 거짓되고 심히 부패한 것은 마음이라 누가 능히 이를 알리요마는 나 여호와는 심장을 살피며 폐부를 시험하고 각각 그의 행위와 그의 행실대로 보응하나니.

숙고 ◆ 더욱 깊고 풍성한 예배를 위하여

내 죄를 깨닫기가 왜 이토록 힘든 것일까?

어떻게 하면 내 영적 현주소를 볼 수 있을까?

내 죄를 아는 게 왜 중요할까?

나눔 ◆ 삶이 예배가 되도록

예레미야 17장 9-10절을 큰 소리로 읽으라. 이 말씀에서 '마음이 거짓되다'라는 말이 무슨 뜻일까?

우리의 진짜 모습을 보여 주지 않는 거울이 좋은지 나쁜지 이야기를 나눠 보라.

거울을 평생 한 번 보는 것으로 충분한지 이야기해 보라. 왜 그렇지 않을까?

하나님 말씀을 통해 우리 죄를 드러내고 우리를 은혜로 이끄는 주일예배를 거울과 비교해 보라.

주일 공예배는

내 두려움을 믿음으로,

불평을 찬양으로,

독립심을 자발적인 순종으로

바꾸기 위한 시간이다.

년   월   일

하나하나 영적 걸림돌 치우기

내가 항상 하나님을 완벽하게 믿고 늘 그분 안에서 쉼을 얻는다고 말할 수 있으면 좋으련만! 두려움이 아닌 믿음에 단단히 뿌리를 내리고 있다고, 내가 하는 모든 말과 행동에 하나님 뜻에 자발적으로 순종하는 자세가 배어 있다고 말할 수 있으면 좋으련만! 안타깝게도 실상은 그렇지 못하다.

영적으로 민감할 때, 나는 내 안에서 영적 전투가 벌어지고 있음을 분명히 느낀다. 내 뜻대로 하려는 욕구가 하나님 뜻대로 살려는 결심과 부딪힌다. 때로 두려움이 믿음과 충돌할 때 나는 하나님이 하시는 일에 대해 혼란에 빠진다. 하나님이 모든 일을 다스리시고 전지전능하시며 늘 내 가까이에 계시다는 걸 신학적으로는 안다. 그분의 지혜와 사랑과 은혜가 온전하다는 사실을 머리로는 안다. 하지만 이런 것을 정말 믿는 것처럼 살아가지 못할 때가 많다.

때로 내 안에서 요나의 영이 일어난다. 하나님은 요나에게 니느웨라는 도시에 가서 그분의 말씀을 선포하라고 명령하셨다. 하지만 요나는 최대한 다른 방향으로 멀리 도망쳤다. 그런데 하필이면 그가 도망치기 위해 올라탄 배가 (하나님이 보내신) 풍랑을 만나고 말았다. 선원들은 그 이유를 파악하다가 배 바닥에 잠들어 있는 요나를 발견하고 그가 누구인지 물었다. 그러자 요나는 이렇게 대답했다. "나는 히브리 사람이요 바다와 육지를 지으신 하늘의 하나님 여호와를 경외하는 자로라"(욘 1:9). 요나는 하나님을 두려워한다고(경외한다고] 말했지만, 그분의 부르심 앞에서 그가 보인 행동은 전혀 그분을 크게 두려워하는 사람처럼 보이지 않았다. 우리 모두 수시로 요나가 된다. 말로는 믿는다면서 삶은 전혀 그렇지가 않은 것이다.

우리 안에는 믿음의 삶을 방해하는 세 가지 요소가 꿈틀대고 있다. 믿음의 삶이란 하나님이 어떤 분이시고, 우리를 향한 그분의 뜻이 무엇이며, 그분의 아들의 은혜로 우리에게 무엇을 공급해 주셨는지 분명히 알고, 그 지식에 따라 사는 삶이다. 두려움과 불평과 독립심은 모두 자발적인 순종, 기쁨, 충성, 쉼이 가득한 믿음의 삶을 방해하는 걸림돌이다. 예배와 가르침이 이루어지는 주기적인 교회 모임은 우리가 이 세 가지와 싸울 수 있도록 하나님이 주신 가장 귀한 도구 중 하나다.

두려움. 우리는 하나님이 의도하신 대로 기능하지 않는 타락한 세상에서 살고 있다. 에덴동산에서의 그 끔찍한 순간에 악이 세상에 풀려났다. 우리가 두려워할 만한 이유가 충분하다. 이 타락한 세상에서는 삶의 고통이 수시로 우리 삶의 문을 두드릴 것이다. 나쁜 일이 일어나게 마련이다. 따라서 두려움이 항상 잘못인 것은 아니다. 사실, 다른 모든 두려움을 몰아낼 힘을 지닌 단 하나의 두려움이 존재한다.

이 두려움은 우리를 무기력하고 불안하게 하는 공포가 아니라, 우리로 하여금 하나님께 자발적으로 순종하게 하는 '경외'다. 하나님을 향한 경외는 우리 마음에 놀라운 평강을 불어넣는다. 경외는 바로 하나님에 대한 두려움이다. 이 두려움을 품으면 하나님의 영광, 전능하심, 무한한 지혜, 끝없는 사랑, 그 무엇으로도 막을 수 없는 은혜에 압도된다. 그러면 더는 다른 두려움이 우리 마음의 생각과 욕구를 사로잡고 통제할 수 없다. 하나님과 그분의 성품, 인격, 계획에 관한 성경적 지식은 다른 모든 형태의 두려움에서 우리를 건져 낼 수 있다.

우리는 하나님을 너무도 쉽게 잊어버리기 때문에 함께 예배드리고 가르치고 배우는 믿음의 공동체로 모여야 한다. 내가 항상 하나님의 임재와 영광이라는 렌즈를 통해 모든 것을 본다고 말할 수 있으면 좋겠지만 현실은 전혀 그렇지 못하다. 나도 하나님을 망각할 때가 있다. '하나님 안경'을 벗을 때가 있다. 그럴 때마다 이 타락한 세상에서의 삶이 도무지 감당할 수 없을 만큼 두렵게 보인다. 내두려움은 대개 하나님을 망각한 결과다.

그래서 나는 계속해서 말씀과 예배를 통해 내 마음의 눈을 내구주요 친구요 왕이신 분의 영광으로 가득 채워야 한다. 그래야 내가 갈망하고 생각하고 결정하고 말하고 행동하는 모든 것이 '공포를 주는 두려움'이 아닌 '쉼을 주는 두려움'〔경외〕 안에서 이루어질 수 있다. 내가 교회에서 공예배로 모이는 시간을 사랑하는 것은 하나님에 대한 망각에서 계속해서 새롭게 깨어나야 하기 때문이다. 물론 당신도 그래야 한다.

불평. 죄는 자기중심적이다. 죄는 내가 원하는 것을 내가 원하는 때에 내가 원하는 방식대로 얻으려는 것이다. 죄는 내 안에 세상을 통제하려는 욕구를 불어넣는다. 세상이 내 뜻대로 이루어지기를 바라게 한다. 그럴 때 내 마음은 예배의 중심이 아닌 개인적 쾌락의 중심으로 전락한다. 그때부터 감사보다 불평이 더 자연스러워진다. 죄는 내 욕구, 내 필요, 내 감정에 초점을 맞추게 한다. 반면, 은혜는 나보다 더 큰 은혜를 보는 눈과 그 은혜를 사모하는 마음을 준다.

자기 숭배의 사슬을 끊고 우리를 지으시고 붙들어 주시는 분을 예배하고 섬길 마음을 줄 수 있는 것은 하나님의 은혜뿐이다. 하지만 자기중심적 죄가 우리 안에 살아 있는 한, 우리 마음은 감사와 불평 사이를 오락가락 헤맬 수밖에 없다. 찬양하기보다 불평할 이유를 찾기가 훨씬 쉽다고 인정할 사람이 너무도 많을 것이다.

나와 함께 사는 사람, 내 주변 사람이 나에 대해 말할 때 과연 '감사할 줄 아는 사람'이라고 할까? 우리는 하나님이 어디서 뭘 하고 계신지 모르겠다며 불평할 때가 얼마나 많은가. 우리는 하늘 아버지가 아낌없이 부어 주신 은혜의 선물보다 당장 가지지 못한 것만을 생각할 때가 얼마나 많은가. 감사보다 불평이 먼저 튀어나올 때가 얼마나 많은가.

내가 누구이며 무엇을 받았는지를 계속해서 떠올려야 한다. 내 노력으로 그런 선물을 받아 낸 것이 아니다. 내가 그런 선물을 받을 자격이 있는 것도 아니다. 내 아버지가 되신 만왕의 왕이요 만주의 주께서 은혜와 사랑 가운데 그런 선물을 후히 주신 것이다. 우리는 이 사실을 계속해서 다시 마음에 새겨야 한다.

예배나 설교 중에 마음이 살아나는 경험을 해 본 적이 있는가? 나는 있다. 예배당에 들어올 때와 완전히 달라진 마음으로 예배당을 나선 적이 있는가? 나는 있다. 찬송가나 복음성가를 부르다가 문득 자신이 하나님께 감사하기보다 불평할 때가 많았음을 깨닫고 회개의 눈물을 흘린 적이 있는가? 나는 있다. 주일예배는 하나님의 자녀로서 우리 것인 수많은 복을 볼 줄 아는 눈을 얻기 위한 시간이다. 그럴 때 우리는 불평이 아닌 예배 가운데 살 수 있다.

독립심. 인류 역사상 가장 큰 거짓말은 에덴동산에서 뱀이 한 말이다. 뱀은 아담과 하와에게 다가가 독립적 삶이 가능하다고 속삭였다. 아담과 하와는 하나님처럼 될 수 있다는 착각에 빠져 그분께 의지하고 순종하는 삶을 떠나기로 결정했다. 인류 역사상 최악의 결정이었다. 죄는 맹렬히 독립을 추구한다. 죄는 자치를 추구한다. 죄는 권위를 미워한다. 죄의 삶은 독립에 관한 환상 위에서 이루어진다. 죄는 우리가 홀로 살아가도 될 만큼 충분히 똑똑하고 충분히 강하고 충분히 의롭다는 착각에 빠지게 한다. 죄가 여전히 우리 안에 살아 있는 한, 독립하려는 마음이 하나님께 순종하려는 마음과 싸울 것이다.

이것이 우리가 무엇을 하라는 말을 듣기 싫어하는 이유다. 이것이 우리가 삶 속의 작은 규칙들(도로나 주차장에서의 규칙을 생각해 보라)에 짜증을 내는 이유다. 부모들에게 말하고 싶다. 이것이 당신이 어떤 음식을 먹지 말고 언제 잠자리에 들고 넷플릭스에서 무엇을 보지 말라고 말할 때마다 자녀가 투덜거리는 이유다. 그럴 때 당신의 자녀는 단순히 해당 내용에 저항하는 게 아니라, 권위에 저항하는 것이다. 죄는 스스로 작은 왕이 되기를 원하게 만든다. 다스림을 받는 것보다 다스리는 것을 좋아하게 만든다.

따라서 우리 모두는 우리가 홀로 살아가도 될 만큼 충분히 똑똑하거나 충분히 강하거나 충분히 의롭지 못하다는 사실을 주기적으로 되새겨야 한다. 우리는 창조에서 타락을 거쳐 구속에 이르는 이야기를 계속해서 들어야 한다. 이는 성경 전체를 관통하는 가장 큰 주제다. 이 이야기에서 우리는 인간이 독립을 추구한 결과로 일어난 재앙, 독립을 원하는 마음을 조금이라도 품을 때의 위험을 볼 수 있다.

우리는 우리 안에서 절대 찾을 수 없는 것을 하나님 안에서만 찾을 수 있다는 사실을 계속해서 마음에 새겨야 한다. 하나님만이 우리에게 필요한 지혜다. 하나님만이 우리에게 필요한 힘이다. 하나님만이 우리에게 필요한 의다. 온전하고 영원한 생명은 우리 마음과 생명을 그분께 기꺼이 드릴 때만 찾을 수 있다. 은혜는 우리를 의존에서 독립으로 이끌지 않는다. 오히려 반대로, 독립에서 하나님에 대한 점점 더 강한 의존으로 이끈다.

이번 주 하나님의 백성이 모이는 자리에서 당신 마음속에 여전히 살아 있는 두려움과 불평과 독립심이라는 인간적인 것이 드러나고 사랑 안에서 가장 좋은 삶으로 다시 초대받거든 기뻐하라. 가장 좋은 삶은 바로 하나님을 철저히 의지하고 그분께 온전히 순종하는 삶이다.

이사야 41장 10절(두려움) 두려워하지 말라 내가 너와 함께함이라 놀라지 말라 나는 네 하나님이 됨이라 내가 너를 굳세게 하리라 참으로 너를 도와주리라 참으로 나의 의로운 오른손으로 너를 붙들리라.

빌립보서 2장 14-15절(불평) 모든 일을 원망과 시비가 없이 하라 이는 너희가 흠이 없고 순전하여 어그러지고 거스르는 세대 가운데서 하나님의 흠 없는 자녀로 세상에서 그들 가운데 빛들로 나타내며.

잠언 3장 5-6절(독립심) 너는 마음을 다하여 여호와를 신뢰하고 네 명철을 의지하지 말라 너는 범사에 그를 인정하라 그리하면 네 길을 지도하시리라.

나는 믿음으로 기쁘게 사는 삶을 방해하는 걸림돌(두려움, 불평, 독립심) 중 어떤 영역에서 믿는다고 말만 할 뿐 실제로 그 말대로 생각하거나 행동하지 않고 있는가?

무엇을 통해 하나님을 믿고 그분께 감사하고 순종해야 한다는 사실을 다시 마음에 새길 수 있을까?

위 세 가지 걸림돌에서 하나를 골라 해당 말씀을 암송해 보라.

주일예배 시간에 하나님 말씀이 그분을 믿고 감사를 실천하고 그분을 의지해야 한다는 점을 어떤 식으로 상기시켜 주는지 서로 이야기해 보라.

주일 공예배는

그리스도와의 영원한 연합이라는

경이로운 은혜를 이해하고 찬양하며

그 은혜에서 정체성을 얻기 위한 시간이다.

년   월   일

예수 안에서 나를 아는 것

내 마음을 변화시키고 생명을 주는 아름다운 복음의 진리 중에서도 최고봉은 '그리스도와의 연합'이다. '그리스도와의 연합'이라는 말을 들을 때 이 말의 참된 의미가 다가오는가? 이 말이 가져다주는 영광이 온 마음을 가득 채우는가? 지치고 힘든 날에도 그리스도와의 연합만 생각하면 아침에 벌떡 일어나게 되는가? 믿음 안에서의 형제자매와 함께 하나님의 이 은혜를 찬양할 때면 시간 가는 줄 모르는가? 그리스도와의 연합이 자신의 정체성과 매일 하는 일에 무슨 상관이 있는지 아는가? 그 연합이 어떤 도움이 되며 소망을 주는지 아는가? 그 연합이 지금 이 순간 어떻게 우리 안에 겸손하고 흔들리지 않는 감사의 마음을 낳는지 아는가? 믿음으로 그리스도와 연합하는 것이 진정 무슨 의미인지 알고, 거기서 오는 평강과 쉼을 누리며 살고 있는가?

그리스도와의 연합이라는 진리를 이해하고 이 진리에 따라 사는 것이 중요한 이유가 있다. 하나님의 형상을 따라 지음받은 인간은 인생의 '사실들'에 따라 사는 것이 아니라, 그 사실들에 대한 '해석'에 따라 산다. 하나님은 '의미'를 찾는 존재로 우리를 설계하셨다. 우리가 이 능력을 받은 것은 하나님을 알고, 나 자신을 알고, 그분에 관한 성경의 계시와 내 삶을 향한 그분의 뜻을 이해하기 위해서다.

이 의미 찾기에서는 '나는 누구인가'라는 질문과 씨름하는 작업이 참으로 중요하다. 인간은 항상 어떤 식으로든 자신에게 정체성을 부여하며 살아간다. '나는 누구인가?'라는 심오한 질문에 어떻게 답하느냐에 따라 살아가는 방식이 달라진다. 따라서 우리가 하나님께 용서받고 그분의 가족이 되었을 뿐 아니라, 은혜로 그리스도와 연합하게 되었음을 아는 것이 매우 중요하다. '그리스도 안에 있는 존재'라는 정체성은 우리가 누구이며 하나님의 자녀로서 어떤 소망과 잠재력을 지니고 있는지에 관한 생각을 송두리째 바꿔 놓는다. 그리스도와의 연합을 이해하면 가정에 관한 생각과 가정생활이 달라진다. 자녀를 키우는 방식이 달라진다. 우정에 접근하는 방식이 달라진다. 대학교에서 어떻게 생활할지가 달라진다. 돈과 성(性)을 비롯한 수많은 것에 관한 생각이 달라진다.

그리스도와의 연합이 지니는 무게를 생각하면, 그에 관해 아무리 많이 가르쳐도 다 가르칠 수 없다. 찬송하고 또 찬송해도 모자라다. 깊이 묵상하려 들자면 한이 없다. 하나님의 백성이 함께하는 모임의 핵심은 그분을 위해 무언가를 하는 것이 아니라, 그분의 아들이 우리를 위해 해 주신 일을 기억하는 것이다. 이 예배 모임의 초점은 '행위'가 아닌 '정체성'이다. 그리고 하나님의 자녀로서 우리 정체성의 중심에는 그리스도와의 연합이 있다.

우리가 함께 모일 때 탐구하고 찬양하는 하나님 은혜의 놀라운 복들은 모두 죄인인 어리석은 반역자들이 하나님 은혜의 능력으로 그리스도께 연합하게 되었다는 사실에서 흘러나온다. 우리가 이 점을 이해하든 이해하지 못하든 그리스도와의 연합은 우리의 모든 것을 바꿔 놓는다. 우리는 단순히 용서만 받지 않았다. 우리는 단순히 하나님의 자녀로 받아들여지기만 하지 않았다. 우리는 단순히 미래를 보장받기만 하지 않았다. 이제 우리는 우리의 과거와 현재와 미래에 관한 모든 것을 바꿔 놓는 기적 속에서 살고 있다. 그 기적은 바로 그리스도인으로서 우리가 그리스도와 연합한 것이다. 이 현실, 이 정체성은 우리가 스스로에게 부여한 그 어떤 정체성보다도 중요하다.

이 연합을 이해하려면 에베소서 1장을 반드시 살펴야 한다. 그리스도 안에서 우리가 누구이며 무엇을 받았는지를 이해하기를 바라는 바울의 열정이 구절구절에 진하게 배어 있다. 읽으면서 마음의 눈이 열려 우리가 곧 논할 내용의 경이를 보게 해 달라고 기도하라.

찬송하리로다 하나님 곧 우리 주 예수 그리스도의 아버지께서
그리스도 안에서 하늘에 속한 **모든 신령한 복**을 우리에게 주시되
곧 **창세전에 그리스도 안에서 우리를 택하사** 우리로 사랑
안에서 그 앞에 거룩하고 흠이 없게 하시려고 그 기쁘신 뜻대로
우리를 예정하사 예수 그리스도로 말미암아 자기의 아들들이
되게 하셨으니 이는 그가 사랑하시는 자 안에서 우리에게 거저
주시는 바 그의 은혜의 영광을 찬송하게 하려는 것이라 우리는
그리스도 안에서 그의 은혜의 풍성함을 따라 그의 피로 말미암아
속량 곧 죄 사함을 받았느니라 이는 그가 모든 지혜와 총명을
우리에게 넘치게 하사 **그 뜻의 비밀을 우리에게 알리신 것이요**

그의 기뻐하심을 따라 **그리스도 안에서** 때가 찬 경륜을 위하여 예정하신 것이니 하늘에 있는 것이나 땅에 있는 것이 다 그리스도 안에서 통일되게 하려 하심이라 모든 일을 그의 뜻의 결정대로 일하시는 이의 계획을 따라 **우리가** 예정을 입어 **그 안에서 기업이 되었으니**〔유업을 얻었는데, 우리말성경〕 이는 **우리가 그리스도 안에서** 전부터 바라던 **그의 영광의 찬송이 되게 하려 하심이라** 그 안에서 너희도 진리의 말씀 곧 너희의 구원의 복음을 듣고 **그 안에서** 또한 믿어 **약속의 성령으로 인치심을 받았으니** 이는 우리 기업의 보증이 되사 그 얻으신 것을 속량하시고 그의 영광을 찬송하게 하려 하심이라.

에베소서 1장 3-14절

하나님의 자녀로서 우리는 누구이며 무엇을 받았는가? 이 질문에 관해 이 성경 구절이 말하는 내용을 묵상하려면 몇 달이 걸려도 부족할 지경이다. 일단 여기서는 바울이 무슨 의미로 "그리스도 안에서"라는 표현을 사용하고 있는지에 초점을 맞춰 보자.

"**모든 신령한**〔영적〕 **복.**" 우리가 일상의 모든 상황과 관계에서 하나님이 부르신 대로 살기 위해 필요한 모든 것, 부르신 대로 살기 위해 필요한 모든 은혜, 죄와 고통이 없는 영광스러운 미래에 대한 보장. 이 모든 것이 그리스도 안에서 우리 것이다.

"**창세전에 그리스도 안에서 우리를 택하사.**" 세상이 시작되기도 전에 하나님은 우리를 사랑하시고 우리를 그분의 의롭게 하고 성화시키고 영화롭게 하시는 은혜를 받을 자로 선택하셨다. 그로 인해 우리는 거룩하고 흠 없는 모습으로 그분 앞에 설 수 있다. 우리는 그리스도 안에 있기에 홀로 죄와 싸우지 않는다. 하나님의 마르지 않는 은혜가 우리 안에서 시작한 역사를 완성에 이르기까지 계속해서 이룰 것이다.

"그리스도 안에서 그의 은혜의 풍성함을 따라 그의 피로 말미암아 속량 곧 죄 사함을 받았느니라." 그리스도 안에서 과거와 현재와 미래까지 우리의 모든 죄가 그분의 십자가 보혈로 용서를 받았기에 이제 우리는 죄로 인한 후회나 수치에 휩싸여 무기력하게 살지 않아도 된다.

"그 뜻의 비밀을 우리에게 알리신 것이요." 생명을 주고 인생을 변화시키는 하나님 진리의 지혜에 한때 우리는 마음이 닫혀 있었고, 눈이 멀어 그 진리의 지혜를 보지 못했다. 하지만 그리스도 안에서 이 비밀이 우리에게 열렸고 밝혀졌다. 이것이 우리 마음이 하나님 말씀에 반응하는 이유다.

"그리스도 안에서 …… 우리가 유업을 얻었는데"(11절, 우리말성경). 베드로는 이 유업이 우리를 위해 하늘에 간직되어 있다고 말한다(벧전 1:4). 우리 능력으로는 이룰 수 없는 영광이 우리를 기다리고 있다. 우리 능력으로 이 영광을 얻을 수 없고, 이 영광을 받을 자격도 없다. 하지만 그리스도 안에서 이 영광이 우리 것이다.

"우리가 그리스도 안에서 …… 그의 영광의 찬송이 되게 하려 하심이라." 그리스도 안에서 우리는 내 영광보다 큰 영광을 위한 삶, 내 나라보다 훨씬 더 좋은 나라를 위한 삶, 내가 아닌 왕께 찬양이 되는 삶을 살 수 있다.

"그 안에서 …… 약속의 성령으로 인 치심을 받았으니." 이는 우리가 그리스도 안에 있기에 우리와 하나님의 관계가 절대 흔들리지 않는다는 뜻이다. 우리와 하나님의 관계 그리고 그분의 영원한 가족 안에서 우리의 자리는 영구적으로 인 치심을 받았다. 우리가 계속 순종한다고 해서 하나님 앞에서 우리 자리가 보장되는 게 아니다. 우리가 그리스도 안에 있을 때만 하나님 앞에서 우리 자리가 있다.

우리는 주중에 '그리스도 안에 있는 존재'라는 정체성을 잊어버린 채 살아가다가 주일에 하나님 백성의 모임에 참석할 때가 많다. 그리스도 안에서 내가 누구이며 무엇을 받았는지 망각한 탓에 감정과 말, 행동이 세상의 부정적인 영향에 깊게 물든 상태로 말이다. 그래서 우리는 창세전부터 우리를 '그리스도 안에 있도록' 택하신 놀라운 은혜에 관해 계속해서 듣고 또 들어야 한다.

이 은혜는 단순히 미래의 현실만이 아니다. 이 은혜는 지금 여기서 하나님이 원하시는 사람이 되고 그분이 부르신 일을 하기 위해 필요한 모든 것을 제공해 준다. '그리스도 안에서 우리 것'인 복에 관해 듣고 깊이 묵상하기 위해 아무리 자주 모여도 부족하다!

로마서 8장 1-2절 그러므로 이제 그리스도 예수 안에 있는 자에게는 결코 정죄함이 없나니 이는 그리스도 예수 안에 있는 생명의 성령의 법이 죄와 사망의 법에서 너를 해방하였음이라.

숙고 ◆ 더욱 깊고 풍성한 예배를 위하여

위 말씀을 읽고 그리스도인으로서 그리스도 안에 있기에 축하할 것이 얼마나 많은지 묵상하라.

나눔 ◆ 삶이 예배가 되도록

그리스도와 연합함으로써 달라져야 할 자신의 생각이나 삶의 영역(결혼, 양육, 우정, 성 등)을 하나씩 말해 보라.

내가 그리스도 안에서 누구이며 무엇을 받았는지 잊어버리게 하는 것들이 무엇인지 이야기해 보라. 이런 영적 건망증의 치료제는 무엇인가?

주일 공예배는

힘든 상황에서 마음의 눈을 떼고

영존하시는 구주의 은혜와 영광에

시선을 고정하기 위한 시간이다.

년   월   일

마음의 시력 관리하기

제 시력에 문제가 있습니다.

육체적 눈이 흐려진 건 아닙니다.

문제는 마음의 눈이에요.

마음의 눈이 흐려져 선명하게 보이지 않을 때가 많습니다.

주님 뜻대로 살기 위해,

도덕적 목적에 따라 살기 위해,

순종하는 마음으로 살기 위해,

불평 없이 살기 위해,

감사하며 살기 위해,

기쁨으로 살기 위해,

평안한 마음으로 살기 위해,

주님을 향한 확신으로 살기 위해,

제 영광보다 더 크고 위대한 영광을 위해 살기 위해,

영원을 바라보며 살기 위해,

흔들리지 않는 소망으로 살기 위해,

겸손한 용기로 살기 위해,

사랑하는 삶을 살기 위해,

기꺼이 용서하며 살기 위해,

너그러운 마음으로 살기 위해,

제 죄를 깊이 슬퍼하며 살기 위해,

죄를 고백하고 회개하며 살기 위해,

그리스도의 의 안에서 쉼을 누리며 살기 위해,

두려움이 아닌 믿음의 삶을 살기 위해,

주님이 제게 필요한 모든 것을 주셨음을 믿으며 살기 위해,

영원을 바라보며 살기 위해,

우상숭배에 빠지지 않고 살기 위해,

유순한 마음으로 살기 위해,

진짜 인생을 살기 위해 필요한

마음의 시력이 떨어져 있습니다.

인생의 시련과 실망스러운 일만을 바라보고 곱씹은 나머지

잠시나마 주님을,

주님의 임재를,

주님의 약속을,

주님의 능력을,

쉼 없이 역사하시는 주님의 은혜를

보지 못할 때가 너무나 많습니다.

그럴 때 저는 고난을 통해 제가 누구인지 정의합니다.

실망스러운 일에서 제 정체성을 찾습니다.

원치 않고 예기치 못한 일을 통해

제 삶과 잠재력을 규정합니다.

두려움 때문에 믿음을 잃습니다.

찬양 대신 불만만 늘어놓곤 합니다.

눈이 멀어

주님이 어디서 뭘 하고 계신지,

주님이 제 부르짖음을 들으시는지,

주님의 약속이 여전히 믿을 만한지

도무지 모르겠다고 의심을 품곤 합니다.

눈이 멀어

주님을 제 법정에 앉히고

주님의 신실하심과 사랑에

의문을 제기합니다.

그리하여 저는 주님의 백성과 함께

다시 주님의 성전으로 달려갑니다.

구속의 노래를 부르기 위해서만이 아니라,

주님 말씀의 가르침을 듣기 위해서만이 아니라,

그런 것의 도움을 받아

제 마음의 눈을 열기 위해,

주님의 아름다우심을 다시 한 번 바라보기 위해,

제 시력을 다시 한 번 교정하기 위해,

그래서 주님을 다시 보기 위해,

찬란한 영광 중에 계신 주님,

크신 은혜를 품으신 주님을 보기 위해,

주님의 아름다우심을 보고서

그 앞에 엎드려 기쁨으로 항복하기 위해,

그리고 다시 일어나

회복된 소망과 새로워진 믿음의 용기로 살아가기 위해.

시편 27편 3-5절 군대가 나를 대적하여 진 칠지라도 내 마음이 두렵지 아니하며 전쟁이 일어나 나를 치려 할지라도 나는 여전히 태연하리로다 내가 여호와께 바라는 한 가지 일 그것을 구하리니 곧 내가 내 평생에 여호와의 집에 살면서 여호와의 아름다움을 바라보며 그의 성전에서 사모하는 그것이라 여호와께서 환난 날에 나를 그의 초막 속에 비밀히 지키시고 그의 장막 은밀한 곳에 나를 숨기시며 높은 바위 위에 두시리로다.

위 말씀을 읽고 시편 기자가 비참한 상황에서도 어떻게 그토록 큰 확신을 품을 수 있었는지 생각해 보라.

나를 둘러싼 상황에서 눈을 떼어 우리 구주께 시선을 고정하는 것이 왜 필요한지 이야기해 보라.

이것이 얼마나 어려우며, 왜 어려운지 이야기를 나눠 보라.

주일 공예배는

하나님에 관한 지식과 나에 관한 지식을 결합해

내가 누구이고 무엇이 절실하며

오직 누가 그것을 주실 수 있는지

알기 위한 시간이다.

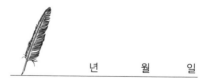

년   월   일

주의 아름다움을 바라볼수록

상황적·관계적·정서적 어려움에 처한 사람들을 상담하던 시절, 두 가지 문제점이 계속해서 눈에 들어왔다. 우선, 내가 상담했던 내담자 가운데 왜곡된 시각으로 자신을 바라보는 사람이 꽤 많았다. 일부러 거짓된 가면을 쓰고 살아가는 건 아니었지만, 생각보다 자신을 잘 몰랐다. 당시 내 역할은 그들이 자신에 대한 정확한 지식을 가질 수 있도록 이끄는 것이었다.

우리 모두는 하나님의 도우심으로 변해 가는 도중에 있기 때문에 정확한 자기 인식이 필수다. 우리 모두는 우리를 변화시키는 하나님의 역사가 필요하다. 하지만 어느 부분에서 변화가 필요한지 보지 못하면 변화를 결심하기가 어렵다. 자신에 관해 정확히 모르다 보니, 누군가가 변화가 필요한 부분을 지적하면 기분 나빠하고 저항하기 마련이다. 그 사람의 시각이 내 시각보다 정확해도 잘 받아들이지 않는다. 관점을 회복시키고 변화를 가져오는 교회 공동체 생활은 하나님의 좋은 선물 중 하나다. 그런데 부정확한 자기 인식은 이런 교회 생활에서 유익을 얻지 못하게 한다.

두 번째로, 내담자 가운데 상당수가 하나님에 관해 부정확한 지식을 갖고 있었다. 크게 우려된다. 그들은 성경을 믿는다고 고백하면서도 성경을 통해 하나님을 바라보지 않고 자기 인생 경험에 대한 각자의 해석에 따라 하나님을 바라보았다. 자신의 경험을 바탕으로 신학을 형성하는 게 아니라, 성경의 신학을 통해 자신의 경험을 해석하는 것이 매우 중요하다.

　내가 상담한 내담자 중 일부러 성경적 교리를 버리고 다른 세계관을 취한 사람은 단 한 명도 없었다. 하지만 자신의 경험을 해석하는 방식이 왜곡된 탓에 하나님과 그분의 진리를 바라보는 시각이 변질되었다. 하나님이 무엇을, 왜 하시는지에 관한 그들의 말을 들어 보면 그들이 왜 하나님을 믿지 못하는지 금방 알아차리게 된다. 그 말을 가만히 듣다 보면 '만일 하나님이 이 사람이 말하는 분과 같다면 나 역시 그분을 믿지 못하겠다'라는 생각이 절로 든다. 그들이 묘사하는 하나님은 결코 지혜롭고 강하신 분이 아니다. 그들이 생각하는 하나님은 우리에게 무한한 사랑과 놀라운 은혜, 자비를 베푸시고 매 순간 정확히 필요한 것을 주시는 분이 아니다.

　하나님이 선하시지 않다는 결론을 내리면 그분께 도움을 구하러 가지 않는다. 자신을 위해 주지 않는 사람에게 도와 달라고 하는 사람은 없으니까 말이다. 반대 경우도 성립한다. 하나님이 항상 모든 면에서 선하시다고 절대적으로 확신한다면 심지어 그분이 힘든 상황으로 이끄신다 해도 믿고 따라갈 것이다. 그분이 우리에게 가장 좋은 것을 아시고 그리로 우리를 이끄신다고 확신한다면 어디든 따라갈 것이다.

　하나님은 우리가 하나님에 관한 지식과 나에 관한 지식의 교차점에서 살도록 설계하셨다. 두 지식 중 하나만 부정확해도 우리 삶에는 나쁜 열매가 맺힐 수밖에 없다. 우리는 하나님에 관한 시각과 나에 관한 시각 모두에서 부정확한 부분이 남아 있음을 겸손히 인정해야만 한다. 은혜 안에서 우리는 이 두 지식을 올바로 쌓아 가는 하나님의 학교에 다니고 있으며, 아무도 아직 이 학교를 졸업하지 못했다.

우리 모두는 하나님에 관한 더 깊고 온전하고 정확한 눈이 필요하다. 그럴 때만이 마음에 깊은 평강을 얻고 삶을 기꺼이 하나님께 바칠 수 있다. 그분을 더 알아 갈수록 의심과 두려움에서 풀려나 자유롭게 된다. 하나님의 지식 학교에서 가르치는 과목에는 '나에 관한 지식'이 있다. 나를 제대로 알기 위해 하나님은 우리에게 그분의 말씀이라는 완벽하게 정확한 거울을 주셨다. 그분의 말씀을 들여다보면 내 진짜 모습을 볼 수 있고, 그럴 때 내게 실제로 필요한 도움을 우리 구주와 그분의 백성에게 구할 수 있다.

다윗왕은 혹독한 고난의 순간에 다음과 같이 고백했다.

> 내가 여호와께 바라는 한 가지 일 그것을 구하리니 곧 내가 내
> 평생에 여호와의 집에 살면서 여호와의 아름다움을 바라보며 그의
> 성전에서 사모하는 그것이라.
> 시편 27편 4절

우리도 다윗처럼 사모해야 한다. 다윗은 하나님의 놀라운 아름다움을 통해서 볼 때만 이 타락한 세상의 추악한 것들을 정확하게 이해할 수 있다는 점을 알았다. 하나님을 정확하게 보면 그분의 아름다움에 압도당하고, 그럴 때 '이미'와 '아직' 사이에 있는 삶의 고난

들에 전혀 다른 태도와 반응을 보이게 된다.

그래서 우리는 계속해서 "성전"으로 달려가야 한다. 그것이 의무라서가 아니라, 하나님을 제대로 보고, 그럼으로써 자신을 겸손하고 분명하게 보기 위해서다. 이토록 아름다우신 분께 점점 더 온전히 순복하고, 그분의 은혜를 더 기쁘게 찬양하기 위해서다.

이처럼 하나님은 우리의 눈을 회복시키기 위해 공예배를 마련하셨다. 주일예배를 드리는 시간, 죄로 망가지고 흐려진 우리의 눈이 복음의 안경을 다시 쓴다. 죄는 기만적이며, 궁극적 기만자인 사탄 때문에 우리는 신음 가득한 이 세상에서 허우적거리다가 점점 시력이 떨어지는 문제를 겪는다. 놀랍도록 영광스러운 하나님을 보지 못하고, 매일같이 은혜가 필요한 자신의 영적 현주소를 보지 못한다. 이처럼 초점이 흐려진 시력 문제는 점점 우리 삶에 심각한 영향을 미치기 시작한다. 하나님의 선하심과 그분 말씀의 신뢰성을 의심하는 것이다. 그럴수록 믿음으로 그분을 따르기가 어려워진다. 오래지 않아 구원의 기쁨이 사라진다. 하나님 말씀의 양식을 더는 예전처럼 갈망하지 않는다. 그분의 백성과 모이는 시간이 전보다 덜 즐겁다.

그러므로 우리는 그분의 "성전"으로 계속해서 달려가고 또 달려가야 한다. 거기서 말씀과 찬양을 통해 다시 하나님의 아름다움을 바라봐야 한다. 하나님이 우리의 눈을 회복시켜 그분을 온전히 알고 우리 자신을 더 정확히 알도록 돕기 위해 주일예배를 주셨음에 감사하라.

로마서 10장 2-3절 내가 증언하노니 그들이 하나님께 열심이 있으나 올바른 지식을 따른 것이 아니니라 하나님의 의를 모르고 자기 의를 세우려고 힘써 하나님의 의에 복종하지 아니하였느니라.

베드로후서 1장 2-4절 하나님과 우리 주 예수를 앎으로 은혜와 평강이 너희에게 더욱 많을지어다 그의 신기한 능력으로 생명과 경건에 속한 모든 것을 우리에게 주셨으니 이는 자기의 영광과 덕으로써 우리를 부르신 이를 앎으로 말미암음이라 이로써 그 보배롭고 지극히 큰 약속을 우리에게 주사 이 약속으로 말미암아 너희가 정욕 때문에 세상에서 썩어질 것을 피하여 신성한 성품에 참여하는 자가 되게 하려 하셨느니라.

"하나님은 우리가 하나님에 관한 지식과 나에 관한 지식의 교차점에서 살도록 설계하셨다." 이런 삶에 관해 생각해 본 적이 있는가? 이 말이 무슨 뜻인가?

하나님을 바라보는 내 시각, 나를 바라보는 내 시각이 어떤 부분에서 부정확한지 이야기해 보라.

어떻게 하면 하나님에 관한 지식에서 자라고 내 진짜 모습을 볼 수 있을지 나눠 보라.

주일 공예배는

"땅의 것"에 사로잡히지 말고

계속해서 "위의 것"을 추구해야 하며,

이 분투를 돕는 은혜 위에 은혜가 있음을

다시 마음에 새기기 위한 시간이다.

년   월   일

마음속 숨은 우상숭배를 끊어 내다

한 힌두교 사제가 신전 한가운데 들어와 나무로 만든 우상 앞에
절을 했다. 그러고 나서 그 우상을 정성스레 씻기고 옷을 입히고 그
앞에 쌀과 과일이 담긴 사발을 놓았다. 실로 충격적인 광경이었다.
나는 그 의식을 보며 속으로 생각했다. '이 우상이 아무것도 아님을
진정 모른단 말야? 이 나무는 살아 있지 않아. 볼 수도, 들을 수도 없
다. 음식을 줘 봐야 먹지도 못하는 나무때기, 이 사람에게 그 어떤
복을 줄 힘도 없는 그저 무력하고 생명도 없는 나무때기에 불과한
데……'

그 사제가 드린 예배와 의식은 비참할 정도로 어리석은 짓이었
다. 이 얼마나 안타까운 종교적 망상인가. 어찌 이토록 맹목적일 수
있는가. 그 사제는 이 일을 매일같이 해 왔다. 하지만 그 목각 신은
단 한 번의 움직임도 없다. 단 한 번도 "고맙구나!"라고 말한 적이 없
다. 한 번도 이 사제를 자상하게 쓰다듬어 준 적이 없다. 한 번도 그
의 기도에 응답한 적이 없다. 그 신은 진짜가 아니었다. 정교하게 조
각한 목각 인형에 불과했다. 하지만 그 사제의 마음속에 자리한 나
무는 훨씬 큰 의미의 존재였다.

잠시 뒤 벌어진 그다음 상황은 더 충격이었다. 의식이 끝난 줄
알았는데 그게 다가 아니었다. 사제는 이 목각 신 앞에 무릎을 꿇더
니 이내 배를 땅에 대고 두 팔을 위로 쭉 뻗었다. 완전한 항복의 자
세였다. 완전히 방어를 포기한 자세다. 그는 예배와 항복의 의미로

무방비 자세를 취했다. 그 광경을 보노라니 나도 모르게 두 눈에 눈물이 차올랐다. 그 맹목과 무지에 나는 벌린 입을 다물 수 없었다. 악한 우상숭배에 이토록 깊이 속박되어 있다니……. 당장 달려가 그 남자를 벌떡 일으켜 세우고 싶었지만 그럴 수 없었다. 이 우상숭배의 현장에서 뛰쳐나가고 싶었지만 그럴 수 없었다.

이후 그날 일을 몇 번이나 되돌아보았다. 그리고 하나님이 나를 향한 주권적 사랑으로 나를 위해 그날 일을 계획하셨음을 깨닫게 되었다. 하나님은 내가 우상숭배의 고통, 맹목, 무지, 기만을 생생히 보고 느끼기를 바라셨다. 하나님은 내가 인간의 마음과 삶을 철저히 사로잡는 우상숭배의 불합리를 똑똑히 보기를 바라셨다. 또한 나 역시 죄로 인해 사람이나 물질, 경험, 장소에 있지도 않은 힘과 의미를 부여할 수 있다는 점을 깨우치길 바라셨다. 은밀한 우상이 내 마음을 사로잡고 내 욕구를 통제하고 나아가 내 삶을 변질시킬 수 있다는 사실을 보여 주시려고 명백한 종교적 우상숭배가 자행되는 그 공간으로 나를 이끄셨다.

인도 북부의 그 신전에서 내 안에 있는 한 움큼의 교만이 빠져나갔다. 그것은 내가 명백한 종교적 우상에 절한 적이 없다는 이유로 품고 살았던 교만이었다. 나는 나무나 금속, 돌로 만들어진 형상에 절대 절할 생각이 없다. 나는 그럴 만큼 어리석지 않았다. 하지만 그 신전을 나오는데 문득 이런 생각이 들었다. '과연 나는 어리석지 않을까? 나도 저 사제처럼 나 자신을 속이는 것은 아닐까? 내 삶에도 오직 창조주가 주실 것을 피조물에게서 기대하는 영역이 있지 않을까? 나도 생명이 없는 곳에서 생명을 찾을 때가 있지 않나? 그 사제를 바닥에서 일으켜 세우고 싶다면 내가 절하고 있는 은밀한 비종교적 우상들도 찾아서 파괴하고 싶어야 마땅하다!'

눈에 훤히 보이는 물질적 우상을 예배하는 것보다 훨씬 더 위험한 종류의 우상숭배가 있다. 우리는 눈에 보이는 형태가 있는 종교적 우상보다 이런 은밀한 우상에 더 분노하고 더 강하게 반응해야 한다. 에덴동산에서 일어난 비극을 생각해 보라. 우상숭배는 단순히 종교적 기만만이 아니다. 사실, 우상숭배는 인간이 지닌 본성이다. 겉으로 드러나는 종교적 우상숭배보다 더 안타까워해야 하는 것이 바로 인간인 우리 모두에게 있는 이 본성이다.

지금 말하는 우상숭배는 바로 마음의 우상숭배다(겔 14:4-5). 이것은 오직 창조주가 하실 수 있는 것을 피조물에게서 찾는 모든 죄인이 보이는 경향이다. 이것은 직업, 결혼, 자녀, 재물, 내 힘과 통제, 내 경험과 성공, 음식, 지식, 육체적 능력과 건강, 외모 등에서 만족, 자유, 치유, 온전함, 마음의 평안을 얻기를 희망하는 것이다. 이것은 주 예수 그리스도와 그분의 사역 바깥에서 풍성한 삶을 찾을 수 있다는 기만에 빠지는 것이다. 이것은 나를 지으시고 내 존재와 소유 전체를 받으실 자격이 있으신 유일하신 하나님이 아닌 다른 무언가에 내 삶의 주인 자리를 내주는 것이다.

단순히 나쁜 것의 지배를 받는 것만이 우상숭배가 아니다. 좋은 것도 하나님의 대체물이 될 수 있다. 좋은 것을 절대적인 것으로 삼으면 나쁜 것이 된다. 예를 들어, 지혜를 구하고 옳음을 추구하는 것은 좋은 일이다. 하지만 항상 옳아야 한다는 압박감에 사로잡힌 사람과 함께 살거나 일하는 건 지옥이다. 삶을 어느 정도 통제하기 위해 노력하는 것은 좋은 일이다. 하지만 삶을 통제하는 것이 삶의 목표가 돼 버리면 자신과 주변 사람들에게 해를 입힌다. 나는 목회의 성공이라는 목표를 좇느라 아내와 아이들에게 없는 사람처럼 돼 버린 목사들을 많이 보았다.

마음의 우상숭배는 종교적 우상숭배보다 훨씬 더 위험하다. 우상숭배를 하면서도 자신은 그렇지 않다고 자랑할 수 있기 때문이다. 더 중요하게는, 뭐든 우리 마음을 통제하는 것이 생각과 욕구, 선택, 나아가 삶의 방향을 통제하기 때문이다. 종교적으로는 하나님을 '예배하면서' 마음은 다른 우상들에 사로잡힐 수 있다.

따라서 한 분이신 참된 메시아의 임재와 은혜 가운데서 끊임없이 마음을 점검하고 바로잡을 뿐 아니라 마음의 위로를 받아야 한다. 우리 마음의 눈을 "땅의 것"이 아닌 "위의 것"에 고정해야 한다는 사실을 계속해서 되새겨야 한다. 그래서 우리는 우리에게 생명을 주실 수 있고, 그럼으로써 우리 마음을 사로잡으려는 모든 우상에서 우리를 구해 주실 수 있는 유일한 분의 영광과 은혜를 기억하고 찬양하기 위해 기쁨으로 모이고 또 모여야 한다. 하나님만을 예배할 때 찾아오는 자유를 누리도록 서로의 우상숭배를 일깨워 주고 고백하기 위해 우리는 함께 모여야 한다.

골로새서 3장 1-3절   그러므로 너희가 그리스도와 함께 다시 살리심을 받았으면 위의 것을 찾으라 거기는 그리스도께서 하나님 우편에 앉아 계시느니라 위의 것을 생각하고 땅의 것을 생각하지 말라 이는 너희가 죽었고 너희 생명이 그리스도와 함께 하나님 안에 감추어졌음이라.

내 삶에서 창조주만 주실 수 있는 것을 피조물에게서 구하고 있는 영역을 최소한 한 가지만 생각해 보라.

어떻게 하면 이런 마음속 우상의 실체를 보고 깨부술 수 있을까?

마음의 우상숭배가 왜 그토록 위험한지에 관해 이야기를 나눠 보라.

어떻게 하면 오직 하나님만 예배하는 데서 오는 자유를 누릴 수 있을까?

주일 공예배는

내 불평과 불만을 잠재우고

그 자리를 감사와 예배로

바꾸기 위한 시간이다.

년   월   일

받은 복을 헤아리는 복

"아니 내가 왜 이런 일을 하고 살아야 해?"

"먹을 게 아무것도 없어."

"다 내지도 못할 청구서가 항상 산더미처럼 쌓여 있어."

"우리 목사님 설교는 하나도 마음에 와닿지 않아."

"더 좋은 집에서 살면 좋겠어."

"왜 나는 가는 곳마다 시끄러운 이웃을 만나는 걸까?"

"입맛에 맞는 음식은 왜 몸에 안 좋을까?"

"우리 아이들은 항상 나를 미치게 해."

"시간이 항상 부족해."

"길이 왜 이렇게 매일 막혀?"

"우리 남편이 좀 더 로맨틱했으면 좋겠어."

"왜 하나님은 내 기도에 응답하시지 않을까?"

"매일 피곤해서 살 수가 없어."

"우리 부모님은 꽉 막혀 있어."

"내가 책임자라면 이렇게 하지는 않을 거야."

타락한 세상의 공용어는 투덜거림이다. 우리는 어떤 상황에서든 불평 거리를 찾아내고야 만다. 언제나 불평이 감사보다, 불만족이 만족보다 더 자연스럽다. 내 욕구가 예배보다 더 우선이다. 불만 거리를 세는 일이 받은 복을 세는 일보다 훨씬 수월하다. 가지지 못한 것을 생각하는 일이 이미 받은 것을 생각하는 일보다 더 자연스럽다.

하지만 우리의 문제점은 단순히 마음에 안 드는 걸 골똘히 생각하는 차원을 넘어 훨씬 심각하다. 세상에 하나님의 선하심이 가득해서 감사할 이유가 끝이 없는데도 우리가 항상 불평하는 것을 보면 그 이유가 궁금할 수밖에 없다. 혹시 내가 여전히 우리 안에 있는 죄때문에 우리가 불평한다고 말할 거라 예상했는가? 음, 그것도 분명하나의 답이다. 하지만 충분한 답은 못 된다. 물론 하나님이 완벽한세상을 주셨는데도 아담과 하와가 주어진 삶에 만족하지 못하고 더많은 것을 원했다면 여전히 우리 안에 죄가 있는 이 타락한 세상에서 사는 우리가 틈만 나면 불평하는 것도 무리는 아니다. 하지만 그것만으로는 충분한 답이 되지 못한다.

죄가 우리에게 무슨 짓을 하고 신앙 공동체 안에서의 정기 모임이 이 문제에서 우리에게 어떤 도움을 주는지 생각해 보자. 사도 바울은 우리가 더는 우리 자신을 위해 살지 않게 하시려 예수님이 오셨다고 말한다(고후 5:15). 예수님은 우리가 우리 자신에 대한 속박에서 풀려나도록 온전하게 의로운 삶을 사셨고 대속의 죽음을 죽으신뒤 다시 살아나셨다.

죄는 우리 자신보다 더 큰 것을 위해 살지 못하게 한다. 죄는 자기만족을 인생의 가장 높은 목적으로 삼게 한다. 죄의 DNA는 가장깊은 의미에서의 이기심을 품고 있다. 죄는 내가 원하는 것에만 시선을 고정하게 한다. 죄는 내게 필요한 것에만 집착하게 한다. 죄는항상 내 기분만 고려하게 한다. 죄는 나를 세상의 중심으로 삼게 한다. 죄는 철저히 나만 생각하며 살아가게 한다. 그러니 내가 만사를 나 중심으로 바라보고 이해하고 경험하는 것도 무리가 아니다. 나는 내 삶의 모든 것을 철저히 '나'한테 좋은지 나쁜지에 따라 판단한다.

하지만 우리는 이런 식으로 살아야 할 사람이 아니다. 나 중심의 삶은 결코 행복과 만족으로 가는 길이 아니다. 나를 중심에 두면 언제나 불만족의 고통, 실망하는 삶, 끊임없이 불평하는 습관으로 이어진다. 생각해 보라. 내가 세상의 중심에 위치하고 내가 원하는 것과 내게 필요한 것, 내가 느끼는 기분이 가장 중요한 것이라면 불평 거리가 끊일 수 없다. 왜일까? 우리가 하나님이 처음 의도하신 방식대로 기능하지 않는 타락한 세상에서 살고 있기 때문이다. 또한 우리가 전능하지 않기 때문이다. 세상은 내 뜻대로 되지 않는다. 하나님은 '아직'과 '이미' 사이의 삶을 편안하게 만드시지 않고 변화의 과정으로 의도하셨다. 하나님이 우리를 우리 자신의 뜻을 따르는 삶에서 그분의 뜻에 기쁘게 순복하는 삶으로 부르고 계신다. 하나님은 우리 스스로는 선택하지 않을 법한 상황 속에서 우리 스스로는 결코 이룰 수 없는 열매를 맺어 가신다.

우리가 우리 세상의 중심에 서면 불평할 거리가 항상 눈에 들어오기 마련이다. 물론 예수님은 우리를 우리 자신에게 속박된 삶에서 풀어 주시고자 오셨다. 하지만 죄가 우리 안에 여전히 살아 있는 한, 자기중심주의라는 잔재는 남아 있을 수밖에 없다. 우리는 하나님의 자녀이면서도 매일의 삶과 관계에서 여전히 나 자신을 위해 산다. 끝없이 불평하는 삶은 우리가 실제로는 누구를 위해 사는지를 적나라하게 드러낸다.

우리는 매사에 하나님을 중심에 두어야 한다는 사실을 기억하기 위해 계속해서 예배의 자리로 모여야 한다. 다 같이 모여서 인생 모든 것의 중심에 하나님이 계시다는 사실을 다시 마음에 새겨야 한다. 로마서 11장 36절의 정신으로 끊임없이 다시 돌아가야 한다. "이는 만물이 주에게서 나오고 주로 말미암고 주에게로 돌아감이라 그에게 영광이 세세에 있을지어다 아멘."

하나님의 영광과 선하신 은혜로 우리 마음과 정신을 다시금 가득 채워야 한다. 모든 좋은 선물이 하나님에게서 온다는 사실을 다시 바라봐야 한다. 우리 자신을 섬기는 것은 종노릇이지만 하나님을 섬기면 진정한 자유가 찾아온다는 사실을 듣고 또 들어야 한다. 하나님이 우리 스스로 얻을 수 없고 얻을 자격도 없는 놀라운 복을 수없이 부어 주셨다는 사실을 다시 바라봐야 한다. 하나님이 내게 필요한 것을 나보다 훨씬 잘 아시며 내가 원하는 것보다 훨씬 좋은 것을 내게 주기 원하신다는 사실을 다시 깨달아야 한다. 그리고 하나님이 주신 복에 대한 감사가 넘치는 마음으로 예배당을 떠나야 한다. 불평 거리를 세는 것이 아니라 받은 복을 세기로 다시금 결심하면서 주일예배를 마쳐야 한다.

야고보서 1장 17절   온갖 좋은 은사와 온전한 선물이 다 위로부터 빛들의 아버지께로부터 내려오나니 그는 변함도 없으시고 회전하는 그림자도 없으시니라.

나는 주로 어떤 상황에서 불평하는가?

불평할 때 나는 어떤 식으로 나를 세상의 중심에 두었는가?

불평할 수밖에 없어 보이는 상황에서 서로 감사의 마음을 품도록 어떻게 격려할지 이야기를 나누라.

주일 공예배는

우리가 삶에서

선물 자체를 예배하지 않도록

선물 주시는 분에 대한 사랑을

키우기 위한 시간이다.

년   월   일

사랑을 지키기 위한 전투 속에서

한번은 부유한 한 남자가 고급 식당에서 내게 근사한 저녁 식사를 대접했다. 그는 무언가 중요한 할 말이 있는 듯했다. 식사 내내 일상적인 대화가 오가다 마침내 그가 조심스레 고민을 꺼냈다. "부(富)에 따라오는 무거운 짐이 있는데, 그 고민을 나눌 사람이 없습니다. 대부분의 사람은 돈이 많으면 무조건 좋을 거라고 생각하죠. 하지만 그렇지 않아요. 제 짐은 돈이 많은 탓에 누가 진짜 제 친구인지 알기 어렵다는 겁니다. 사람들이 정말로 제가 좋아서 제 주변에 있는 건지, 아니면 제게 무언가를 바라는 건지 파악하기가 힘듭니다. 저는 사람들이 저를 원하는지 제 지갑을 원하는지를 늘 저울질하며 살아갑니다. 주변에 사람들이 넘쳐 나도 외로워요. 그들이 서로 베푸는 친구로서 제 주변에 있는 것이 아니라, 그저 저한테서 받을 것만 생각하고 있지 않나 늘 걱정이거든요. 사람들이 사실상 제가 아니라 제 돈만 보는 것 같아요."

나는 한동안 그날의 대화 내용을 떠올리며 곰곰이 생각했다. '나야말로 모든 면에서 가장 부유한 분인 만왕의 왕, 만주의 주께 이렇게 하고 있지는 않은가?' 좋은 것을 후히 주시는 분보다 그 좋은 것들을 더 사랑하기가 너무도 쉽다. 그렇게 할 때 우리는 하나님을 일종의 자판기로 여기는 셈이다. 우리가 원하는 것을 하나님이 주실 줄 기대하고서 기도라는 동전을 한두 개 넣고 '아멘' 버튼을 누른다. 이런 기도는 하나님을 바라보는 것처럼 보이지만 사실상 우상숭배에 불과하다. 하나님을 사랑하고 그분 뜻에 엎드리는 자세로 기도하지 않고 자기 마음을 사로잡은 것을 요청할 생각에만 골몰하면 창조주에 대한 예배처럼 보이는 행위가 사실상 피조물을 숭배하는 행위로 전락한다.

주시는 분을 사랑하면 그분의 뜻을 사랑하고, 그분의 명령을 소중히 여기며, 그분의 영광을 추구하고, 그분이 내 필요를 채워 주시리라 믿는다. 주시는 분을 사랑하면 내 삶으로 그분을 기쁘게 해드리고 싶어 한다. 죄를 빨리 고백하고 그분의 용서 안에서 쉼을 누린다. 주시는 분을 사랑하면 내 작은 왕국에 대한 충성을 포기하고 그분의 나라를 위한 더 큰 목적에 헌신한다. 주시는 분을 사랑하면 그분의 가족인 교회를 사랑해서 그 가족의 삶과 건강과 사명에 나를 바친다. 주시는 분을 사랑하면 그분의 섬김을 받으려 하지 않고 그분을 섬기기 위해 나를 희생한다. 주시는 분을 사랑하면 그분의 백성이 모여서 찬양 중에 그 사랑을 표현하고 그분이 말씀을 통해 주시는 권면에 온 신경을 집중하는 시간을 사랑한다. 주시는 분을 사랑하면 '내가 원하는 것'이 아니라, '하나님이 원하시는 것'에 따라 산다.

당신은 어떤지 모르겠지만 나는 피조물(사람, 장소, 사물)에 정신을 팔 때가 많다. 그날그날의 의무와 책임에 관해 골똘히 생각하고 내 필요를 채우느라 바쁘다. 그래서 나는 다른 사람들과 함께 정기적으로 모여 주님의 크신 영광에 온 신경을 집중하는 시간이 필요하다. 나는 그분이 항상 모든 면에서 완전하심을 때마다 다시 떠올려야 한다. 그분이 내 사랑의 최종 종착지여야 함을 계속해서 마음에 새겨야 한다. 그분의 길은 항상 옳고 참되며, 내게 정말로 필요한 것을 그분이 나보다 더 잘 아신다는 진리를 계속해서 되새겨야 한다. 은혜로 말미암아, 이 완전하고 아름다우신 하나님이 이제 내 아버지라는 놀라운 현실을 계속해서 떠올려야 한다.

> 내가 여호와께 바라는 한 가지 일 그것을 구하리니 곧 내가 내
>
> 평생에 여호와의 집에 살면서 여호와의 아름다움을 바라보며 그의
>
> 성전에서 사모하는 그것이라.
>
> 시편 27편 4절

경외심을 회복하기 위해 내게는 정기적 공예배가 필요하다. 하나님의 영광을 선포하는 찬양과 설교를 들으며 입을 떡 벌린 채 조용히 경외감에 젖어 드는 시간이 필요하다. 내 앞에서 펼쳐지는 그분의 아름다움을 보며 내 삶의 모든 힘든 상황을 새로운 눈으로 바라보게 되는 과정이 필요하다. 그분을 향한 불같은 사랑에 휩싸여 내 마음에 다른 것이나 다른 사람을 향한 사랑 같은 건 들어올 틈도 없어지는 순간이 필요하다.

사랑은 영적 전쟁이다. 부부간 사랑을 생각해 보라. 처음 혼인 서약을 하는 순간부터 두 사람의 사랑은 온갖 갈등과 예상치 못한 시련의 공격을 받는다. 부부 관계에 수동적으로 임해서는 그 어떤 좋은 열매도 거둘 수 없다. 결혼식장을 나오는 순간부터 부부의 사랑을 위해 싸워야 한다. 배우자를 향한 처음의 열정이 사라질 수 있

다. 어느 순간 문화와 성격 차이 때문에 짜증이 날 수 있다. 원래는 그 다른 점에 끌렸음을 망각하기 쉽다. 다른 이성에 눈길이 갈 수 있다. 마음에 '다른 사람과 결혼했으면 어떠했을까' 하는 생각이 들어올 수 있다. 배우자를 진정으로 사랑한다면 그 사랑을 지키고 더 깊어지고 더 타오르게 하기 위해 힘껏 싸워야 한다.

하나님을 향한 사랑도 마찬가지다. 그 사랑은 이 타락한 세상의 온갖 고난에 공격을 받는다. 하나님이 우리가 예상치 못하거나 원하지 않는 것들을 삶에 허락하실 때마다 그 사랑이 도전을 받는다. 하나님의 대체물을 좇는 것에서 아직 벗어나지 못한 마음이 떠돌면서 그 사랑이 흔들릴 수 있다. 하나님을 향한 사랑은 조금만 덜 신경 써도 순식간에 식을 수 있다. 영적 무사안일에 빠지지 말아야 한다.

'이미'와 '아직' 사이에서 사는 동안 선물을 주시는 분을 향한 우리의 사랑은 끊임없이 위협당할 것이다. 그렇기에 하나님 백성의 모임이 중요하다. 그 모임에서 우리는 그 어떤 선물도 그것을 주시는 분보다 놀랍지 않으며 그분이야말로 우리가 받은 최고의 선물이라는 사실을 다시 기억하게 된다.

성경 ◆ 말씀 앞에 서서

시편 42편 1-2절 하나님이여 사슴이 시냇물을 찾기에 갈급함같이 내 영혼이 주를 찾기에 갈급하니이다 내 영혼이 하나님 곧 살아 계시는 하나님을 갈망하나니 내가 어느 때에 나아가서 하나님의 얼굴을 뵈올까.

숙고 ◆ 더욱 깊고 풍성한 예배를 위하여

마지막으로 하나님의 영광에 대한 경외감에 젖은 적은 언제인가?

어떻게 하면 일상에서 하나님을 향한 내 경외감이 더 깊어질 수 있을까?

나눔 ◆ 삶이 예배가 되도록

영적 무사안일이란 무엇이며, 바쁜 일상 생활에서 그렇게 되지 않기 위해 어떻게 해야 하는지 이야기를 나눠 보라.

주일 공예배는

죄와 망가짐으로 인한 슬픔과

구원과 구속으로 인한 기쁨을

충만히 경험하는 시간이다.

년   월   일

'나'를 믿던 심각한 환상에서 깨어나다

나쁜 소식을 좋아하는 사람은 아무도 없다. 우리는 정신적으로, 감정적으로 많은 시간을 좋은 소식을 희망하는 데 쓴다. 하지만 때로 우리에게 정말 필요한 것은 나쁜 소식이다.

아내와 함께 응급실 대기실에서 좋은 소식을 기다렸던 때가 기억난다. 그 전에 약간의 경미한 증상이 있어 내 주치의에게 전화로 상의했다. 그는 우리 집에서 두 블록 떨어진 곳에 좋은 병원이 있으니 가서 감사를 받아보라고 권했다. 그의 목소리는 전혀 심각해 보이지 않았다. 그래서 나도 대수롭지 않게 생각했다. 아내와 나는 함께 응급실 의자에 앉아 느긋하게 야구 경기를 관람하고 있었다. 병원에서 늘 그렇듯 한참 기다린 뒤에야 간호사가 와서 검사실로 다시 가라고 말했다. 마음 한편에는 당연히 좋은 소식을 들으리라 생각했다. 간단한 검사를 마친 뒤 집으로 돌아갈 줄 알았다. 그 주에도 나는 아침마다 자전거로 15킬로미터씩 달렸고, 가벼운 증상 외에 별다른 불편함이 없었기 때문이다.

하지만 예상은 빗나갔다. 아주 안 좋은 소식을 접해야 했다. 가슴이 철렁 내려앉은 나는 혼란스러웠다. 여러 진료 분야 과장들이 내 검사실에 급히 모였다. 내 상태가 매우 위중했던지라 고통스러운 치료에 곧바로 돌입했다. 입원해야 한다는 말과 함께 열흘간 집에 돌아갈 수 없었다. 병실로 안내된 뒤부터 온몸에서 경련이 일어났다. 무섭기도 하고 지독히 고통스럽기도 했다. 다음 날, 한 의사가 폐색으로 인해 내 신장이 죽어 가고 있다고 말했다. 그리고 상황을 호전시키기 위해 할 수 있는 모든 수단을 동원하겠노라고 했다. 병원 침대에서 나는 남은 평생 아주 건강하게 살 수는 없을 거라는 말을 받아들여야 했다.

그렇게 2년 동안 여섯 번의 수술을 받았다. 지금까지 7년 동안 무려 열 번이나 수술대에 오른 내 몸은 몹시 약해진 상태다. 나는 전에는 경험하지 못했던 제약을 안고 살고 있다. 하나님이 내게 맡기신 모든 일을 생각하면 이토록 약한 삶은 도무지 이해할 수 없었다. 하지만 내가 그토록 부인하고 싶던 나쁜 소식을 받아들이고 나서야 내게 절실히 필요했던 좋은 소식에 대한 소망 가운데 살아야 한다는 사실을 비로소 이해하게 되었다.

안타깝지만 내가 믿음이라고 생각했던 것은 사실은 자기 의존에 가까웠다. 나는 건강하고 강했다. 빠른 시간 안에 많은 성과를 낼 능력이 있었다. 나는 내 육체적 상태와 바쁜 삶을 자랑스러워했다. 다 소화해 낼 수 있다고 자신했기에 무슨 일이든 넙죽 받아들였다. 일찍 일어나서 늦게까지 정신없이 바쁘게 일했다. 나는 약하지 않았고, 그 사실이 좋았다. 나는 가난하지 않았고, 그 사실이 자랑스러웠다. 하지만 하나님은 나를 위해 더 좋은 무언가를 마련하셨다. 그것은 바로 약함에 관한 나쁜 소식이었다.

오해하지 말라. 내 약함은 벌이 아니다. 그것은 은혜의 선물이었다. 약함 가운데 나는 주님께 도와 달라고 부르짖었다. 그 전에는 그토록 간절하게 부르짖은 적이 없었다. 약함 가운데 나는 주님의 자상한 돌보심과 은혜의 능력에 전에 없이 감사하게 되었다. 약함 가운데 나는 내가 강하고 유능해서 하나님이 부르신 게 아님을 깨닫기 시작했다. 내가 강하다는 착각은 그분을 찾고 그분께 감사하지 못하도록 방해하는 걸림돌이었다. 내 건강에 관한 나쁜 소식 때문에 내 마음이 열려 영광스러운 복음의 소식을 진정으로 받아들일 수 있게 되었다.

물론 내가 들은 것은 나쁜 소식만이 아니었다. 하지만 복음을 진정으로 듣고 받아들이고 그 안에서 살기 위해서는 나쁜 소식을 들어야 했다. 내가 지금과 같은 영적 상태에 이르기 위해 내 육체적 건강에 관한 나쁜 소식이 필요하다는 사실을 그때 알았다면 그 소식을 기쁘게 받아들였을 것이다(약 1:2-4).

예배를 위한 교회 모임도 마찬가지다. 하나님은 그저 편안한 분위기에서 좋은 소식을 즐기는 파티로 주일예배를 마련하시지 않았다. 주일예배는 자신감을 느끼고 자기 의존을 강화하기 위한 시간이 아니다. 주일예배는 어려운 일과 실망스러운 일이 하나도 없는 편안한 삶을 약속받는 시간이 아니다. 주일예배는 영적으로 만족한 이들을 위해 기분 좋은 음악과 설교를 곁들여 종교적 여흥을 제공하는 시간이 아니다.

주일예배에서 나쁜 소식이 완전히 빠지면 진정 좋은 소식, 곧 복음을 향한 갈망을 잃는다. 그런 종류의 공예배는 참되고도 겸손한 고백을 파괴한다. 자기 죄를 축소하고 변명하고 남에게 전가하는 고백은 전혀 고백이라고 말할 수 없다. 그것은 복음의 껍데기를 씌운 자기 의에 불과하다.

주일예배는 참담하고 굴욕적이고 가슴 아픈 나쁜 소식을 똑바로 마주하는 시간이다. 그 소식은 바로, 온 인류를 감염시킨 가장 슬프고 가장 파괴적인 '죄'라는 질병에서 벗어날 능력이 우리에게 없다는 것이다. 이는 전 세계에 널리 퍼진 피할 수 없는 질병이다. 이것은 하나님의 개입 없이는 치료할 길이 없는 불치병이다. 하지만 나쁜 소식은 여기서 끝이 아니다. 세상에 가득한 죄의 존재에 안타까워하되, 자기 죄보다 다른 사람 죄를 더 안타까워할 수 있다. 참으로 위험한 상태다. 그래서 우리는 나쁜 소식 중에서도 가장 나쁜 소식, 바로 인생에서 가장 큰 문제는 '나'라는 사실을 들어야 한다.

우리는 인생에서 가장 큰 문제가 내 바깥이 아닌 내 안에 있으며 내 힘으로는 이 위험에서 벗어날 길이 없다는 소식을 계속해서 들어야 한다. 이는 하나님의 놀라운 은혜를 찾고 그 은혜에 기뻐하지 못하게 막는 자기 의와 자기 의존을 파괴하기 위함이다.

슬퍼하면서도 기뻐하는 자로 살아가기 위해 우리에게는 주일예배가 필요하다. 자신의 죄 때문에 절망하지는 않되 그 죄를 부인해서는 안 된다. 나쁜 소식을 받아들여야 마음이 열려, 용서하고 받아주고 능력을 주며 변화시키고 구원하는 은혜의 복된 소식을 찾고 기뻐할 수 있게 되기 때문이다. 함께 죄를 회개하며 눈물을 흘리면 그 무엇과도 비교할 수 없는 기쁨이 솟아난다. 그러니 이번 주일에 함께 모여 복된 소식에 푹 빠져 위로를 얻을 수 있도록 나쁜 소식을 직시하라.

에베소서 2장 1, 4-7절   그는 허물과 죄로 죽었던 너희를 살리셨도다 …… 긍휼
이 풍성하신 하나님이 우리를 사랑하신 그 큰 사랑을 인하여 허물로 죽은 우리
를 그리스도와 함께 살리셨고 (너희는 은혜로 구원을 받은 것이라) 또 함께 일
으키사 그리스도 예수 안에서 함께 하늘에 앉히시니 이는 그리스도 예수 안에
서 우리에게 자비하심으로써 그 은혜의 지극히 풍성함을 오는 여러 세대에 나
타내려 하심이라.

우리 죄를 깨달아 아는 것이 복음을 진정으로 축하하기 위해 꼭 필요한 부분인
이유는 무엇인가?

나쁜 소식 때문에 좋은 소식이 더더욱 그 진가를 발휘해 전에 없이 감사하게
된 순간들에 관해 이야기를 나눠 보라.

주일 공예배는

내 안과 주위의 그 어떤 것도

하나님의 시선에서 숨을 수 없으며,

이것이 매우 좋은 소식임을

기억하기 위한 시간이다.

년   월   일

나를 온전히 아시는 분 앞에 투명하게

우리 손녀들은 술래잡기라면 사족을 못 쓴다. 그래서 아이들을 만나면 항상 술래잡기를 하게 된다. 술래잡기는 매번 같은 방식으로 진행된다. 아이들은 숨는 게 어설프고 어른들은 찾는 데 달인이다. 그래서 우리는 아이들을 못 찾는 척하다가 포기하는 시늉을 해야 한다. 우리가 아이들을 찾지 못하면 아이들은 우리를 속인 줄 알고서 그렇게 좋아할 수가 없다. 아이들은 찾기 실력도 어설퍼서 아이들이 포기하려고 할 즈음이면 아이들이 우리를 찾을 때까지 휘파람을 불거나 손뼉을 쳐 준다.

인류의 첫 숨기는 이런 놀이가 아니었다. 그것은 성경에 기록된 가장 슬프고 충격적인 순간이다. 아담과 하와는 하나님과 더없이 아름다운 관계 안에서 살도록 창조되었다. 그들은 창조주를 예배하고 사랑하며 그분께 순종하며 살도록 창조되었다. 그들은 후회하거나 두려워할 것 하나 없이 하나님과 함께하며, 그분 앞에서 투명하게 살도록 설계되었다. 하나님은 사람을 위해 지으신 완벽한 동산에서 그들과 동행하셨다. 그들은 행복한 환경과 관계를 누리며 살도록 지음받았다.

하지만 우리는 놀랍게도 그런 환경에서도 하나님에게서 숨는 그들을 발견한다. 이상하고도 부자연스러운 장면이다. 아담과 하와가 에덴동산에서 숨었다는 것은 무언가가 단단히 잘못되었다는 뜻이다. 이제 그들은 하나님과 함께하기를 원하기는커녕 그분 눈에 띨까

봐 두려워하고 있다. 죄가 세상에 들어오자 죄책감과 두려움이 그들을 숨게 했다. 그때부터 인류는 줄곧 하나님을 피해 숨어 왔다. 요한은 이런 표현을 사용한다. "그 정죄는 이것이니 곧 빛이 세상에 왔으되 사람들이 자기 행위가 악하므로 빛보다 어둠을 더 사랑한 것이니라"(요 3:19).

주일예배의 중요한 기능은 숨기에 관한 파괴적인 착각을 계속해서 깨뜨린다는 것이다. 공예배는 죄를 숨겨 봐야 아무런 유익이 없다는 사실을 가르칠 뿐 아니라, 모든 것을 훤히 보고 계시는 하나님 앞으로 우리를 인도한다. 아무도 하나님에게서 숨을 수 없다. 그분은 모든 곳에 계시고, 모든 것을 보시며, 모든 것을 아신다. 그분이 계시지 않은 곳이 없고, 그분이 보시지 않는 것이 없으며, 그분이 알지 못하시는 것은 없다. 따라서 그분을 피하려는 모든 시도는 영적으로 미친 행동이다. 그분은 우리를 이런 미친 상태에서 구하기 위해 공예배를 마련하셨다.

우리가 그분에게서 도망칠 수 없다는 진실이야말로 우리에게 가장 큰 위로를 건넨다. 그분은 사랑 많은 아버지로서 불쌍히 여기는 마음으로 우리를 지켜보시며, 은혜 가운데 우리를 보호하고 구하고 인도하시고 또한 필요한 것을 공급해 주신다. 우리는 우리가 그분에게서 숨을 수 없다는 사실을 계속해서 되새겨야 한다.

아무것도 주님에게서 숨을 수 없다는 사실이
두려우면서도 영광스럽습니다.

주님은 늘 저를 보십니다.

산꼭대기에서도,

가장 깊은 골짜기에서도,

울창한 숲속에서도,

마천루 사이를 바삐 뛰어다닐 때도,

제가 책상 앞에서 의자를 바짝 끌어당겨 앉을 때도,

혼자 걸을 때도,

군중 속에 파묻혀 있을 때도,

집 문을 열 때도,

깜빡하고 무언가를 집에 놓고 나올 때도,

배를 타고 파도를 가를 때도,

지친 몸으로 집에 돌아올 때도,

이불을 머리 위로 끌어올려 덮을 때도,

번쩍이는 스크린만 바라보고 있을 때도,

조용히 생각에 잠겨 있을 때도

주님에게서 숨겨진 곳은 없습니다.

주님이 보시지 않고 넘어가는 행동은 없습니다.

군중 속에서도 주님은 저를 놓치시지 않습니다.

제가 항상 드러나 있음을,

주님의 의로운 눈이

늘 지켜보시는 가운데 있음을 생각하면

두렵기도 합니다.

제가 숨을 수 있는 곳은 없습니다.

주님의 거룩한 임재에서 벗어날 길은 없습니다.

하지만 저를 늘 지켜보시는 주님의 눈은

제게 영원한 위로입니다.

주님은 아버지의 눈으로 저를 지켜보십니다.

저를 늘 인도하시고,

늘 보호하시고,

늘 공급하시며,

늘 제가 갈 길을 예비하십니다.

주님은 제 무거운 짐과 제 깊은 슬픔을 보십니다.

제 웃음과 기쁨을 보십니다.

제 의심과 두려움을 보십니다.

제 소망과 꿈을 보십니다.

제 찬양과 흐느낌을 들으십니다.

주님이 저를 보시고 돌보시는 줄 압니다.

그래서 주님의 거룩한 눈에

제가 적나라하게 드러남이 느껴질 때

예수님이 제 '의'이심을 기억하겠습니다.

외로울 때는

주님의 눈이 저를 지켜보시며,

그래서 안전하다는 사실을 앎에서 오는
위로의 볕을 쬐겠습니다.

주일예배는 숨은 곳에서 나와, 우리가 하나님을 알고 그분이 우리를 아시는 아름다운 교제로 초대되는 시간이다. 그분의 구속의 은혜로 말미암아 우리는 이 아름다운 교제를 누릴 수 있다.

시편 139편 1-12절 여호와여 주께서 나를 살펴보셨으므로 나를 아시나이다 주께서 내가 앉고 일어섬을 아시고 멀리서도 나의 생각을 밝히 아시오며 나의 모든 길과 내가 눕는 것을 살펴 보셨으므로 나의 모든 행위를 익히 아시오니 여호와여 내 혀의 말을 알지 못하시는 것이 하나도 없으시니이다 주께서 나의 앞뒤를 둘러싸시고 내게 안수하셨나이다 이 지식이 내게 너무 기이하니 높아서 내가 능히 미치지 못하나이다 내가 주의 영을 떠나 어디로 가며 주의 앞에서 어디로 피하리이까 내가 하늘에 올라갈지라도 거기 계시며 스올에 내 자리를 펼지라도 거기 계시니이다 내가 새벽 날개를 치며 바다 끝에 가서 거주할지라도 거기서도 주의 손이 나를 인도하시며 주의 오른손이 나를 붙드시리이다 내가 혹시 말하기를 흑암이 반드시 나를 덮고 나를 두른 빛은 밤이 되리라 할지라도 주에게서는 흑암이 숨기지 못하며 밤이 낮과 같이 비추이나니 주에게는 흑암과 빛이 같음이니이다.

숙고 ◆ 더욱 깊고 풍성한 예배를 위하여

위 말씀에서 어떤 부분이 특히 더 격려가 되는가?

나눔 ◆ 삶이 예배가 되도록

하나님의 눈이 항상 나를 지켜본다는 사실이 두려운가, 아니면 위로가 되는가? 그 이유가 무엇인지 함께 이야기를 나눠 보라.

주일 공예배는

오늘이라는 시간을

'세상 끝 날에 대한 하나님의 확실한 약속'과

그 영광에 따라 살기로

결단하는 시간이다.

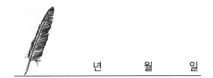

년   월   일

영원을 생각하며 오롯이 지금을 살아 내다

릭은 지독히 근시안적이었다. 그는 일하기를 좋아했고, 물질적 성공의 열매들을 사랑했다. 그래서 그는 기회가 보이는 족족 뛰어들었다. 그렇게 해서 그가 점점 더 많은 것을 가지는 동안, 아내와 자녀들과 떨어져 있는 시간은 점점 늘어났다. 매일 그는 가족이 아무도 일어나지 않은 꼭두새벽에 집을 나가 대부분의 가족이 잠이 든 한밤중에야 귀가했다. 그는 아이들을 거의 보지 못했고, 아내와의 관계에도 시간을 내지 않았다. 그의 머릿속은 늘 일과 활동으로 꽉 차 있었다. 눈앞의 순간을 위해 사는 전형적 표본이랄까. 눈앞에 있는 기회, 도전, 성공을 즐겼다. 정신없이 일하고 쉴 새 없이 소비했다. 그는 '더 좋은 것을 더 많이 가진다!'는 철학에 따라 병적으로 근시안적 삶을 살아갔다. 하지만 근시안적 삶은 정말로 중요한 영역에서 오래가는 유익을 남기지 못한다. 안타깝게도 끝내 이 남자는 아내와 이혼했고 자녀와도 거의 남남처럼 돼 버렸다. 그는 자나 깨나 성공 생각뿐이었다. 유산(legacy) 생각은 하나도 하지 않았다.

에밀리는 고등학교 졸업을 손꼽아 기다리는 열일곱 살 소녀였다. 댄스파티, 졸업 시험, 졸업 파티로 정신이 없는 와중에 온갖 업체가 보내는 '졸업 축하 선물' 우편물이 쇄도했다. 그중 사전 승인된 신용카드(preapproved credit card)가 그녀의 관심을 사로잡았다(열일곱 살짜리는 가져서는 안 되는 물건이다). 그녀는 봉투를 열어 보고서 환호성을 질렀다. "신난다! 드디어 차를 살 수 있어!" 한도가 만 달러인 신용카드를 보자마자 그녀는 생각했다. "이 가격이면 꽤 괜찮은 차를 살 수 있겠는걸." 갖고 싶었지만 가질 수 없었던 것이 손에 들어온 것만 같았다. 25퍼센트의 이자율을 계산하면 실제 차 값이 얼마일지는 생각조차 안 했다. 차가 고물이 된 뒤에도 한참 동안 돈을 갚아야 한다는 사실 같은 건 안중에 없었다. 근시안은 당장 원하는 것만 생각할 뿐, 장기 계획이나 결과는 고려하지 않는 것이다. 나는 근시안적 선택의 결과로 허덕이면서 청년 시절로 돌아가 처음부터 다시 살고 싶어 하는 중년 남녀를 숱하게 상담했다.

예수 그리스도의 복음은 우리를 이 함정에서 구해 줄 수 있다. 복음은 영원을 바라보며 살라고 말한다. 복음은 순간의 쾌락, 기회, 유혹, 책임, 갈망에 시선을 고정한 삶에서 우리를 불러낸다. 사실, 복음은 영원의 관점에서 보지 않으면 현재 일어나고 있는 일을 제대로 이해할 수 없다고 가르친다. 복음은 '지금' 부여잡을 수 있는 것을 위한 삶에서 우리를 불러내어, 하나님이 '나중'을 위해 약속하신 것을 바라보는 삶으로 이끈다.

이 부분에서도 신앙 공동체의 모임이 정말 중요하다. 나는 내가 언제라도 영원을 망각한 채로 살아갈 수 있음을 잘 안다. 뭐든 지금 눈앞에서 벌어지는 일에 정신이 팔려 복음에 무뎌질 수 있다. 은혜 안에서 내가 누구인지를 잊어버리고, 하나님이 내게 약속해 주신 것의 영광을 보지 못하기 쉽다.

주님은 우리가 먼 앞날을 생각하지 않은 채 얼마나 쉽게 눈앞의 것에 정신을 파는지를 잘 아셨다. 또 심지어 우리가 영원에 관한 바른 신학이 있다 해도 실제 삶에서는 다가올 것을 잊어버리고 이 순간이 전부인 것처럼 살아가기 쉬운 존재임을 아셨다. 그래서 주님은 우리를 위해 그분의 백성들의 모임을 마련하셨다.

이 모임은 우리를 구하고 인도하고 보호하시기 위한 그분의 선물이다. 함께 모일 때 우리는 우리의 작은 이야기들이 은혜로 말미암아 구속의 영원한 이야기 안에 들어갔다는 사실을 되새길 수 있다. 예배 중에 우리는 '내 이야기'의 관점이 아닌 '하나님 이야기'의 관점에서 살아야 한다는 사실을 다시 떠올릴 수 있다. 찬양과 말씀을 통해 우리를 기다리고 있는 영광을 기억하고, 영원을 바라보는 삶으로 부름받을 수 있다. 타락한 이 세상의 무게와 걱정을 짊어지고 모일 때 우리가 하나님의 자녀이기에 현재가 우리의 전부가 아니라는 사실에서 위로받을 수 있다. 지금 우리를 짓누르고 있는 무겁고 고통스러운 것들이 다 사라지고 평강과 의의 왕이 영원히 다스리시는 날이 오고 있다.

우리에게 약속되고 보장된 영원한 운명을 붙들면 여러 면에서 도움이 된다. 첫째, 성경에서 지금 영원의 저편에 있는 이들의 목소리에 귀를 기울이면 이 땅을 사는 우리의 가치가 바로잡아진다. 지금 하나님의 보좌 앞에 있는 성도들은 큰 집이나 물질적 성공, 개인적 권력을 가치 있게 여기지 않는다. 그들은 그들 안에서, 그들을 위해, 그들을 통해 약속하신 모든 것을 신실하게 이루신 한 분만 높인다. 그들에게 가장 가치 있는 것은 구속(redemption)이며, 그들의 마음을 가장 사로잡고 있는 존재는 바로 그들의 구속자(Redeemer)시다. 우리는 그들의 목소리를 듣고 또 들어야 한다. 그래야 지금 이곳에서도 그들과 같은 가치에 따라 살 수 있다. 영원을 바라보며 산다는 것은 주님을 향한 사랑이 마음속에 가득해 기쁨으로 그분을 따른다는 뜻이다.

또한 다가올 운명에 관한 하나님의 약속을 바라보며 살면 시련과 실망, 고난 속에서 평강을 누릴 수 있다. 큰 고난의 한복판에서는 그 고난이 인생의 결말인 것처럼 느껴질 수 있다. 고난이 우리의 운명인 양 느껴질 수 있다. 그런데 그렇지 않다. 고난은 궁극적인 것이 아니다. 하나님이 바로 우리의 결말이시다. 우리의 운명은 고난이 아니다. 우리의 운명은 하나님의 약속이 이루어지는 것이다. 영원의 관점을 품으면 현재의 고난은 잠시일 뿐이다. 성경은 우리가 겪는 고난을 축소하거나 부정하지 않지만, 하나님의 계획과 약속의 크기에 비추어서 우리의 고난을 보면 위로가 된다. 이것이 바울이 현재의 고난에 대해 "잠시 받는 환난의 경한 것"이라는 표현을 쓸 수 있었던 이유다(고후 4:17). 우리의 고난은 반드시 끝날 것이며, 우리는 그 누구도 그 어떤 식으로도 다시는 고난받지 않는 나라에서 영원히 살게 될 것이다.

다가올 영광스러운 운명에 관한 약속은 우리의 두려움과 불안도 잠재워 준다. 이 약속은 우리의 삶이 통제 불능이지 않다는 사실을 기억하게 해 준다. 물론 우리의 삶은 툭하면 '우리의' 통제에서 벗어난다. 하지만 하나님의 통제에서 벗어난 적은 단 한 번도 없다. 하나님은 우리의 현재와 미래의 모든 면을 온전히 통제하신다. 지금 우리 눈에 상황이 어떻게 보이든 상관없이 하나님은 우리를 상상할 수 없이 놀라운 영광으로 이끌고 계신다.

그래서 우리는 다시금 우리의 영원한 운명에 시선을 고정하며 위로와 힘을 얻기 위해 모인다. 우리는 영원을 바라볼 때만 오늘을 온전히 살 수 있다는 사실을 되새기기 위해 모인다. 우리는 그토록 영광스러운 약속을 주실 만큼 우리를 사랑하시고 그 약속을 지킬 의지와 능력도 지니신 분이 우리 삶을 온전히 다스리신다는 사실을 기억하기 위해 모인다.

고린도후서 4장 18절 우리가 주목하는 것은 보이는 것이 아니요 보이지 않는
것이니 보이는 것은 잠깐이요 보이지 않는 것은 영원함이라.

히브리서 12장 1-2절 이러므로 우리에게 구름같이 둘러싼 허다한 증인들이 있
으니 모든 무거운 것과 얽매이기 쉬운 죄를 벗어 버리고 인내로써 우리 앞에
당한 경주를 하며 믿음의 주요 또 온전하게 하시는 이인 예수를 바라보자 그는
그 앞에 있는 기쁨을 위하여 십자가를 참으사 부끄러움을 개의치 아니하시더
니 하나님 보좌 우편에 앉으셨느니라.

영원한 영광에 대한 내 의식을 무디게 만드는 것들은 무엇인가?

현재 순간만이 중요한 것처럼 살고 싶은 유혹이 드는가?

예수 그리스도의 복음이 우리를 어떤 식으로 구해 주는지 함께 나눠 보라.

주일 공예배는

내 안에 우리 구주와

그분의 한결같고 고갈되지 않는

은혜의 능력에 대한

더 깊은 확신을 불어넣는 시간이다.

년   월   일

의심과 혼란을 헤치고 더 큰 확신으로

몇 가지 묻고 싶다. 급하게 답하지 말라. 충분한 시간을 두고서 다음 질문으로 자신을 점검하길 바란다.

하나님에 대한 확신이 있는가?

두려움에 사로잡혀 있는가?

자주 불안에 휩싸이는가?

후회를 거듭하다 무기력해졌는가?

시기하는 마음, 원망하는 마음이 자주 드는가?

의심하느라 기쁨과 의욕을 잃었는가?

용기 있게 사는가, 아니면 소심하게 사는가?

하나님이 나를 사랑하시는지 혼란스러운가?

하나님의 약속이 참이라는 사실을 잘 믿지 못하겠는가?

하나님이 정말로 만사를 다스리시는지 잘 모르겠는가?

하나님이 그분의 세상을 다스리시는 방식에 의문이 드는가?

하나님의 분명한 명령을 잘 따르지 못하고 있는가?

하나님의 지혜 안에서 쉼을 누리는가?

소망의 삶을 살고 있는가?

두려움에 붙들려 사는가, 아니면 믿음에 붙들려 사는가?

밤에 잠자리에 들기 전에 마지막으로 하나님을 생각하고, 아침에 눈뜨자마자 가장 먼저 하나님을 생각하는가?

의심은 정상적인 신앙생활의 일부분이다. 솔직히 고백하자면 나도 영적 여행을 하는 내내 많은 의심을 품었다. 하나님의 말씀은 분명하지만 그분의 주권적 다스리심이 우리에게 항상 분명하게 보이지는 않는다. 누구나 하나님이 하시는 일이나 우리 삶에서 허락하시는 것들, 혹은 하나님이 세상을 다스리시는 방식에 의문이 생길 때가 있다. 시편에서 이런 혼란을 적잖이 찾아볼 수 있다. 몇 가지만 소개해 보겠다.

> 여호와여 어느 때까지니이까 나를 영원히 잊으시나이까 주의 얼굴을 나에게서 어느 때까지 숨기시겠나이까 나의 영혼이 번민하고 종일토록 마음에 근심하기를 어느 때까지 하오며 내 원수가 나를 치며 자랑하기를 어느 때까지 하리이까.
> 시편 13편 1-2절

> 내 반석이신 하나님께 말하기를 어찌하여 나를 잊으셨나이까 내가 어찌하여 원수의 압제로 말미암아 슬프게 다니나이까 하리로다 내 뼈를 찌르는 칼같이 내 대적이 나를 비방하여 늘 내게 말하기를 네 하나님이 어디 있느냐 하도다.
> 시편 42편 9-10절

> 주는 나의 힘이 되신 하나님이시거늘 어찌하여 나를 버리셨나이까 내가 어찌하여 원수의 억압으로 말미암아 슬프게 다니나이까.

시편 43편 2절

볼지어다 이들은 악인들이라도 항상 평안하고 재물은 더욱
불어나도다 내가 내 마음을 깨끗하게 하며 내 손을 씻어 무죄하다
한 것이 실로 헛되도다 나는 종일 재난을 당하며 아침마다 징벌을
받았도다.
시편 73편 12-14절

하나님이여 주께서 어찌하여 우리를 영원히 버리시나이까
어찌하여 주께서 기르시는 양을 향하여 진노의 연기를
뿜으시나이까.
시편 74편 1절

주께서 내가 아는 자를 내게서 멀리 떠나게 하시고 나를 그들에게
가증한 것이 되게 하셨사오니 나는 갇혀서 나갈 수 없게
되었나이다 곤란으로 말미암아 내 눈이 쇠하였나이다 여호와여
내가 매일 주를 부르며 주를 향하여 나의 두 손을 들었나이다
주께서 죽은 자에게 기이한 일을 보이시겠나이까 유령들이 일어나
주를 찬송하리이까.
시편 88편 8-10절

시편 곳곳에서 우리는 하나님의 백성이 의심과 혼란 가운데서

그분의 목적을 이해하려고 애쓰는 모습을 볼 수 있다. 하나님이 그분의 비밀스러운 뜻을 우리에게 밝혀 주시지 않거나 우리가 그런 신비를 알아내기를 원치 않으실 때 우리도 그들처럼 의심과 혼란에 빠질 수 있다. 하나님의 비밀은 말 그대로 비밀이다. 나는 매일 그분의 말씀에서 분명한 지혜와 인도하심을 얻지만, 그럼에도 불구하고 하나님이 멀게 느껴지고 그분이 내 말을 듣지 않으시는 것처럼 느껴질 때가 있다. 혹은 그분의 행사가 사랑이나 선(善)과 거리가 멀게만 느껴질 때가 있다. 그럴 때는 고통스럽다. 영원의 이편에서는 우리 마음속에 의심이 생길 수 있다는 점을 이해하고 인정하는 것이 중요하다.

여기서 '불가해'(wonderment)의 의심과 '판단'의 의심을 구분해야 한다. 불가해의 의심은 하나님 뜻이 내 뜻과 같지 않고 그분의 길이 내 길과 같지 않기 때문에 모든 그리스도인이 경험하는 정상적 혼란이다. 하나님이 지혜롭고 선하게 보시는 것이 우리 눈에는 전혀 그렇게 보이지 않을 수 있다. 하나님은 무한히 지혜로우시기에 그분의 방법이 우리 눈에는 의아하게 보일 수 있다. 그런 순간에 우리는 도움과 쉼을 찾아 하나님께로 달려가야 한다.

앞에 나온 시편들은 바로 이런 모습을 묘사하고 있다. 이 시편들은 의심과 혼란의 고통 한복판에서 도와 달라고 외치는 부르짖음이다. 이런 불가해의 의심 속에서 우리는 그분의 말씀 앞으로 달려가 확신과 위로를 얻어야 한다. 이런 불가해의 의심 속에서 우리는 그분의 백성을 찾아가 조언과 격려를 얻어야 한다. 우리는 그분의 자녀들의 모임에 동참해야 한다. 그럴 때 진정한 쉼과 우리 구주를 향한 더 깊은 확신을 얻을 수 있다.

판단의 의심은 내 이해할 수 없음이 수직적 판단으로 변질된 경우다. 하나님이 선하시지 않으니 믿을 만한 가치가 없다고 판단한다. 하나님을 내 법정에 세우고 그분이 스스로 선포하신 것보다 못한 분이라는 판결을 내린다. 이런 결론을 내리면 더는 그분의 말씀을 신뢰하지 못하고 그분의 백성들과 함께 모일 마음도 사라진다.

그래서 우리는 계속해서 모여 서로를 권고하고 격려해야 한다. 하나님의 영광과 은혜가 우리 마음속에서 크게 보이도록 함께 모여야 한다. 인간인 우리의 이해할 수 없음이 수직적 판단으로 변질되고 하나님에 대한 불신으로 굳어지지 않도록 함께 모여야 한다.

로마서 11장 33-36절 깊도다 하나님의 지혜와 지식의 풍성함이여, 그의 판단은 헤아리지 못할 것이며 그의 길은 찾지 못할 것이로다 누가 주의 마음을 알았느냐 누가 그의 모사가 되었느냐 누가 주께 먼저 드려서 갚으심을 받겠느냐 이는 만물이 주에게서 나오고 주로 말미암고 주에게로 돌아감이라 그에게 영광이 세세에 있을지어다 아멘.

숙고 ◆ 더욱 깊고 풍성한 예배를 위하여

앞에 나온 시편들처럼 하나님이 행하시는 일에 관해 혼란과 의심의 고통을 느껴 본 적이 있는가?

그런 상황에서 하나님을 판단하지 않으려면 어떻게 해야 할까?

나눔 ◆ 삶이 예배가 되도록

의심이 밀려오는 시기에 앞에 나온 시편과 로마서 11장 33-36절 말씀이 어떻게 내 삶에 격려가 될 수 있는지 이야기해 보라.

주일 공예배는

우리 모두의 진정한 필요를 밝혀 주시고

그것을 채우실 유일한 분이

인간의 몸을 입고 이 땅에 오셨음을

다시 기억하기 위한 시간이다.

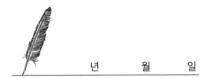

년   월   일

하루는 동료에게 질책(rebuke; 책망)을 받았다. 당연히 기분이 좋지 않았다. 잘못을 지적받는 순간 얼굴이 확 달아오르면서 일그러졌다. 나를 변호하고 싶었다. 오해라고 말해 주고 싶었다. 나만 죄인인 건 아니지 않냐고 되묻고 싶었다. 서로 오래 지켜본 사이라서 나 역시 그 동료의 약점과 문제점을 잘 알고 있었다. 자기 의의 분노를 터뜨리고 싶었다. 하지만 그럴 수 없었다. 그의 말이 옳다는 것을 알았기 때문이다.

그가 나보다 나를 훨씬 정확히 보았다는 것을 깨달았다. 어색하고 기분 나쁜 순간이었지만 성령의 깨우치시는 은혜가 내 가슴을 관통하는 고통을 느꼈다. 순간, 그 동료에게 나를 변호하려는 마음이 녹아내렸다. 그 대신 겸손한 슬픔이 차올랐다. 그의 질책을 받아들이고 내 죄를 고백하려는 마음이 솟구쳤다. 하나님 앞에 이 문제를 아뢰자 흥분이 가라앉았다. 방어적 태도가 하나님과 동료를 향한 감사로 바뀌었다. 나는 짐을 벗고 그와 화해한 뒤 헤어졌다.

세상에 질책을 좋아하는 사람은 없다. "더 질책받고 싶어"라고 말하는 사람은 없다. 질책 하면 우리는 비난을 떠올린다. 손가락질, 높아진 언성, 센 언어, 정죄를 떠올린다. 하지만 하나님의 질책(책망)은 그렇지 않다. 그분의 책망은 정죄가 아니라 구속하는 사랑의 행위다. 그분의 책망은 우리를 포기하시지 않았다는 뜻이다. 다시 우리에게 투자하시겠다는 뜻이다. 하나님이 우리를 책망하시는 것은 우리에게 그것이 필요하기 때문이다.

죄로 눈이 먼 우리는 자신이 실제보다 더 의롭고 충성스럽다고 생각하곤 한다. 우리 모두는 자기 죄에 대해 죄보다 덜한 표현을 쓰길 좋아한다. 혹은 자신을 다른 죄인들과 비교하면서 자신은 그렇게까지 나쁘지는 않다고 위로한다. 우리 모두는 자기 이야기를 왜곡시켜 다른 사람이나 무언가에 책임을 전가하는 데 굉장히 재빠르다. 구주를 따른 지 오래돼도 우리 모두는 여전히 그분의 사랑의 책망이 필요하다. 하나님은 사랑하는 사람을 책망하신다. 히브리서 3장 12절은 이렇게 말한다. "형제들아 너희는 삼가 혹 너희 중에 누가 믿지 아니하는 악한 마음을 품고 살아 계신 하나님에게서 떨어질까 조심할 것이요."

성경에서 우리는 가장 크고 충격적인 책망, 그야말로 세상을 바꿔 놓는 책망을 발견할 수 있다. 이 책망을 놓쳐서는 안 된다. 은혜로 말미암아 하나님의 아들이 창조하신 세상 속으로 들어오신 성육신 사건은 과거와 현재와 미래를 통틀어 가장 통렬하고도 중요한 책망이다.

예수님의 탄생은 죄가 실질적이고 피할 수 없으며 반드시 죽음으로 이어지는 현실이라는 책망의 메시지다. 예수님의 오심으로 인해 우리는 가장 큰 위험이 우리 바깥이 아닌 우리 안에 있다는 굴욕적인 현실을 맞닥뜨릴 수밖에 없다. 예수님의 탄생으로 인해 우리는 우리가 괜찮지 않고 세상이 괜찮지 않다고 고백할 수밖에 없다. 예수님의 오심은 우리를 영적 안주에서 끌어내 우리의 영적 상태가 생사를 가르는 문제라는 사실을 보게 한다.

예수님의 탄생 사건에서 우리 자신의 지혜와 힘과 의에 대한 자랑의 실체가 적나라하게 드러난다. 그 실체는 바로 치명적으로 위험한 영적 망상이다. 성육신이라는 하나님의 극단적인 개입 속에서만 우리는 자신을 정확히 볼 수 있다. 하나님의 구하심 없이 우리 혼자서는 그분이 원하시는 사람이 되고 그분이 원하시는 행동을 할 수 없다. 예수님이 이 땅에 오신 것은 죄로 망가진 영혼이 회복될 다른 길이 없기 때문이었다. 우리가 충분히 선했다면, 우리의 의가 충분했다면, 우리가 충분히 강했다면, 우리의 지식이 충분했다면, 우리가 영적으로 충분히 건강했다면 예수님이 굳이 인간의 몸을 입고 이 땅에 오실 이유가 없었을 것이다.

이것이 우리가 계속해서 예배의 자리에 모여 '예수님의 정체성과 사역'에 다시 시선을 집중해야 하는 이유다. 그분의 주된 사역은 단순히 우리의 선생이나 치유자, 본보기가 되시는 것이 아니었다. 물론 은혜 가운데 그분은 우리에게 선생도, 치유자도, 본보기도 되어 주셨다. 하지만 무엇보다 그분이 인간 스스로는 절대 얻을 수 없는 구원, 바로 죄에서 우리를 구원하시기 위해 '구주'로 오셨음을 기억하는 게 중요하다.

죄는 인류의 가장 큰 문제이며, 다른 모든 인간 비극의 중심에 죄가 있다. 죄가 세상에 들어오기 전에는 그 어떤 슬픔이나 질병, 고통도 없었다. 모든 것이 정확히 하나님이 설계하신 대로 이루어지고 움직였다. 그 모든 것이. 하지만 죄는 가장 깊고도 근본적인 차원에서 우주를 망가뜨렸다. 죄로 인해 세상은 신음하며 구속을 필요로 하게 되었다.

죄는 인간이 경험하는 모든 고통의 뿌리다. 죄 때문에 인간관계가 서로에게 그토록 큰 상처를 주는 통로가 된다. 죄 때문에 개인, 가족, 국가 사이에 전쟁이 벌어진다. 죄 때문에 우리의 동기가 부패하고 욕구가 왜곡되며 의도가 변질된다. 모든 인간은 어떤 식으로든 실망감을 경험한다. 모든 인간은 더 나은 세상을 갈망한다. 모든 인간은 자신을 혼란에서 건져 줄 진리를 찾는다. 모든 인간은 각자의 메시아를 좇는다.

모든 인간은 모순적이다. 우리는 세상에 악이 존재함을 인식하고 있다. 인간이 지독히 잔인해질 수 있고 제도는 자주 부패한다는 사실도 익히 안다. 그런데 우리는 다른 사람들의 행동에 불평하고 수시로 비난의 손가락질을 하며 주변 제도들의 부패한 권력에 한탄하면서, 자신만은 다르다고 믿고 싶어 한다. 자신은 선한 사람이라고 믿고 싶어 한다. 우리는 겉으로 드러난 타인의 죄를 손가락질하면서 자기 내면의 죄는 부정한다.

하지만 개개인의 내적 죄가 없다면 잔인한 사람도, 권력 남용도, 부패한 제도도 존재하지 않으리라. 우리는 세상의 상태에 한탄하면서 자신의 죄는 축소한다. 자신은 의롭다고 확신한다. 이것이 우리가 성육신을 통한 사랑의 책망이 필요한 이유다. 성육신은 우리가 괜찮지 않다는 사실을 일깨워 준다. 메시아 없이도 우리가 하나님 앞에 설 수 있고 하나님 보시기에 의롭다면, 예수님의 탄생,

삶, 죽음, 부활을 설명할 길이 없다.

예수님의 탄생은 인간 존재의 상태에 대한 궁극적인 진단이다. 그것은 우리가 끊임없이 생각해야 할 역사의 한순간이다. 우리는 약하다. 우리는 망가져 있다. 우리는 구속이 필요한 상태다. 이것이 구주가 오신 이유다. 그래서 우리는 함께 모여서 이를 되새기는 시간을 가져야 한다. 우리 상태가 어떠하며 우리에게 무엇이 절실히 필요한지, 하나님이 그 아들의 탄생을 통해 우리에게 주신 것이 무엇인지를 잊지 않도록 주기적으로 모여야 한다.

성경 ◆ 말씀 앞에 서서

마태복음 1장 21절   아들을 낳으리니 이름을 예수라 하라 이는 그가 자기 백성을 그들의 죄에서 구원할 자이심이라 하니라.

숙고 ◆ 더욱 깊고 풍성한 예배를 위하여

"모든 인간은 각자의 메시아를 좇는다"는 말은 무슨 의미일까?

나눔 ◆ 삶이 예배가 되도록

예수님의 성육신이 어째서 인류 역사에서 가장 통렬하고도 중요한 책망인지 이야기를 나눠 보라.

주일 공예배는

주권자요 구속자이신 주님을 향한

기쁨의 예배, 진정한 예배로

돌아가기 위한 시간이다.

이런 예배는 예배 폐회 시간에 끝나는 것이 아니라,

주중에 내가 매일 살아가는 방식을 형성한다.

년   월   일

어디서든 하나님만 예배하는 예배자

최근 열린 부모 세미나에서 나는 우리 자녀들의 삶에서 가장 중요한 문제가 '예배'라고 말했다. 참석한 부모들 낯빛에 혼란스러움이 피어올랐다. 아마 속으로 이렇게 생각했으리라. '난 우리 아이들 키우는 데 따르는 이런저런 애로 사항, 날 미치게 하는 문제들에 대해 도움받으려고 찾아온 거야. 우리 아이들을 어떻게 다루어야 할지 정말 모르겠어. 그런데 저 목사는 예배 타령이나 하고 있군. 우리 아들이 밥을 잘 안 먹는 문제, 우리 딸이 단정하지 않은 옷을 입으려는 문제가 예배와 무슨 상관이람? 내가 부모로서 매일 겪는 고충이 대체 예배와 무슨 상관이지? 실용적인 도움을 원한다고! 예배 이야기는 이제 그만!'

그들의 불편한 표정을 보면서 나는 놀라지도 낙심하지도 않았다. 그런 반응을 수도 없이 보았다. 그러면서 많은 성도가 심지어 자기가 의식하지도 못하는 영적 문제를 안고 있다고 확신하게 되었다. 내가 아이들의 삶에서 가장 중요한 문제가 예배라고 말했을 때 부모들이 혼란스러워했던 것은 '예배'라는 말을 들으면 으레 주일 아침을 떠올리기 때문이다. 대부분의 부모는 예배에 관해 주일마다 참석하는 공식 종교 모임 이상의 큰 개념을 품고 있지 못하다. 하지만 성경이 말하는 예배 개념은 훨씬 넓고, 훨씬 깊으며, 우리의 일상과 훨씬 밀접하게 연결되어 있다.

로마서 1장 25절 말씀을 눈여겨보라. "이는 그들이 하나님의 진리를 거짓 것으로 바꾸어 피조물을 조물주보다 더 경배하고 섬김이라 주는 곧 영원히 찬송할 이시로다 아멘." 여기서 바울이 말하는 "경배" 곧 예배는 공식적인 종교 모임을 의미하는 게 아님이 분명하다. 그렇다면 여기서 바울은 무엇에 관해 말하는 것인가? 그는 우리의 일상에서 일어나는 무언가에 관해 이야기하고 있다.

첫째, 예배는 단순히 종교 활동이 아님을 이해하는 것이 매우 중요하다. 가장 기본적인 정의에서 예배는 인간의 정체성에 관한 것이다. 모든 인간은 예배자다. 이 예배의 능력은 모든 인간 안에 깊이 뿌리를 내리고 있어, 우리를 창조주께로 이끈다. 따라서 모든 인간은 예배를 한다. 심지어 가장 불경하고 가장 비종교적인 사람도 예배를 한다. 바울은 사람을 '예배하는 사람'과 '예배하지 않는 사람'으로 나누지 않는다. 누구 혹은 무엇을 예배하는지에 따라 나눈다. 선택지는 두 가지뿐이다. 우리는 '창조주'를 예배하거나 '피조 세계 속 무언가'를 예배한다.

또한 우리는 성경이 '마음'(heart)이란 단어를 어떻게 사용하는지 이해해야 한다. 성경이 마음에 관해 이야기할 때는 우리 가슴 속에 있는 혈액 펌프를 말하는 것이 아니다. 모든 행동을 낳는 우리 인간성의 핵심을 말하는 것이다. 생각, 욕구, 감정, 의지의 중심으로서 우리 마음은 일종의 통제 센터다. 우리 마음은 우리가 무엇을 선택할지, 무슨 말을 할지, 어떻게 행동할지를 결정한다. 마음은 모든 인간 존재의 예배를 관장하는 센터다. 마음이 예배하는 대상이 마음의 모든 기능을 통제한다. 우리 마음은 언제나 무언가의 지배와 통제 아래서 기능한다. 우리는 창조주를 향한 사랑으로 행동하거나 피조물을 향한 사랑으로 행동한다. 우리는 창조주를 섬기기 위해 행동하거나 피조물을 섬기기 위해 행동한다. 이는 우리 삶의 모든 것이 '무언가'를 향한 예배 속에서 이루어진다는 뜻이다.

이 논의에서 정말 중요한 게 하나 있다. 성경적 신학을 완벽히 받아들이고, 성경을 정말 잘 알고, 공예배에 빠짐없이 참석하면서도 마음속에 우상을 품은 탓에 자신의 신앙고백과 일관되지 못한 행동과 말을 하는 게 가능하다는 것이다. 에스겔 14장은 이 점을 보여 준다.

> 이스라엘 장로 두어 사람이 나아와 내 앞에 앉으니 여호와의
> 말씀이 내게 임하여 이르시되 인자야 이 사람들이 자기 우상을
> 마음에 들이며 죄악의 걸림돌을 자기 앞에 두었으니 그들이
> 내게 묻기를 내가 조금인들 용납하랴 그런즉 너는 그들에게
> 말하여 이르라 나 주 여호와가 말하노라 이스라엘 족속 중에
> 그 우상을 마음에 들이며 죄악의 걸림돌을 자기 앞에 두고
> 선지자에게로 가는 모든 자에게 나 여호와가 그 우상의 수효대로
> 보응하리니 이는 이스라엘 족속이 다 그 우상으로 말미암아
> 나를 배반하였으므로 내가 그들이 마음먹은 대로 그들을 **잡으려**
> 함이라.
> 에스겔 14장 1-5절

이 장면을 머릿속에 그려 보라. 이스라엘의 영적 지도자들이 선지자에게 찾아와 하나님에 관한 질문들을 던졌다. 하지만 하나님은 그들 마음속에 있는 우상을 간파하셨다. 마음속에 우상이 있으면 삶에서 도덕적 걸림돌 역할을 한다. 그래서 하나님은 그들의 질문에 답하지 않겠다고 말씀하셨다. 하나님의 관심은 오로지 그들의 우상에 있었기 때문이다. 하나님은 우상숭배자들에게 조언해 봐야 그들이 그 조언으로 그들의 마음을 통제하는 우상만 섬길 뿐이라는 사실을 잘 아셨다.

하나님은 우리 마음을 "잡으려" 하신다. 그래서 하나님은 우리의 우상숭배를 드러내고 그 어떤 피조물도 창조주만이 줄 수 있는 만족과 평안, 소망, 기쁨, 자유를 줄 수 없다는 사실을 상기시키기 위해 교회 모임을 고안하셨다. 교회의 정기 모임은 우리에게 행동 관리보다 예배의 회복이 필요함을 일깨우는 시간이다.

우리 마음이 창조주에 대한 예배와 섬김에서 벗어나 대체물을 향하면 우리 생각과 욕구, 선택, 행동도 방황하게 된다. 하나님의 백성이 모이는 모임은 예배를 드리는 시간만이 아니다. 그것은 우리의 모든 행동과 말이 창조주께 붙잡힌 마음에서 나오고, 우리의 삶이 그분께 기꺼이 순복하는 자세 안에서 이루어지도록 일상의 예배를 회복하는 시간이기도 하다.

계속해서 하나님의 백성들의 모임으로 자신의 우상을 끌고 가야 한다. 모임 때마다 우리는 자신의 우상을 제대로 보게 되는 눈을 얻는다. 그럴 때 우리의 우상숭배를 창조주께 고백할 수 있다. 우상의 발을 망치로 깨부수고 우리 왕이신 하나님께 매일 순복하며 살기로 새롭게 결심하면서 모임 장소를 떠날 수 있다. 주일예배는 우리 마음을 되찾기 위한 하나님의 주된 도구 중 하나다. 하나님은 우상숭배로 인해 우리를 벌하시기보다 계속해서 우리를 그분께로 다시 부르셔서, 그분의 계획에 충성하는 마음을 가득 부어 세상으로 내보내신다. 그분의 뜻 안에서 그분의 영광을 위해 살려는 마음을 새롭게 부어 주신다. 이 얼마나 놀라운 은혜인가!

성경 ✦ 말씀 앞에 서서

로마서 12장 1절 그러므로 형제들아 내가 하나님의 모든 자비하심으로 너희를 권하노니 너희 몸을 하나님이 기뻐하시는 거룩한 산 제물로 드리라 이는 너희가 드릴 영적 예배니라.

숙고 ✦ 더욱 깊고 풍성한 예배를 위하여

예배를 회복하기 위해 드러나야 할 내 마음속 우상은 무엇인가?

나눔 ✦ 삶이 예배가 되도록

"모든 인간은 예배자다"라는 말의 의미가 무엇인지 이야기해 보라. 이 말을 깨닫게 되면 우리 일상이 어떻게 변할까?

주일 공예배는

삶의 모든 것이

나를 실망시킬 거라는 사실을

기억하기 위한 시간이다.

오직 예수님께 소망을 두라.

년   월   일

실망으로 점철된 인생, 불변의 하나님을 만나다

자녀들이 커서 출가하기 전까지 우리 가족은 오래된 미니밴을 타고 다녔다. 이 미니밴이 잘 나가던 시절이 있었다. 기계를 잘 모르는 내 눈에 이 미니밴은 굴러가는 데 아무런 무리가 없어 보였다. 일정이 몹시 바쁜 어느 날, 나는 교외에 있던 사역지에서 또 다른 사역지인 필라델피아 도심 한복판으로 미니밴을 몰고 갔다. 혼잡한 시간대였는데 갑자기 미니밴이 이상한 소리를 내기 시작했다. 무언가 심하게 긁히는 소리였다. 소리는 점점 커졌고 차가 느려지기 시작했다. 이윽고 심하게 덜컹거리는 소리가 나더니 연기가 피어올랐다. 다급히 차를 세울 곳을 찾는 와중에 차는 헐떡이는 소리를 끝으로 도로에 서 버렸다.

나는 차의 수명이 다했음을 직감했다. 더는 수리가 소용이 없다는 사실도. 절망감이 밀려왔다. 나는 차가 꼭 필요했지만, 차를 살 돈이 없었다. 심지어 도로 한복판에서 멈춘 이 차를 마지막 안식처까지 끌고 가 줄 견인차 부를 비용마저 없었다. 다른 차들이 내 차 옆으로 돌아가면서 사정없이 경적을 울려 댔다. 나는 뭘 해야 할지 몰라 멍한 상태로 그저 운전석에 앉아 있었다.

세상 것들은 다 시들고 언젠가는 죽는다. 타락한 세상에서의 인생이 그렇다. 한때 믿을 만했던 것이 더는 믿을 만하지 않다. 내 삶에는 죽은 것들의 무덤 천지다. 내 기억에는 결국 나를 실망시킨 것들로 가득하다. 차가 꼭 아니더라도 장비나 도구 등 가장 필요해 보이는 순간에 우리를 실망시킨 것들에 관한 사연이 저마다 있다. 우리는 살면서 세상 것들이 영원히 지속될 거라 기대하지 않는 법을 배웠다. 그래서인지 그것들이 고장 나고 망가져서 더는 사용할 수 없게 돼도 크게 놀라지 않는다. 물론 어떤 이들은 필연적 쇠퇴와 싸우기 위해 접착제로 다시 이어 붙이고 나사를 조인다.

하지만 물건만 그런 게 아니다. 사람도 쇠약해지며 끝내는 죽고 만다. 그들을 땅에 묻을 때 우리는 우리 자신의 일부 또한 함께 묻는 것처럼 느낀다. 아내와 나는 부모님이 살아 있으면 좋겠다는 말을 자주 한다. 부모님에게 묻고 싶은 것이 있다. 부모님과 함께 나누고 싶은 추억이 있다. 부모님이 기뻐할 만한 성과를 보여 주며 칭찬받고 싶다. 하지만 죽음은 우리에게서 그런 것을 앗아 갔다. 이생에서는 이제 부모님과 그 어떤 대화도 나눌 수 없다.

때로 죽음이 아닌 다른 것들이 우리에게서 소중한 친구들과 사랑하는 이들을 앗아 간다. 예를 들어, 이사를 가는 사람이 있다. 서로 계속해서 연락하자고 하지만 그러지 못한다. 좋은 친구는 그저 지나간 과거의 일부가 된다. 더는 현재 속에서 그들을 만나지 못한다.

소중히 여겼던 사람들에게서 우리를 갈라놓는 것이 단지 시간과 공간뿐이라면 좋으련만. 더 어두운 것들이 우리 사이를 갈라놓는다. 질투와 시기는 우정을 그늘지게 한다. 배신은 신뢰를 갉아먹는다. 거절은 우리 마음을 아프게 하고 우리를 외롭게 한다. 가끔 우리는 회복과 화해의 기쁨을 맛보지만, 때로 돌이킬 수 없는 관계처럼 보인다. 보호자에게 학대당한 이들도 있다. 그런 일을 겪고 나면 누군가를 믿기가 도무지 어려워진다. 또다시 상처를 입을까 봐 두려워진다. 물질적인 것에 실망해도 슬프지만, 믿었던 사람에게 실망하면 훨씬 더 깊은 슬픔에 잠긴다. 모든 사람이 어떤 식으로든 우리를 실망시키고 우리도 그들을 실망시키는 것이 현실이다.

이 타락한 세상에서는 아무리 좋은 것이라도 끝까지 우리를 실망시키지 않으리라 장담할 수 없다. 그래서 어떤 이는 자신을 보호하려고 다시 상처받느니 차라리 혼자 지내는 편을 택한다. 과거의 상처 때문에 사람과 상황을 대하는 방식이 비뚤어진 사람도 있다. 어떤 이는 하나님도 결국 자신을 실망시킬 것이라 굳게 믿는다.

주일예배의 가장 중요한 기능 중 하나는 우리 하늘 아버지는 우리가 알아 온 그 어떤 사람과도 다르다는 사실을 계속해서 다시 마주하는 것이다. 하나님은 지혜롭고 사랑스럽고 좋은 모든 것의 근원이시다. 하나님이 우리를 실망시키시는 건 불가능하다. 그분은 모든 면에서 항상 완전하시기 때문이다. 그분은 자녀를 불쾌하다는 듯 째려보고 몸을 홱 돌려 가 버리시는 법이 절대 없다. 그분은 약속을 안 지키거나 못 지키시는 법이 전혀 없다. 그분은 우리에게 베푸신 사랑을 절대 후회하시지 않는다. 그분은 우리에게 질린 나머지 은혜를 거두시는 법이 절대 없다. 그분이 우리의 모든 필요를 채워 주시지 못할 일은 절대 없다.

지독히 안 좋은 날에도 그분은 여전히 우리에게 사랑을 퍼붓고 계신다. 그분께 모든 것을 믿고 맡기는 것은 전혀 위험한 모험이 아니다. 그분은 우리에게 단지 사랑만 제시하시는 것이 아니라, 우리를 인도하고 보호하시며 우리를 끝까지 변화시켜 주신다. 우리 구주는 우리가 상상할 수 있는 그 어떤 친구보다 더 좋은 친구이시다.

그래서 우리는 주일마다 모여 하나님이 우리가 알아 온 그 어떤 친구와도 같지 않다는 사실을 되새긴다. 그분의 신실하신 사랑 안에서 진짜 삶을 발견한다. 그분의 한결같은 사랑 안에서 마침내 우리 마음은 이해를 초월하는 평강으로 쉴 수 있다. 우리는 친구 중의 친구이신 분이 우리를 찾았고 영원토록 우리를 품어 주실 것을 기억하며 예배하기 위해 모인다. "사람이 친구를 위하여 자기 목숨을 버리면 이보다 더 큰 사랑이 없나니"(요 15:13).

하박국 3장 17-19절 비록 무화과나무가 무성하지 못하며 포도나무에 열매가 없으며 감람나무에 소출이 없으며 밭에 먹을 것이 없으며 우리에 양이 없으며 외양간에 소가 없을지라도 나는 여호와로 말미암아 즐거워하며 나의 구원의 하나님으로 말미암아 기뻐하리로다 주 여호와는 나의 힘이시라 나의 발을 사슴과 같게 하사 나를 나의 높은 곳으로 다니게 하시리로다 이 노래는 지휘하는 사람을 위하여 내 수금에 맞춘 것이니라.

숙고 ✦ 더욱 깊고 풍성한 예배를 위하여

잠시 시간을 내어, 하나님이 내 모든 필요를 채워 주시지 못할 일은 절대 없다는 진실 안에서 쉼을 누리라.

나눔 ✦ 삶이 예배가 되도록

지난날 누군가에게 혹은 무언가에 실망한 적이 있는가? 그 일이 하나님에 대한 내 확신과 신뢰에 어떤 영향을 미치고 있는지 함께 이야기를 나눠 보라.

주일 공예배는

내 마음과 삶을

진정으로 씻을 곳이 어디인지

계속해서 기억하기 위한 시간이다.

년   월   일

새하얀 리넨에 묻은 누런 얼룩처럼,

깨끗한 양피지에 묻은 새카만 얼룩처럼,

새 옷에 묻은 와인 자국처럼,

창문에 묻은 페인트 자국처럼,

새 신발에 묻은 진흙처럼

이 얼룩은 저절로 지워지지 않는다.

그냥 사라지지 않는다.

어느 날 아침에 눈을 떴더니

이 얼룩이 갑자기 사라지는 일 따위는 없다.

가장 깊고, 가장 어둡고, 가장 깊숙이 파고드는,

이 지긋지긋한 얼룩을 깨끗하게 지워야 한다.

이 얼룩의 존재를 부정해 봐야 소용없다.

이 얼룩을 숨기려고 애써 봐야 사라지지 않는다.

이 얼룩이 있는 채로 사는 건 어리석은 짓.

이 얼룩을 아무도 눈치채지 못하기를 바라는 건 부질없는 희망.

이 얼룩에 관해 걱정해 봐야 바뀌는 건 아무것도 없다.

무엇이 더러워졌든지 다시 새로워지려면 씻어 내야 한다.

인간의 마음도 마찬가지다.

안타깝지만 아무도 순전한, 완전히 깨끗한, 얼룩 없는,
순수하게 아름다운 마음일 수 없다.

아무도.

모든 사람의 마음은 죄로 얼룩진 채로 이 세상에 들어온다.

죄는 지워지지 않는 부도덕의 잉크다.

죄는 마음의 가장 깊은 생각, 욕구, 동기,

목적, 예배 속으로 파고든다.

이 비극적 죄의 얼룩은 인간의 힘으로는 없앨 수 없다.

우리가 무엇을 시도해도, 아무리 많이 시도해도

죄는 여전히 남아 있다.

우리에게는 죄를 깨끗하게 씻을 힘이 없다.

하지만 소망의 눈으로 우리의 죄를 바라볼 수는 있다.

죄를 씻어 내리는 강물이 있기에.

그 강은 예수님의 의로운 삶, 대속의 희생,

영광스러운 부활을 통과한다.

다시 깨끗해질 소망.

다시 새로워질 소망.

그분의 눈에 다시 흠 없어질 소망.

언젠가 다시 온전히 순전해질 소망.

영원히 깨끗해질 소망.

예수님은 죄로 얼룩진 마음들에 그런 소망을 주기 위해 오셨다.

우리가 죄로 얼룩졌다는 사실을 고백하면
신실하고 의로우신 그분은 우리 죄를 용서해 주신다.
그분은 우리 마음을 깨끗하게 해 주신다.
우리의 모든 불의를 말끔히 씻어 주신다.

그러니 얼룩으로 인한 수치에서 나오라.
깨끗하게 해 줄 수 없는 것들에 소망을 두지 말라.
부정하는 삶에서 벗어나라.
자신에게 깨끗하게 할 힘이 없다고 고백하라.
자기 얼룩에 대해 다른 사람들, 다른 것들을 탓하는 짓을 멈추라.
마음의 옷을 겸손히 그분께로 가져가라.
당신의 얼룩을 그분의 손 위에 놓으라.
그분이 은혜 안에서 씻어 주시리라.
그분은 우리 스스로 절대 할 수 없는 것을
대신 해 주기를 기뻐하신다.
그분은 우리를 깨끗하게 씻어 주기를 기뻐하신다.

우리 구주 예수님만이 우리를 정결케 하실 강이심을 되새기고
이를 더 깊이 이해하고 더욱 감사하기 위해 모이기를 멈추지 말아야
한다.

시편 32편 5절 내가 이르기를 내 허물을 여호와께 자복하리라 하고 주께 내 죄를 아뢰고 내 죄악을 숨기지 아니하였더니 곧 주께서 내 죄악을 사하셨나이다.

골로새서 1장 13-14절 그가 우리를 흑암의 권세에서 건져내사 그의 사랑의 아들의 나라로 옮기셨으니 그 아들 안에서 우리가 속량 곧 죄 사함을 얻었도다.

요한일서 1장 8-9절 만일 우리가 죄가 없다고 말하면 스스로 속이고 또 진리가 우리 속에 있지 아니할 것이요 만일 우리가 우리 죄를 자백하면 그는 미쁘시고 의로우사 우리 죄를 사하시며 우리를 모든 불의에서 깨끗하게 하실 것이요.

숙고 ◆ 더욱 깊고 풍성한 예배를 위하여

우리를 깨끗하게 씻어 주길 기뻐하시는 우리 구주 예수님께 겸손히 죄를 고백하라.

나눔 ◆ 삶이 예배가 되도록

왜 우리에게 스스로를 씻을 수 있는 능력이 없는지 이야기해 보라.

주일 공예배는

은혜라는 복음의 위로와

제자 훈련이라는 복음의 부르심을

되새기기 위한 시간이다.

년   월   일

복음의 위로와 부르심으로 싸워하기

아내와 내가 50년 동안 함께 살았다는 사실을 생각할 때마다 새삼 놀라게 된다. 내 인생에서 가장 놀랍고 위로가 되는 것 중 하나는 아내가 나를 사랑한다는 사실이다. 실제로 나는 50년간 아내의 변함없고 한결같이 용서하는 사랑을 경험했다. 나는 열일곱 살 때 아내에게 청혼했다. 당시에는 결혼이라는 게 무엇이며, 진정한 사랑이 어떤 것인지 전혀 모를 때였다. 하지만 아내는 기꺼이 내 손을 잡고 평생 서로 사랑하는 여행으로 뛰어들었다. 우리가 이 긴 여행을 함께 해 왔고 아내가 지금까지도 여전히 나를 사랑한다는 사실이 놀랍기만 하다. 나를 향한 아내의 사랑은 아직 마르지 않았다. 아내는 여전히 인내와 은혜로 나를 대한다. 아내는 여전히 나와 함께하는 시간을 즐긴다. 내가 또다시 실망시켜도 아내는 여전히 나를 용서할 준비가 되어 있다. 하나님과의 관계를 제외하면 내게 아내의 사랑보다 더 큰 기쁨을 주는 것은 없다. 아내에게 듣는 "사랑해"라는 말은 아무리 들어도 질리지 않는다. 여러 모양으로 아내의 사랑을 매일 경험할 수 있어서 너무 감사하다.

하지만 사랑의 감정만으로 충분하지 않다는 사실을 깨닫기까지는 그리 오랜 시간이 걸리지 않았다. 나는 로맨틱한 기분이 건강한 결혼 생활의 근본이 아님을 일찍이 깨달았다. 물론 로맨틱한 기분은 건강한 결혼 생활의 '결과'다. 우리는 서로 사랑했기에 결혼했지만 그 사랑을 잘 가꾸고 유지해야 했다. 건강한 결혼 생활은 서로 관계를 가꾸라는 부름을 받아들일 때 가능하다. 사랑의 관계는 가만히 있어도 저절로 유지되는 게 아니다. 노부부가 서로에게 가장 좋은 친구가 되어 서로를 즐기고 깊이 연합한 모습을 지켜보면 그렇게 흐뭇할 수가 없다. 그것은 그 의미를 이해하기 때문이다. 그들은 사랑이 주는 위로만 즐긴 게 아니라, 사랑을 지키라는 부름을 받아들인 사람들이다. 그런 노력을 했기에 그들은 건강하고 생동감 넘치고 힘차게 기쁨으로 충만한 관계를 누린다.

나는 결혼이 우리 구주와의 연합을 가리키는 그림이라는 사실도 배웠다. 결혼과 마찬가지로 복음도 위로인 동시에 부르심이다. 예수 그리스도의 복음의 위로 안에서 쉬고 즐기는 것은 좋고, 또 필요한 일이다. 은혜로 하나님의 자녀가 되는 것만큼 기쁜 일도 없다. 복음이 주는 다음과 같은 '위로'를 묵상해 보라.

과거와 현재와 미래의 죄까지 내 모든 죄는 용서를 받았다.

하나님은 나와 함께하시고, 결코 나를 떠나시지 않는다.

하나님은 내 염려를 그분께 맡기라고 말씀하신다.

하나님은 도와 달라는 내 울부짖음에 귀를 닫지 않으신다.

하나님은 깨우치시는 은혜로 나를 가까이 이끄신다.

하나님은 능력으로 내게 복을 주신다.

하나님의 은혜는 내 약함 가운데 임한다.

하나님은 나를 강하게 하고 변화시키는 은혜를 주신다.

하나님은 나를 위해 모든 것을 다스리신다.

하나님은 나를 지키시고 보호하신다.

하나님은 내 모든 필요를 채워 주신다.

하나님은 변함없는 사랑으로 나를 사랑하신다.

하나님은 그분의 최종 나라에 내 자리를 마련하셨다.

아침에 잠자리에서 일어나 우리와 우리의 삶, 잠재력, 미래에 관한 이런 진실을 떠올리면 가슴이 벅차오른다. 우리가 이런 것을 누리는 것이 우리에게 어떤 자격이 있어서가 아니라, 하나님이 영원 전부터 우리를 사랑하셨기 때문이라는 사실을 떠올리면 감격이 밀려온다.

우리가 하나님께 사랑받았다는 사실을 아는 것만큼 큰 위로가 되는 것은 없다. 그 사랑은 우리와 우리에 관한 모든 것을 바꿔 놓는다. 따라서 이를 기뻐하고 드높이는 성도들의 축하 파티에 동참하는 것은 좋고, 또 필요한 일이다. 사실, 하나님의 성품과 그분이 우리를 위해 해 주신 일로 인해 우리는 지구상에서 가장 기쁘게 축하하는 공동체가 되어야 한다. 우리는 모일 때마다 우리에게 그런 큰 위로를 주시는 분을 찬양해야 한다. 우리가 하나님의 자녀라는 사실을 기뻐하기 위해 모여야 한다. 세상에 이보다 더 좋은 일은 없다.

하지만 '이미'와 '아직' 사이에서 복음의 부르심에 응답하지 않고 위로만 기뻐하는 것은 영적으로 위험하다. 물론 우리가 노력할수록 하나님이 우리를 더 받아 주시는 것은 결코 아니다. 하나님은 예수님이 삶과 죽음과 부활을 통해 우리를 위해 해 주신 일로 인해 이미 우리를 온전히 받아 주셨다. 하지만 수동적인 결혼 생활이 좋은 것이 아닌 것처럼 그리스도인의 삶도 수동적이어서는 안 된다. 받아야 할 은혜가 더 있고, 해야 할 복음의 일이 더 있다. 우리를 변화시키는 은혜는 아직 끝나지 않았고, 전 세계를 아우르는 하나님의 구속 사역은 지금도 진행 중이다.

에베소서는 분명하게 두 부분으로 나뉜다. 첫 번째 부분인 1-3장은 복음의 위로를 더없이 아름답게 그린다. 이 세 장에 묘사된 우리를 위한 예수님의 은혜를 온전히 음미하려면 평생이 걸려도 모자라다. 여기서는 바울이 에베소서의 두 번째 부분을 어떻게 시작하는지 눈여겨보자. "그러므로 주 안에서 갇힌 내가 너희를 권하노니 너희가 부르심을 받은 일에 합당하게 행하여"(엡 4:1). 바울은 복음이 위로(하나님께 감사하라!)만이 아니라 부르심이기도 하다는 사실을 에베소서 교회 성도들이 알기를 바랐다. 복음의 부르심은 무엇인가? 그것은 삶의 모든 영역에서 복음대로 살라는 것이다. 바울에 따르면 복음은 다음과 같은 의제에서 복음대로 사는 길의 기준을 세운다.

교회에서 어떻게 생활해야 하는가.

무엇을 생각하고 바라야 하는가.

다른 사람과 어떻게 살고 어떻게 관계를 맺어야 하는가.

어떻게 말해야 하는가.

내 돈을 어떻게 써야 하는가.

성(性)과 관련해서 어떻게 행동해야 하는가.

가정에서 어떻게 행동해야 하는가.

자녀를 어떻게 양육해야 하는가.

일터에서 어떻게 행동해야 하는가.

피할 수 없는 영적 전쟁에서 어떻게 무장해야 하는가.

복음의 부르심은 삶의 모든 영역에서 우리의 생각, 바람, 말, 행동을 바꾸라는 것이다. 우리는 상처 입고 죄책감과 패배감에 빠져 있는 형제자매와 함께 주일예배에 모일 때 예수 그리스도의 복음이 주는 놀라운 위로를 다시 마음에 새기고 누려야 한다. 아울러 우리는 한 주간 방황해 온 마음과 너무 소극적으로 살아왔던 삶을 들고 예배당으로 들어간다. 주일예배에서 우리는 복음의 부르심을 다시 들어야 한다. 우리는 하나님의 사랑을 기억하며 위로를 얻기 위해 모이는 동시에, 하나님이 우리 멋대로 사는 것보다 훨씬 더 좋은 생명의 길로 우리를 부르셨다는 사실을 되새기기 위해 모인다.

에베소서 2장 8-10절 너희는 그 은혜에 의하여 믿음으로 말미암아 구원을 받았으니 이것은 너희에게서 난 것이 아니요 하나님의 선물이라 행위에서 난 것이 아니니 이는 누구든지 자랑하지 못하게 함이라 우리는 그가 만드신 바라 그리스도 예수 안에서 선한 일을 위하여 지으심을 받은 자니 이 일은 하나님이 전에 예비하사 우리로 그 가운데서 행하게 하려 하심이니라.

삶의 어떤 영역에서 나는 복음대로 살지 못하고 소극적으로 사는가?

앞에서 소개한 '복음의 위로' 목록에서 하나를 골라, 그것이 자신에게 특히 의미 있는 이유를 설명해 보라.

주일 공예배는

내가 바쁨과 자기 의라는

치명적 조합에 굴복할 때

쉽게 잊어버리고 마는 하나님 은혜를

다시 마음에 새기기 위한 시간이다.

년   월   일

멀리서 보면 샘은 아무런 문제가 없어 보였다. 그는 결혼해서 세 자녀가 있고, 교회 생활에 열심이었으며, 사회적으로도 성공한 사람이었다. 그를 모르는 사람들은 존경의 눈빛으로 그를 바라보았다. 그는 모든 것을 이룬 듯 보였다. 하지만 속사정을 들여다보면 전혀 다른 그림이 나타났다. 자신도 모르는 사이에 그의 세상은 점점 무너지고 있었다. 그의 가정은 심하게 삐거덕거렸다.

우선, 아내 샐리와 함께하는 시간이 거의 없었다. 아주 가끔 함께 시간을 보낼 때도 그는 다른 생각을 하거나 툭하면 참을성을 잃고 짜증을 냈다. 아내에게 애정을 표현하는 경우를 찾아보기 힘들었다. 아내는 남편과 대화하려고 무던히 애썼다. 하지만 남편은 실로 다가가기 힘든 존재였다. 무슨 말만 하면 그는 발끈 화를 내며 자기만 문제가 아니라는 점을 지적했다. 두 사람의 대화는 언제나 샐리의 죄와 약점과 실패를 장황하게 나열하는 시간으로 전락했다. 샐리는 남편과의 대화를 포기한 지 오래다. 이제 그녀는 나쁜 사람이라는 비난을 듣지 않기 위해 최대한 남편 근처에 가지 않으려고 한다.

이 부부의 대화가 건강하지 못한 건 무엇보다 샘이 '걸어 다니는 성경 교리 백과사전'이었기 때문이다. 샘은 성경을 훤히 꿰뚫고 있었다. 그는 아내가 아무리 성경을 들먹여도 자신이 다 아는 내용이고 얼마든지 반박해 줄 수 있다고 자신했다. 그는 신학이 자신을 교만하고 냉담하게 만든다면 그것은 나쁜 신학일 뿐임을 이해하지 못했다. 성경을 비성경적으로 사용하는 것이 가능하다는 사실을 전혀 몰랐다. 그가 아내 말에 마음을 열지 않는 데는 또 다른 이유도 있었다. 성경 지식과 신학 지식을 영적 성숙과 동일시했기 때문이다. 그는 성경과 신학을 잘 알고도 실제 삶에서는 하나님을 잘 따르지 않을 수 있음을 보여 주는 전형적인 예였다.

가정 상황을 악화시키는 데 일조한 지점이 또 있다. 샘은 가정에 충실하지 않은 아버지였다. 자녀에게 그는 없는 사람이나 다름없었다. 그는 아침에 아이들이 깨어나기 전에 출근했다가 아이들이 잠자리에 든 뒤에야 귀가했다. 아이들은 아버지를 잘 몰랐고, 그도 아이들을 잘 몰랐다. 그는 오로지 사회적 성공에만 혈안이 되어 있었다. 반드시 사회적으로 성공하겠다는 그의 꿈이 그를 꼭두새벽같이 깨어나게 했고 밤늦게까지 종일 그의 마음속을 차지했다.

몇 년 동안 샐리는 자지 않고 남편을 내내 기다렸다. 하지만 늘 파김치가 되어 돌아오는 남편은 아내의 하루에 귀를 기울이지 않았고 자신의 하루가 어땠는지 묻는 질문에도 아무 대꾸가 없었다. 아버지의 부재에 아이들은 점점 분노했다. 나중에는 아버지가 자신들을 제대로 이해하지도 못하면서 서툴게 자신들 삶으로 비집고 들어오는 것에 분노했다. 아이들은 돈만 던져 주고 가는 아버지가 아닌 진정으로 곁에 있어 주는 아버지를 원했다. 하지만 샘은 가족에게 시간을 내기에는 바빠도 너무 바빴다.

물론 하나님께 낼 시간은 더더욱 없었다. 한때 성경이 닳도록 읽던 사람이 이제는 펴지도 않았다. 주일예배도 빠지기 일쑤였다. 하나님에 관한 것들은 그의 마음에서 사라졌다. 대화나 가정생활에서 신앙적 모습이라고는 찾아볼 수 없게 되었다. 샘은 바쁨과 자기 의의 교차점에서 살았다. 계속해서 이대로 살면 상황은 점점 더 악화될 것이다.

샘만 그런 것은 아닐 터⋯⋯. 우리 모두가 이런 영적 위험에 노출되어 있다. 잠시 생각해 보라. 하나님은 우리 모두에게 시간제한을 두셨다. 당신과 내 하루가 30시간일 수 없다. 우리의 일주일이 10일, 한 달이 50일, 1년이 450일이 될 일은 절대 없다. 우리는 하나님이 정하신 시간제한 안에서 우리 삶의 세 가지 영역을 잘 관리해야 한다. 영적 영역(하나님과의 관계, 내 삶을 그분께 드리는 것), 관계적 영역(가족·그리스도 안에서의 형제자매·친구들과의 관계), 직업적 영역(일터).

이 중 한 가지에 치중하면 그 영역이 다른 영역에 투자해야 할 시간을 앗아 갈 수밖에 없다. 주어진 하루 동안 시간을 더하거나 일주일이라는 시간에 날을 더할 수 없기 때문이다. 일과 성공을 향한 질주가 샘의 시간을 차지할수록 가족과 하나님께 투자하는 시간은 줄어들었다. 일에 사용하는 시간이 많아진다는 것은 아이들과 보내는 시간과 하나님을 예배하고 그분의 말씀을 묵상하는 시간은 줄어든다는 뜻이었다. 샘은 두 가지 대계명을 잘 알고 있었다(마 22:37-40). 하지만 매일 사회적 성공이라는 꿈을 좇는 데 시간을 쓰다 보니 두 계명 다 어기게 되었다. 수직적 사랑과 수평적 사랑이 둘 다 성공의 제단 위에서 희생되었지만 샘은 전혀 알아채지 못했다.

바쁜 삶에서 비롯한 위기는 자기 의로 더욱 악화되었다. 샘은 이제 하나님 말씀이라는 거울 앞에 서서 자신을 정확하게 보지 않았다. 그래서 자신을 바라보는 시각이 왜곡되었다. 자기 의에 빠진 샘은 가정이 무너지는 상황인데도 전혀 인식하지 못했다. 가끔 위기감을 느껴도 재빨리 누군가 혹은 다른 무언가의 탓으로 돌렸다. 변화의 필요를 깨닫고 인정하기에는 샘은 너무 바빴고 자기 의에 너무 깊이 빠져 있었다.

샘 이야기에서 안식일이 얼마나 귀한 하나님의 선물인지를 확인할 수 있다. 우리 모두는 노동을 쉬는 안식일이 절실히 필요하다. 하지만 단지 육체적으로 쉬고 새 힘을 얻기 위해서만이 아니다. 현실을 다시 제대로 보고, 내 부족함을 다시 고백하고, 은혜로 다시 돌아서고, 내 영광을 왕이신 구주의 더 큰 영광 앞에 다시 내려놓기 위해 안식일이 필요하다.

우리 모두는 육체적으로나 정신적으로나 자신의 일에서 벗어나 형제자매와 함께 우리 구주의 발치에 앉는 시간이 절대적으로 필요하다. 그 자리에서 그분의 은혜가 얼마나 절실히 필요한지를 분명히 보고 그 은혜의 용서하고 변화시키고 회복시키는 능력을 힘입어야 한다. 우리 모두는 우리의 시간을 온통 잡아먹는 바쁜 움직임에서 벗어나 우리 하나님의 영광을 다시 바라보면서, 모든 것이 그분에게서 나오고 그분으로 말미암으며 그분에게로 돌아간다는 사실을 기억해야 한다(롬 11:36). 우리가 아니라 하나님이 중심이며, 이것이 가장 좋은 것임을 기억해야 한다.

그러므로 이번 주에 믿음의 동역자인 성도들과 함께 안식하는 시간을 가지라. 주 안에서 쉬고, 진리를 기억하고, 죄를 고백하고, 하나님을 경배하고, 말씀에 순복하라. 신앙이 아무리 성숙해도 모든 사람에게는 여전히 안식일의 은혜가 필요하다.

마태복음 22장 36-40절 선생님 율법 중에서 어느 계명이 크니이까 예수께서 이르시되 네 마음을 다하고 목숨을 다하고 뜻을 다하여 주 너의 하나님을 사랑 하라 하셨으니 이것이 크고 첫째 되는 계명이요 둘째도 그와 같으니 네 이웃을 네 자신같이 사랑하라 하셨으니 이 두 계명이 온 율법과 선지자의 강령이니라.

위 말씀에서 예수님이 왜 하나님과 이웃을 사랑하라는 이 두 가지를 가장 큰 계명으로 꼽으셨다고 생각하는가?

내 삶의 균형을 유지하기 위해 영적·관계적·직업적 영역 중 무엇에 가장 신 경을 써야 할까?

.

주일 공예배는

내 죄를 뼛속 깊이 아파하고,

그만큼 하나님 은혜에

더 크게 놀라고 기뻐하는 시간이다.

이는 우리로 '삶의 거룩'이라는 하나님 뜻에

전심으로 헌신하게 한다.

년   월   일

죄와 타협하지 않기 위해

녹음 작업을 하기 위해 며칠 집에 못 들어가던 중에 예기치 못한 전화 한 통을 받게 되었다. 아내의 목소리가 떨리는 것으로 보아 안 좋은 소식이 분명했다. 인도를 덮친 자동차가 우리 딸을 치고 벽으로 밀어붙인 사고가 났다. 하나님의 은혜로 딸의 목숨을 건졌지만 생사를 오가는 대수술을 여러 번 받아야 했다. 여섯 시간을 차로 달려 집으로 오는 내내 전화벨이 울릴 때마다 심장이 멎는 듯했다. 그때보다 나쁜 소식이 두려웠던 적은 없었다. 중환자실에 도착해 딸의 망가진 몸을 보던 순간을 평생 잊지 못하리라. 침대에 누워 있는 딸의 몰골은 말이 아니었다. 다행히 딸은 잘 회복했고, 지금은 그때의 충격을 다 극복한 상태다.

우리는 나쁜 소식을 본능적으로 두려워한다. 나쁜 소식이 원치 않게 우리 삶에 가져올 극적인 변화를 두려워한다. 나는 이것이 예수 그리스도의 복음을 늘 되새겨야 하는 이유 중 하나라고 믿는다. 복음은 역사상 가장 안 좋은 소식으로 우리를 맞이한다. 복음이 제시하는 나쁜 소식은 '나'에 관한 나쁜 소식이기에 특히 더 받아들이기 힘들다. 이 소식은 한동안 받아들이기 힘들어도 결국 언젠가는 끝이 날 일시적 내용이 아니다. 복음은 다른 무엇보다 내 안에 매우 심각하고도 지속적인 문제가 있음을 직시하게 한다. 이 문제는 상황이나 장소, 관계, 행동이 바뀐다고 해서 해결되지 않는다. 교육으로 그 문제에서 벗어날 수 없다. 상담 치료도 그 문제를 해결해 주지 못한다. 우리는 죽음으로 이어지는 질병을 품고 있으며 이 질병에 대해 우리의 힘으로는 할 수 있는 것이 아무것도 없다.

우리는 복음을 통해 나 자신의 죄를 똑바로 봐야 한다. 그렇지 않으면 우리는 은혜의 영광스러운 메시지에 아무런 관심도 갖지 않을 것이다. 자신을 가만히 내버려 두면 자신을 죄인이라 여기지 않는다. 우리의 피할 수 없는 문제인 죄가 우리를 기만하여 그래도 괜찮다고 믿게 하기 때문이다. 다른 누군가에게는 필요한 소식일지라도 내게는 필요 없다고 생각한다. 이것이 성경이 죄에 대해 그토록 세게 말하는 이유다.

> 기록된 바 의인은 없나니 하나도 없으며 깨닫는 자도 없고
> 하나님을 찾는 자도 없고 다 치우쳐 함께 무익하게 되고 선을
> 행하는 자는 없나니 하나도 없도다 그들의 목구멍은 열린
> 무덤이요 그 혀로는 속임을 일삼으며 그 입술에는 독사의 독이
> 있고 그 입에는 저주와 악독이 가득하고 그 발은 피 흘리는 데
> 빠른지라 파멸과 고생이 그 길에 있어 평강의 길을 알지 못하였고
> 그들의 눈앞에 하나님을 두려워함이 없느니라 함과 같으니라.
> 로마서 3장 10-18절

성경에서 이토록 불쾌한 소식을 우리에게 전하는 것은 하나님의 구속의 사랑 때문이다. 하나님은 그분의 말씀, 그분의 백성, 그분 교회의 모임을 통해 철저히 닫힌 우리 눈을 열어 우리 자신의 진

짜 모습을 보게 하신다. 자기 안에 치명적인 무언가를 안고 살아가는 사람을 보고도 그 사실을 말해 주지 않는 것은 무정한 일 아닌가. 하나님은 큰 구속의 사랑으로 우리가 듣기 싫어하는 진실을 말씀해 주신다. 우리를 미워해서가 아니라, 오히려 자비와 긍휼의 마음으로 우리를 보시기 때문이다. 하나님이 들려주시는 나쁜 소식은 곧 그분이 구원하시겠다는 좋은 소식이기도 하다. 하나님이 그 소식을 굳이 전하시려는 것은 우리가 그 소식을 듣고 받아들여 오직 그분만이 주실 수 있는 도움을 구하도록 하기 위해서다.

복음의 나쁜 소식은 곧 가장 좋은 소식의 도입부다. 하나님은 우리를 죄로 인한 안타까운 상태로 놔두시지 않는다. 자비로우신 하나님은 그냥 그분이 지으신 세상을 멸하고 몸을 돌려 가 버리지 않으셨다. 그분은 우리를 위해 행동하셨다. 우리가 죄의 용서를 받을 뿐 아니라 죄에서 완전히 해방될 길을 마련해 주셨다.

복음은 하나님이 그분의 아들을 보내 우리가 죄로 인해 절대 살 수 없는 온전한 의의 삶을 살게 하셨다고 말한다. 복음은 예수님이 우리 죄에 대한 형벌을 대신 받아 하나님의 진노를 달래 줄 어린양으로 이 땅에 오셨다고 말한다. 나아가 복음은 예수님이 무덤에서 일어나 우리를 위해 죄와 죽음을 이기셨다고 말한다. 예수님의 사역으로 우리는 하나님과 화목하고 그분의 가족으로 입양되어 그분과 함께 영원히 살 장소를 보장받게 되었다.

우리가 아직 연약할 때에 기약대로 그리스도께서 경건하지 않은

자를 위하여 죽으셨도다 의인을 위하여 죽는 자가 쉽지 않고
선인을 위하여 용감히 죽는 자가 혹 있거니와 우리가 아직 죄인
되었을 때에 그리스도께서 우리를 위하여 죽으심으로 하나님께서
우리에 대한 자기의 사랑을 확증하셨느니라 그러면 이제 우리가
그의 피로 말미암아 의롭다 하심을 받았으니 더욱 그로 말미암아
진노하심에서 구원을 받을 것이니 곧 우리가 원수 되었을 때에
그의 아들의 죽으심으로 말미암아 하나님과 화목하게 되었은즉
화목하게 된 자로서는 더욱 그의 살아나심으로 말미암아 구원을
받을 것이니라 그뿐 아니라 이제 우리로 화목하게 하신 우리 주
예수 그리스도로 말미암아 하나님 안에서 또한 즐거워하느니라.
로마서 5장 6-11절

복음의 나쁜 소식과 좋은 소식, 위로와 부르심은 우리 안에 하
나님을 향한 깊은 감사를 낳아 우리의 인생을 변화시키려는 것이
다. 그것은 하나님을 더 깊이 의지하고 그분께 더 철저히 순복하여
그분이 보시기에 거룩한 삶을 살게 하려는 것이다. 우리는 그분의
진노가 두려워서가 아니라, 그분의 사랑을 받는 자녀이기에 그런 삶
을 살아야 한다. 교회와 그 안에서 이루어지는 정기 모임은 우리가
이 복음을 계속해서 들어야 하기에 마련되었다. 우리는 영원으로
들어가 더는 죄와 씨름할 필요가 없을 때까지 계속해서 복음의 경고
와 격려가 필요하다.

로마서 3장 23절 모든 사람이 죄를 범하였으매 하나님의 영광에 이르지 못하더니.

로마서 6장 23절 죄의 삯은 사망이요 하나님의 은사는 그리스도 예수 우리 주 안에 있는 영생이니라.

시편 32편 5절 내가 이르기를 내 허물을 여호와께 자복하리라 하고 주께 내 죄를 아뢰고 내 죄악을 숨기지 아니하였더니 곧 주께서 내 죄악을 사하셨나이다.

시편 32편 1-2절 허물의 사함을 받고 자신의 죄가 가려진 자는 복이 있도다 마음에 간사함이 없고 여호와께 정죄를 당하지 아니하는 자는 복이 있도다.

시편 30편 11-12절 주께서 나의 슬픔이 변하여 내게 춤이 되게 하시며 나의 베옷을 벗기고 기쁨으로 띠 띠우셨나이다 이는 잠잠하지 아니하고 내 영광으로 주를 찬송하게 하심이니 여호와 나의 하나님이여 내가 주께 영원히 감사하리이다.

숙고 ✦ 더욱 깊고 풍성한 예배를 위하여

위 말씀을 순서대로 읽고, 죄를 직면하는 데서 은혜와 거룩한 삶으로 이어지는 진행 과정에 관해 생각해 보라.

나눔 ✦ 삶이 예배가 되도록

왜 복음을 한 번 듣고 믿고 말 것이 아니라 계속해서 들어야 하는지 이야기를 나눠 보라.

주일 공예배는

왕이신 우리 구주의 강한 어깨에

내 모든 염려를 내맡겨도 된다는 사실을

다시 마음에 새기기 위한 시간이다.

년   월   일

홀로 지던 버거운 짐 다 내려놓고

내 사무실로 들어오는 엠마의 모습이 마치 어깨에 온 세상 무게를 짊어진 사람처럼 보였다. 내가 인사를 건넬 틈도 없이 그녀는 이렇게 말했다. "어찌할지 모르겠어요." 그녀의 가정이 속절없이 무너져 내리고 있었다. 가정을 회복하고 남편과 화해하려고 무던히 애써 봤지만 상황은 되레 더 안 좋아졌다. 엠마는 더는 이렇게 살 수 없다고 말했다. 지난 며칠 동안은 그저 죽고만 싶었다고 털어놓았다.

◆◆◆

제이미가 학교에서 당하는 괴롭힘이 요즘 들어 부쩍 심해졌다. 제이미는 학교에서 당하는 괴롭힘을 부모님에게 말하고 싶지 않았다. 걱정을 끼치고 싶지 않아서였다. 그렇다고 선생님에게 말하기도 무서웠다. 자신을 괴롭히는 친구들이 그 사실을 알면 전보다 더 심하게 괴롭힐 게 뻔했기 때문이다. 어느 날 아침, 울려 대는 알람 소리에도 이불에서 나오고 싶지 않았다. 학교에서의 또 하루를 감당할 자신이 없었다. 제이미는 이불을 뒤집어쓰고 자신이 처한 현실의 비참함을 부정하려고 발버둥쳤다.

◆◆◆

빌은 수중에 가진 돈이 많지 않았다. 입에 풀칠이라도 하려면 원치 않는 직장에서라도 일해야 했고, 친구도 별로 없었다. 하지만 날마다 그를 가장 괴롭히는 건 과거에 대한 후회였다. 마치 벽돌처럼 후회의 짐이 자신을 꾹 누르고 있어서 침대에서 일어나기조차 힘겨웠다. 청소년 시절, 어리석은 선택을 너무도 많이 한 그는 지금 대가를 톡톡히 치르는 중이다. 그가 하는 모든 행동에 죄책감과 수치심이 그대로 묻어났다. 그 짐을 도무지 떨쳐 낼 힘이 없었다. 매일같이 그는 후회와 죄책감과 수치심의 짐에 짓눌려 천근만근 무거워진 몸으로 하루를 마쳤다.

◆◆◆

샬럿은 흔히 말하는 결혼 적령기를 한참 넘긴 싱글 여성이다. 그동안 그녀가 참석한 결혼식만 해도 셀 수 없을 정도다. 친구가 청첩장을 보낼 때마다 자신의 처지가 더없이 초라해 보였다. 순간 타오르는 질투심에 미칠 것만 같았다. 자신이 뭐가 문제여서 결혼을 못 할까 싶은 생각이 그녀를 무겁게 짓눌렀다. 남자를 사귀던 고등학교나 대학 시절이 그저 까마득한 옛날이다. 이제 주변에 미혼 남자도 얼마 안 남았고, 그들마저 그녀를 여자로 보지 않았다. 그녀는 원망하지 말아야 함을 잘 알았지만 화가 나는 걸 어쩔 수 없었다. 자신이 많은 복을 받았음을 알면서도 만족하지 못할 이유가 저만치서 밀려왔다. 외로움이 진저리가 나도록 싫었다.

◆◆◆

스티브는 아무에게도 털어놓을 수 없는 어둡고 수치스러운 비밀을 간직하고 있었다. 이 비밀을 털어놓았다가는 주변 모든 사람이 떠나갈 게 뻔했다. 하지만 이 비밀을 홀로 간직하고 있는 것 자체가 견딜 수 없을 만큼 힘들고 고통스러운 짐이었다. 대학교 2학년인 그는 학교에 여학생이 많은데도 기숙사의 남자들에게만 끌렸다. 고등학교를 반쯤 마쳤을 때부터 이 감정을 부정해 왔다. 자신도 모르게 이 비밀을 들킬까 봐 동아리에 참석하는 시간이 두려웠다. 부모님이나 친구에게 털어놓는다는 건 아예 생각조차 못 했다. 목사님에게 상담받을까도 고민해 봤지만 역시나 두려웠다. 주변 남자들은 그에게 관심이 있는 여자가 학교에 많은데 그가 왜 여자 친구를 사귀지 않는지 의아해했다. 그는 매번 변명하며 넘겼지만 더는 견디지 못할 지경에 이르렀다.

◆◆◆

모든 인간은 망가져서 신음하는 세상에서 삶의 무거운 짐을 짊어진 채 괴로워한다. '이미'와 '아직' 사이의 삶은 그러하다. 특히, 그 무거운 짐을 '홀로' 짊어지는 것이야말로 견딜 수 없을 만큼 힘든 일이다. 혹시 당신도 버거운 짐 때문에 신음하고 있는가? 누군가에게 거부당하거나 끔찍이 사랑하던 사람을 잃은 일이 당신을 짓누르는가? 꿈을 잃은 것이 당신의 짐인가? 몸의 약함이나 금전적 쪼들림이 당신의 짐인가? 죄와 분노로 가득한 가정이 견딜 수 없는 당신의 짐인가? 집요하게 괴롭히는 상사 때문에 직장 생활이 당신의 고통스러운 짐인가? 방황하는 리더들로 망가져 가는 교회가 당신의 짐인가? 불안, 두려움, 우울함이 당신의 짐인가? 우리 모두는 짐을 지고 살아간다. 하지만 감사하게도, 마침내 영원으로 들어가면 더는 우리가 그 짐을 지지 않게 될 것이다.

우리 창조주는 우리가 독립적으로 살도록 설계하시지 않았다. 아담과 하와에게 그들을 지으신 분을 의지하지 않고도 얼마든지 잘 살 수 있다고 꼬드기던 뱀의 말보다 더 지독하고 파괴적인 거짓말도 없다. 인간의 독립은 우리에게 그 어떤 유익도 되지 않는 기만이다. 따라서 우리는 독립을 바라는 본능이 기만에서 비롯했다는 사실을 계속해서 마주해야 한다. 그리고 "너희 염려를 다 주께 맡기라 이는 그가 너희를 돌보심이라"라는 초대의 말을 계속해서 들어야 한다(벧전 5:7).

우리는 약하고 부족해서 독립적인 삶을 살 수 없기에 하나님은 우리가 계속해서 함께 모이도록 설계하셨다. 다 같이 모일 때 우리는 우리를 돌보시는 분이 계심을 되새긴다. 무거운 짐이 짓누르는 순간에 우리를 만나 주시고 우리 안에서 그리고 우리를 위해 다른 누구도 할 수 없는 일을 해 주실 분이 계심을 다시 떠올린다. 우리는 하나님이 33년간 우리 인간과 같은 처지가 되어 지금 우리가 겪고 있는 모든 짐을 경험하셨기에 우리의 상황을 누구보다도 이해하신다는 사실을 기억하기 위해 모인다. 우리는 하나님이 우리를 불쌍히 여기신다는 사실을 기억하기 위해 모인다.

이사야 42장 3절에서는 하나님이 "상한 갈대를 꺾지 아니하며 꺼져 가는 등불을 끄지 아니"하신다고 말한다. 하나님은 우리가 근심과 짐과 염려를 안고 살아가는 모든 상황과 장소를 다스리신다. 하나님은 늘 우리와 함께하시며 우리를 절대 버리지도 떠나지도 않겠노라 약속하신다. 그분의 은혜는 그 깊이를 다 헤아릴 수 없고, 그분의 사랑은 한계가 없으며, 그분의 자비는 날마다 새롭다. 우리는 하나님의 은혜가 우리를 '독립'에서 '구주에 대한 겸손하고도 자발적인 의존'으로 이끈다는 사실을 다시 마음에 새기기 위해 모인다. 우리가 매주 지치고 약한 모습으로 모여 다시금 그분의 도우심을 구할 때 그분은 자상한 은혜로 우리를 받아 주시고 우리 혼자 질 수 없는 짐들을 기꺼이 대신 져 주신다.

시편 55편 22절　네 짐을 여호와께 맡기라 그가 너를 붙드시고 의인의 요동함을 영원히 허락하지 아니하시리로다.

예레미야애가 3장 19-24절　내 고초와 재난 곧 쑥과 담즙을 기억하소서 내 마음이 그것을 기억하고 내가 낙심이 되오나 이것을 내가 내 마음에 담아 두었더니 그것이 오히려 나의 소망이 되었사옴은 여호와의 인자와 긍휼이 무궁하시므로 우리가 진멸되지 아니함이니이다 이것들이 아침마다 새로우니 주의 성실하심이 크시도소이다 내 심령에 이르기를 여호와는 나의 기업이시니 그러므로 내가 그를 바라리라 하도다.

숙고 ◆ 더욱 깊고 풍성한 예배를 위하여

홀로 힘겹게 져 온 무거운 짐들이 있는가?

그중 어떤 짐들을 주님께 넘겨드려야 할까?

나눔 ◆ 삶이 예배가 되도록

사탄은 왜 인간의 독립이 좋은 것이라는 거짓말로 우리를 속이려 드는가?

위 성경 구절에서 위로가 되는 말씀이 있다면 함께 이야기해 보라.

주일 공예배는

날마다 내려 나를 흠뻑 적시는

하나님 은혜의 비에

기뻐하기 위한 시간이다.

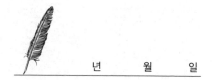

년   월   일

은혜의 단비를 흠뻑 맞는 시간

어느 봄, 나는 뉴욕 시내를 구경하고 맛있는 음식을 먹은 뒤에 기차를 타고 필라델피아로 돌아오는 계획으로 친구 두 명과 함께 뉴욕을 방문했다. 전날의 동부 해안은 지저귀는 새, 봄꽃, 따사로운 햇살까지 완벽했다. 그런데 정작 여행 당일, 부푼 마음으로 펜 스테이션(맨해튼 한복판에 있는 뉴욕의 장거리 철도역)에서 나왔더니 군데군데 잔뜩 먹구름 낀 하늘이 우리를 맞아 주는 게 아닌가. 날씨가 좋아지기를 간절히 바랐지만, 이제 막 센트럴 파크를 잠시 걸었을 뿐인데 빗방울이 떨어지기 시작했다. 가늘었던 빗줄기는 이내 굵어지더니 금세 폭우로 돌변했다. 설상가상으로 근처에 비를 피할 만한 곳이 한 군데도 없었다.

결국 비에 흠뻑 젖은 우리는 추위에 오들오들 떨었다. 짜증이 났다. 식당에 겨우 자리를 잡고 저녁 식사를 주문했을 때 온몸에서 물이 뚝뚝 떨어지는 우리 모습은 식당 안 모든 이들에게 좋은 구경거리였다. 훗날 그날을 떠올리며 한바탕 웃었지만 당시 상황은 누가 봐도 전혀 웃을 만한 상황이 아니었다.

대부분의 사람은 비를 그다지 좋아하지 않는다. 어떻게든 비를 피하려고 든다. 심지어 비가 오면 정해진 일정을 취소하기까지 한다. 피할 수 없는 비라면 우산과 우비로 중무장을 한다.

하지만 성경 시대에는 비를 축복으로 여겼다.

시온의 자녀들아 너희는 너희 하나님 여호와로 말미암아 기뻐하며
즐거워할지어다 그가 너희를 위하여 비를 내리시되 이른 비를
너희에게 적당하게 주시리니 이른 비와 늦은 비가 예전과 같을
것이라.
요엘 2장 23절

이로 인해 비는 하나님의 축복을 상징하는 언어가 되었다.

나는 목마른 자에게 물을 주며 마른 땅에 시내가 흐르게 하며 나의
영을 네 자손에게, 나의 복을 네 후손에게 부어 주리니.
이사야 44장 3절

마른 땅을 적시는 물리적 비보다 훨씬 중요한 비가 있다. 바로
영적 비다. 그것은 끊임없이 내리는 하나님 은혜의 비다. 오직 그 비
만이 메말라 갈급한 영혼을 적셔 살게 한다.

은혜를 부어 주시니 우리에게 메마른 계절이란 없다. 예수 그
리스도를 통한 하나님의 은혜는 영적 영양소들의 무한한 흐름이다.
하나님은 쉼 없이 그분의 자녀들에게 그분의 영을 부어 주신다. 아
침마다 그분은 손수 우리에게 자비의 비를 내려 주신다. 복의 소나
기가 멈추지 않는다. 그분의 은혜의 단비가 끊임없이 내려 우리를
영적으로 살아 있게 한다. 그것은 모든 복 중의 복이다. 우리를 구속
하는 은혜의 비라면 흠뻑 젖어도 좋다.

로마서 8장 18-39절은 성경에서 하나님의 은혜를 가장 아름답고 기분 좋게 묘사하는 구절 중 하나다. 우리는 이 말씀을 기억하기 위해 매주 모인다. 우리가 하나님의 은혜, 사랑, 자비로 흠뻑 젖어 있다는 사실을 되새기며 기뻐하기 위해 매주 모인다. 이 성경 구절을 살펴보면서 하나님의 자녀에게 내리는 은혜의 비가 얼마나 중요한지를 확인해 보자.

18-25절은 은혜가 작용하는 배경을 보여 준다. 이어지는 구절들의 소망이 없다면 여기서 바울의 말은 우리를 두렵고 낙심하게 한다. '이미' 회심한 이후 '아직' 본향에 이르지 못한 상태에서 우리는 하나님의 본래 의도대로 기능하지 않는 철저히 망가진 세상에서 살고 있다. 바울은 우리가 이 사실을 알기를 원한다. 우리는 신음하며 구속을 기다리는 세상에서 살고 있다. 우리는 우리 노력이 헛수고가 되고 모든 것이 썩어 가는 세상에서 살고 있다. 우리는 고통이 가득한 세상에서 살고 있다. 그래서 지금도 신음하며 구속을 위해 부르짖고 있다.

구약성경은 우리의 현주소를 "마른 땅"이라 부를 것이다. 하나님 은혜의 비, '그리스도 안에서 우리 것'인 생명을 주는 영양소를 가득 머금은 비, 이 땅에는 이 비가 절실하다. 고통으로 신음하는 세상에서 이 은혜의 비는 우리에게 말할 수 없는 소망을 준다.

그렇다면 하나님이 그분의 자녀에게 부어 주시는 은혜의 속성은 무엇인가?

개입함의 은혜(롬 8:26-27). 때로 삶이 너무 비참하고 혼란스럽고 복잡해서 대체 무엇을 어떻게 기도해야 할지 모른다. 하지만 우리는 혼자 힘으로 이 비참한 상황을 이겨 내도록 방치되어 있지 않다. 하나님이 그분의 영을 통해 우리를 만나 주시기 때문이다. 성령은 우리의 필요를 아버지께로 가져가 우리를 위해 간구하신다. 개입하시는 은혜의 비 덕분에 우리는 우리의 약함이나 비탄, 혼란으로 두려워하지 않아도 된다. 하나님은 우리를 보며 못마땅해하시는 대신 성령을 통해 우리에게 필요한 도움을 주신다. 하나님이 그분의 자녀에게 풍성한 은혜를 부어 주시니 우리는 약한 가운데 그분께 나아가는 것을 두려워하지 말아야 한다. 도리어 우리가 독립적인 영적 힘을 지녔다는 우리 자신의 기만을 두려워해야 한다.

멈추지 않는 은혜(롬 8:28-30). 삶이 아무리 힘들어 보여도, 우리가 아무리 약해도, 우리 영혼이 아무리 메말라도, 하나님 은혜의 영원한 행진은 멈추지 않는다. 구속을 위한 하나님의 사명은 모든 자녀의 마음의 모든 세포에서 죄의 세균을 남김없이 모조리 없앨 때까지 중단되지 않을 것이다. 하나님은 그분의 자녀 중 단 한 사람도 도중에 잃어버리시지 않을 것이다. 이는 지금 하나님이 우리 모두에게 그분의 구원하고 용서하고 변화시키고 힘 주고 구원하시는 은혜를 부어 주신다는 뜻이다. 우리는 지치고 의지가 약해질 수 있지만 하나님의 구속하시는 은혜는 절대 시들지 않으며, 우리 안에 시작하신 일을 결국 완성하겠다는 우리 구주의 결심은 절대 약해지지 않을 것이다.

공급함의 은혜(롬 8:31-32). 하나님의 공급하심에 관한 로마서 8장

31-32절의 바울의 말은 우리에게 실로 큰 힘이 된다. 우리의 구속을 위해 자신의 아들을 희생시킬 정도로 극단적 조치까지 취하신 분이 우리에게 모든 것을 풍성하게 주시지 않겠는가? 답은 "당연히 주실 것이다"이다. 하나님이 아들의 삶과 죽음과 부활까지 온 역사를 이끄시고서 그토록 힘들게 구속하신 자녀를 버리신다? 말이 안 된다. 십자가의 은혜는 현재와 미래를 위한 은혜의 비에 관한 확실한 보장이다. 이 은혜는 지금 여기서 우리에게 필요한 모든 것을 공급해 줄 것이다. 하나님은 자녀에게 공급의 비를 절대 멈추시지 않는다.

그 무엇으로도 끊을 수 없는 은혜(롬 8:33-39). 이것이 하나님 은혜의 요소들과 작용에 관한 바울의 기술이 절정에 이르는 지점이다. 바울은 하늘과 땅의 그 어떤 것도 우리를 우리 주 그리스도 예수 안에서 하나님의 사랑에서 끊을 수 없다고 분명히 선포한다. 우리는 우리 노력으로 그 사랑을 얻지 않았고, 지금도 노력으로 그 사랑을 얻고 있지 않다. 영원히 우리 것이며 우리에게서 떼어 놓을 수 없는 그 사랑은 세상의 기초가 쌓이기 전부터 우리에게 주어진 것이며, 영원토록 계속해서 우리에게 주어질 것이다.

바울은 왜 이 부분을 절정으로 삼았을까? 모든 인간이 자신이 사랑받고 있는지에 관한 의문을 품고 있음을 알았기 때문이다. 나아가 모든 인간은 '하나님이 과연 내 실체를 아신 뒤에도 여전히 날 사랑해 주실까' 하는 의문을 가지고 있다. 하나님의 자녀에게 주어진 답은 "확실히 그렇다!"이다. 우리는 절대 깨어지지 않는 영원한 사랑으로 사랑받고 있다.

그러니 앞으로 비가 올 때마다, 하나님의 개입함의 은혜, 멈추지 않는 은혜, 공급함의 은혜, 그 무엇으로도 끊을 수 없는 은혜를 묵상하라. 하늘을 올려다보며 끝없이 내리는 또 다른 영적 비가 있음에 감사하라. 바로, 구속하시는 은혜의 비다. 그 비는 우리 힘으로 얻을 수 없고 우리 스스로 받을 자격이 없는 하나님의 선물이다. 그리고 하나님이 갈급한 자녀가 그분의 빗속으로 들어와 그분의 은혜에 흠뻑 젖을 수 있는 곳으로 교회 모임을 마련하셨다는 사실을 기억하라.

에스겔 34장 26절   내가 그들에게 복을 내리고 내 산 사방에 복을 내리며 때를 따라 소낙비를 내리되 복된 소낙비를 내리리라.

지금 이 시기에 하나님 은혜의 속성 가운데 어떤 측면이 내게 가장 큰 위로가 되는가?

성경이 은혜와 복을 묘사하는 데 '소낙비' 이미지를 사용한 이유가 무엇일지 이야기를 나눠 보라.

주일 공예배는

내 약함이 하나님 계획을 막지 못함을

되새기기 위한 시간이다.

내 약함은 오히려 그분의 계획의 일부다.

내 약함을 통해

모든 것을 초월하는 그분의 능력이 밝게 빛난다.

년   월   일

고린도후서 4장은 큰 위로와 힘을 주는 말씀이다.

> 우리가 이 보배를 질그릇에 가졌으니 이는 심히 큰 능력은
> 하나님께 있고 우리에게 있지 아니함을 알게 하려 함이라
> 우리가 사방으로 우겨쌈을 당하여도 싸이지 아니하며 답답한
> 일을 당하여도 낙심하지 아니하며 박해를 받아도 버린 바 되지
> 아니하며 거꾸러뜨림을 당하여도 망하지 아니하고 우리가 항상
> 예수의 죽음을 몸에 짊어짐은 예수의 생명이 또한 우리 몸에
> 나타나게 하려 함이라 우리 살아 있는 자가 항상 예수를 위하여
> 죽음에 넘겨짐은 예수의 생명이 또한 우리 죽을 육체에 나타나게
> 하려 함이라 그런즉 사망은 우리 안에서 역사하고 생명은 너희
> 안에서 역사하느니라 ……
> 그러므로 우리가 낙심하지 아니하노니 우리의 겉사람은 낡아지나
> 우리의 속사람은 날로 새로워지도다 우리가 잠시 받는 환난의
> 경한 것이 지극히 크고 영원한 영광의 중한 것을 우리에게 이루게
> 함이니 우리가 주목하는 것은 보이는 것이 아니요 보이지 않는
> 것이니 보이는 것은 잠깐이요 보이지 않는 것은 영원함이라.
> 고린도후서 4장 7-12, 16-18절

우리는 이런 반직관적 복음의 현실을 통해 우리 자신과 우리가

마주한 고난을 보기 위해 매주 모여서 예배를 드린다. 우리는 영적 성숙이 내 힘에 대한 확신의 문제가 아니라는 사실을 계속해서 기억해야 한다. 영적 성숙은 우리를 늘 새롭게 하시는 하나님 은혜의 역사로 인해 우리의 약함을 기꺼이 인정하는 것이다. 우리의 약함은 우리를 하나님의 품으로 이끄니 이 약함을 두려워하지 말아야 한다. 우리가 두려워해야 할 것은 자기 힘에 관한 기만이다. 그 기만은 우리로 독립적 삶을 추구하게 한다.

다음 글을 묵상해 보라.

저는 지쳤지만
패배하지 않았습니다.
저는 피곤하지만
힘이 없지 않습니다.
저는 쓰러졌지만
무너지지 않았습니다.
저는 오해를 받고 있지만
실망하지 않습니다.
저는 혼란스러울 때가 많지만
의심에 굴복하지 않겠습니다.
저는 진퇴양난에 빠질 때가 많지만
결코 포기하지 않겠습니다.
저는 기도하는 법을 모르지만

주님은 제 부르짖음을 들으십니다.

저는 때로 친구가 없지만

결코 혼자가 아닙니다.

제 자신의 힘은 없을 때가 많지만

능력이 부족하지 않습니다.

저는 통제할 수 있는 게 별로 없지만

제 삶은 주님의 통제 밖에 있지 않습니다.

제 마음은 굶주렸지만

계속해서 공급받습니다.

저는 무거운 짐을 짊어지고 있지만

쓰러지지 않습니다.

제가 거부당할 때

주님이 가까이 계십니다.

두려움에 떨 때

주님이 평강을 주십니다.

비탄에 잠겨 있을 때

주님이 위로해 주십니다.

혼란스러워할 때

주님이 지혜를 주십니다.

실패할 때

주님이 저를 용서해 주십니다.

유혹을 마주할 때

주님이 보호해 주십니다.

절망에 빠져 있을 때

주님이 격려해 주십니다.

무거운 짐에 허덕일 때

주님이 도와주십니다.

제 약함을 두려워하지 말아야 한다는 것을

알게 되었습니다.

제 약함은 주님의 은혜가 들어오는 문입니다.

저를 향한 주님의 계획은,

제가 깨진 그릇이 되어

주님의 능력이 주목을 받고,

제가 아닌

주님이 감사를 받으시고

주님이 예배를 받으시고

주님이 찬양을 받으시는 것입니다.

그래서 저는 포기하지 않겠습니다.

용기를 잃지 않겠습니다.

제가 약해질 때

제가 날마다 새로워진다는

이 영광스러운 진리를

기억하겠습니다.

우리가 강하신 분의 임재 안에 환영받는 약하고 겸손한 공동체로서 계속해서 모이고 또 모여, 오직 주님이 주실 수 있는 새롭게 하심에 감사하게 하소서!

고린도후서 12장 9-10절 나에게 이르시기를 내 은혜가 네게 족하도다 이는 내 능력이 약한 데서 온전하여짐이라 하신지라 그러므로 도리어 크게 기뻐함으로 나의 여러 약한 것들에 대하여 자랑하리니 이는 그리스도의 능력이 내게 머물게 하려 함이라 그러므로 내가 그리스도를 위하여 약한 것들과 능욕과 궁핍과 박해와 곤고를 기뻐하노니 이는 내가 약한 그때에 강함이라.

위 말씀에서 바울은 왜 불평하거나 포기하지 않고 오히려 자신의 약함을 자랑할 수 있었을까?

고린도후서 4장 7절에서 "이 보배"와 "질그릇"은 무엇을 의미하는가? 이것이 왜 반직관적인지 이야기를 나눠 보라.

주일 공예배는

죄에 슬퍼해 눈물 흘리고

은혜에 기뻐 뛰며

찬양하기 위한 시간이다.

년   월   일

애통해야 할 것에 애통할 때

"애통하는 자는 복이 있나니 그들이 위로를 받을 것임이요"(마 5:4). 대개 우리는 슬픔을 좋아하지 않는다. 나쁜 소식을 싫어한다. 그래서 문제를 피하기 위해 갖은 노력을 다한다. 우울해지는 게 끔찍이 싫은 나머지 끝없는 SNS 활동과 공허한 넷플릭스 드라마 시청으로 우리 자신을 죽기 직전까지 마비시키곤 한다. 아마도 우리가 피하려는 것은 단순히 슬픔만이 아닐 것이다. 어쩌면 우리는 우리 자신에게서 도망치고 있는지도 모른다. 우리가 멈춰서 보고 듣고 귀를 기울이면 인정할 수밖에 없는 것에서 도망치려는 것인지도 모른다.

진짜 자아에게서 도망치려는 것은 결코 좋은 계획이 아니다. 하지만 강력한 미디어 플랫폼들은 그런 도피를 제공하고 심지어 권장한다. 인생을 진실되게 돌아보고 자기 안을 겸손히 살피는 고통을 회피하게 한다. 미디어 중독은 오직 멈춰서 깊이 고민하고 돌아보고 슬퍼할 때만 찾아오는 복을 가로막는다.

마지막으로 애통한 적이 언제인가? 팀이 지거나 당신이 주문한 스테이크가 맛이 없을 때의 슬픔을 말하려는 게 아니다. 자녀가 말을 듣지 않거나 결혼 생활이 꿈꾸던 것과 다를 때의 슬픔이 아니다. 집 매매 계약이 무산되거나 주가가 떨어지거나 실직할 때의 슬픔이 아니다. 우리 모두는 자주 애통하지만 대개 작은 나라의 애통이다.

산상수훈에서 예수님이 애통에 관해 하신 말씀을 기억하는가?(마 5:4) 이 말씀 뒤에 어떻게 기도해야 할지에 관한 그리스도의 가르침이 나타난다. "나라가 임하시오며 뜻이 하늘에서 이루어진 것같이 땅에서도 이루어지이다"(마 6:10). 예수님은 우리 자신의 작은 나라보다 훨씬 큰 나라에 기꺼이 순복하는 자세로 기도하라고 가르치신다.

내 나라는 내가 원하고 필요하다고 느끼는 것에 관한 나라다. 이 나라의 주된 초점은 내 안위와 즐거움과 만족에 있다. 이 나라는 내가 원하는 삶 즉 내 눈에 손쉽고 즐거운 삶에 몰두하는 것이다. 물론 행복한 가정이나 부모 말 잘 듣는 자녀를 원하는 것이 완전히 잘못된 바람은 아니다. 오히려 이런 것을 원하지 않는 것이 문제다. 하지만 우리 마음이 이런 것에만 철저히 사로잡힌 채 늘 불만족에 시달린다면 잘못된 것이고 영적으로 위험한 상태다.

요지는 이렇다. 우리가 무엇 때문에 주기적으로 깊이 애통하는지를 보면 우리 마음이 무엇에 진정으로 가치를 두고 있는지가 드러난다. 우리가 무엇에 가장 슬퍼하는지를 보면 우리 마음이 어느 나라에 충성하는지를 알 수 있다. 애통은 우리가 진정으로 예배하는 것을 들여다보게 하는 창문과도 같다. 우리는 창조주와 피조물 중 하나를 예배한다.

그래서 앞의 질문을 바꿔야 한다. 당신이 언제 슬펐는지를 묻는 것만으로는 충분하지 않다. 그 대신 이렇게 물어야 한다. "마지막으로 슬펐을 때 무엇에 슬펐는가?"

예수님이 애통이 복으로 가는 길이라고 말씀하셨다면 과연 그분이 어떤 종류의 애통을 말씀하신 것인지 분명히 아는 게 중요하다. 예수님은 실망스러운 일에 관한 애통을 말씀하신 것이 아니다. 그러니까 상황이나 장소, 관계가 내 뜻대로 되지 않아서 슬픈 것을 말씀하신 게 아니다. 이 슬픔은 우리 대부분에게 익숙한 종류의 애통이다. 우리는 원하는 것을 얻지 못할 때 화를 낸다. 나는 이것을 작은 나라의 애통이라고 부른다. 인간적인 계획과 목적과 영광에 몰두한 결과로 찾아오는 애통이기 때문이다. 이런 종류의 애통은 복으로 가는 길이 아니다. 나를 모든 일의 중심에 놓아서는 참된 행복과 기쁨을 찾을 수 없다. 타락한 세상에서 자기 바람과 필요, 감정을 중심에 놓는 것은 실망과 불만족으로 가는 지름길이다.

애통하는 자가 복이 있다는 예수님의 말씀에서 애통은 하나님의 목적과 영광을 추구할 때 비롯하는 종류의 애통이다. 로마서 3장 23절은 이렇게 말한다. "모든 사람이 죄를 범하였으매 하나님의 영광에 이르지 못하더니." 죄를 인정하는 것이 애통의 핵심이다. 하지만 여기서 끝이 아니다. 나는 내 죄가 하나님께 지은 것이기 때문에 애통한다. 내 죄는 하나님의 영광에 대한 반역이다. 내 죄는 하나님의 영광 대신 내 영광을 삶의 목표로 삼는 것이다. 죄는 하나님의 피조물이라는 정체성과 내 존재의 목적을 거부하는, 슬프고도 충격적인 짓이다.

나는 오로지 하나님의 영광을 위해 생각하고 바라고 선택하고 말하고 행동하며 살도록 설계되었다. 인간이 지음받은 대로 살지 않는 것만큼 슬픈 일이 어디 있으랴. 우리가 이렇게 살지 않으면 하나님의 보좌를 더럽힐 뿐 아니라, 피조 세계를 철저히 망가뜨리고, 이는 말할 수 없이 큰 고통을 낳는다. 죄는 세상에서 가장 슬프고 가장 끔찍한 것이다. 십자가가 이 점을 증명해 준다. 하나님의 아들이 십자가에서 돌아가셔야만 해결되는 문제만큼 지독한 문제가 또 있을까?

인간의 마음은 지독히 완악하고 눈이 멀어 있어서 우리가 죄를 가장 슬픈 일로 보고 애통한다면 그것은 하나님의 은혜가 임했다는 확실한 증거다. 아울러 우리는 자신의 죄를 놓고 애통할 때만 비로소 하나님의 은혜를 찾고 그 은혜에 감사하게 된다. 하나님의 은혜에 대한 감사의 깊이는 죄에 대한 슬픔의 깊이로 결정된다. 죄의 심각성을 축소하면 예수 그리스도 안에서 찾아오는 하나님의 놀라운 은혜를 대수롭지 않게 여길 수밖에 없다.

그래서 우리는 격려받기 위해서만이 아니라 현실을 마주하기 위해 주일예배로 계속해서 모인다. 우리는 충격적인 자기 영광, 어두움, 반역, 죄의 파괴성을 제대로 보는 눈을 얻고, 죄가 여전히 우리 안에 살아 있음을 기억하기 위해 모인다. 우리는 이 죄악 앞에서의 유일한 소망은 예수님의 강력하고 변함없는 은혜뿐이라는 사실을 다시 마음에 새기기 위해 모인다. 우리의 죄를 인정할 때만 가장 깊고도 가장 온전한 위로를 경험할 수 있다. 우리는 죄인의 마음에 가장 큰 위로가 되는 오아시스가 '용서하고 변화시키시는 예수님의 은혜'라는 사실을 되새기기 위해 계속해서 모인다.

야고보서 4장 7-10절   그런즉 너희는 하나님께 복종할지어다 마귀를 대적하라 그리하면 너희를 피하리라 하나님을 가까이하라 그리하면 너희를 가까이하시리라 죄인들아 손을 깨끗이 하라 두 마음을 품은 자들아 마음을 성결하게 하라 슬퍼하며 애통하며 울지어다 너희 웃음을 애통으로, 너희 즐거움을 근심으로 바꿀지어다 주 앞에서 낮추라 그리하면 주께서 너희를 높이시리라.

나는 삶에서 주로 무엇 때문에 주기적으로 깊이 애통하는가?

그로 인해 내 마음이 무엇에 진정으로 가치를 두고 있는지가 드러나는가?

우리가 오로지 하나님의 영광을 위해 생각하고 바라고 선택하고 말하고 행동하면 우리는 어떻게 될까?

자신이 이런 식으로 살지 못할 때마다 진정으로 애통하는가?

주일 공예배는

하나님을 섬기는 삶을 살 수 있도록

그분을 보는 눈과

그분을 사랑하는 마음을

얻기 위한 시간이다.

년   월   일

복음이 삶 구석구석에 배기까지

신학교에 다닐 당시 나는 아내와 함께 시각장애인 아이들을 위한 학교에서 일했다. 우리는 남자 고등학생을 맡았다. 이 학교는 이 학생들에게 시각장애인으로서 세상에서 성공하기 위한 기술을 가르치겠다는 취지로 설립되었다. 우리는 아침부터 저녁까지 어디를 가나, 혼자 있으나 다른 사람들과 함께 있으나, 운동할 때나 공부할 때나, 일할 때나 놀 때나 항상 앞을 보지 못하는 삶이 어떤 것인지를 아주 가까이에서 관찰할 수 있었다.

우리 부부는 아이들이 봄에 활짝 피는 꽃이나 시커먼 먹구름, 벌새의 쏜살같은 비행, 바다 위로 내려앉는 석양의 아름다움, 위대한 그림, 가족과 친구들의 얼굴을 볼 수 없다는 것이 너무 안타깝고 슬펐다. 한 남자아이는 앞이 보이지 않는 것이 눈을 감은 것과는 다르다고 설명했다. 눈을 감아도 여전히 볼 수는 있다. 비록 어둠밖에 볼 수 없지만 말이다. 육체적 실명은 정말 슬픈 일이다. 그것은 삶의 모든 면을 바꿔 놓는다.

그런데 이런 육체적 실명보다 훨씬 더 슬픈 건 하나님을 보지 못하는 실명이다. 세상이나 다른 사람들, 자신의 삶을 보면서 만물의 중심에 계신 창조주를 보지 못한다면 그보다 더 슬픈 일은 없다. 우리는 하나님을 인정하고 예배하며 우리 생각과 욕구를 그분의 뜻 앞에 내려놓도록 창조되었다. 하지만 하나님의 존재에 사실상 눈이 멀어 있다면 창조된 의도대로 살 수 없다. 하나님을 보지 못하면 그분의 형상을 따라 창조된 존재라는 우리의 핵심 정체성과 목적을 잃어버린다.

하나님을 보지 못하는 것 중에 가장 위험한 형태는 공식적인 철학적 무신론이 아니다. 그런 무신론은 믿음보다 과학적 '사실'을 믿는다며 하나님이 존재하지 않는다는 증거들을 제시한다. 물론 철학적 무신론은 영적으로 파괴력이 있다. 하지만 보다 훨씬 미묘하고 흔해서, 심지어 성경을 믿는 그리스도인까지 사로잡을 수 있는 형태의 영적 실명이 있다. 실질적 무신론은 철학적 무신론보다 훨씬 더 위험하다. 자신이 하나님을 따르는 사람이라고 생각하면서도 실제로 하나님이 존재하지 않는 것처럼 사는 삶이 가능하다.

대외적으로는 하나님을 믿는다고 고백하면서 돈이나 가정생활, 자녀 양육, 이웃과의 관계, 일과 커리어를 다루는 방식이나 '좋은 삶'에 관한 시각, 교회 공동체에 참여하는 정도, 인생에서 무엇이 중요한지에 관한 실제 생각은 믿음과 동떨어졌을 수 있다. 하나님의 존재를 인정하는 것은 단순히 정신적 혹은 신학적 문제가 아니다. 진정한 성경적 믿음은 일상생활과 동떨어질 수 없다. 우리가 무엇을 진정으로 믿는지는 무엇보다도 어떻게 사는지에서 드러난다. 즉 우리가 어떤 선택을 하고 어떤 행동을 하며 어떤 가치에 따라 돈과 시간을 사용하는지에서 드러난다.

안타깝게도, 입으로 고백하는 신학과 실생활에서의 신학이 다른 사람이 많다. 그들은 아침에 눈을 떠서 떠오르는 태양을 보지만 거기서 하나님의 영광을 보지는 못한다. 아침 기도를 간단하게 드리지만 예수님께 마음과 삶을 드리지는 않는다. 자신이 자기 자녀의 진정한 아버지이신 분의 대사(ambassador)라는 사실을 깨닫지 못한 채 자녀를 키운다. 혹은 부모로서 자신의 모든 행동과 반응에서 하나님의 영광을 드러내야 한다는 인식 자체가 없다. 하나님을 위해 일한다는 소명 의식 없이 그저 직장에서 월급받기 위해 일한다. 세상을 섬기는 공동체의 일원이 아니라, 소비자처럼 교회를 들락거린다. 하나님의 희생적 후하심에 관한 찬양을 부르지만 정작 자신은 희생하고 넉넉하게 베푸는 삶을 살지 않는다.

지금 우리는 온통 전자기기에 둘러싸여 산다. 휴대폰이 항상 우리 손이나 호주머니나 가방에 있고, 집 안에도 다양한 전자기기가 가득하다. 이러니 하나님을 보지 못하는 것도 전혀 무리가 아니다. SNS와 동영상 사이트에서 우리에게 제시하는 삶은, 인간의 행복이 모든 일의 중심에 있고 인간이 자신의 도덕을 정의하며 하나님의 존재와 임재, 목적, 다스리심, 영광은 존재하지 않는 세상이다.

하루 종일 스크린 너머로 각종 세계관의 정보를 흡수하면서 자신에게 아무런 영향이 미치지 않을 거라 생각하는 것은 지극히 순진한 태도다. 우리는 하나님의 존재와 위대하심 앞에 무릎을 꿇고 삶을 변화시키는 그분의 말씀을 탐구하도록 도와주는 이들의 콘텐츠보다 하나님을 보지 못하는 자들의 세계관을 더 열심히 흡수하고 있다. 많은 사람이 자신이 생각하는 것보다 더 눈먼 상태다. 그들은 너무 편안한 삶에 빠져 있어, 하나님께 노골적으로 반항하지는 않더라도 그분의 존재를 항상 의식하며 살지는 않는다. 삶의 모든 영역에서 그분의 뜻대로, 그분의 영광을 위해 사는 것이 무슨 의미인지 늘 고민하며 살지 않는다.

그래서 우리 모두는 늘 하나님을 인식하고 그분이 아닌 우리 자신을 위해 살고 있지 않은지 돌아보게 해 주는 시력 보정 기구가 필요하다. 교회는 하나님을 볼 수 있도록 도와주는 그분의 도구로 마련되었다. 교회는 시력 교정이 필요한 우리에게 복음의 안경을 제공한다. 이 안경으로 하나님의 영광을 온전히 볼 수 있다. 죽임당한 어린양이신 예수님을 볼 수 있다. 우리 안에 거하셔서 하나님 뜻대로 행할 힘을 주시는 성령을 볼 수 있다. 하나님의 용서하고 힘 주시는 은혜가 우리에게 절실하다는 사실을 볼 수 있다. 하나님의 구속 사역에 동참하라는 부르심을 볼 수 있다. 우리 마음과 삶의 모든 것을 하나님 뜻 아래 내려놓으라는 부르심을 볼 수 있다.

우리 모두는 예배와 가르침을 위한 하나님 백성의 주기적 모임에 감사해야 한다. 우리는 마음의 눈이 볼 수 있는 가장 중요한 것에 눈이 멀기를 원치 않기에 매주 모인다. 우리 마음의 눈이 볼 수 있는 가장 중요한 것, 아니 가장 중요한 분은 바로 위대하고 영화로우신 우리 하나님이시다.

성경 ◆ 말씀 앞에 서서

시편 119편 18절   내 눈을 열어서 주의 율법에서 놀라운 것을 보게 하소서.

요한계시록 3장 17-18절   네가 말하기를 나는 부자라 부요하여 부족한 것이 없다 하나 네 곤고한 것과 가련한 것과 가난한 것과 눈먼 것과 벌거벗은 것을 알지 못하는도다 내가 너를 권하노니 내게서 불로 연단한 금을 사서 부요하게 하고 흰 옷을 사서 입어 벌거벗은 수치를 보이지 않게 하고 안약을 사서 눈에 발라 보게 하라.

숙고 ◆ 더욱 깊고 풍성한 예배를 위하여

"진정한 성경적 믿음은 일상생활과 동떨어질 수 없다"라는 말에 관해 생각해 보라. 내 삶에서 시력 교정이 가장 절실한 영역은 어디인가?

나눔 ◆ 삶이 예배가 되도록

스마트폰을 비롯해 각종 전자기기를 통해 자신이 어떤 세계관을 흡수하고 있는지 이야기를 나눠 보라.

어떻게 해야 인생을 변화시키는 하나님 말씀을 더 많이 접할 수 있을까?

주일 공예배는

우리가 이 타락한 세상에서 겪는

수평적 어려움보다 더 강한

수직적 쉼을 주기 위해

마련된 시간이다.

년   월   일

'애쓰는 인생'에서 풀려나다

원래 나는 푹 잘 자는 편이었다. 베개에 머리를 누이고 눈을 감기만 하면 이내 깊은 잠에 빠져들었다. 하지만 어느 순간부터 잠이 오지 않았다. 몸에 병을 얻은 뒤로 생긴 증상이었다. 어쩔 수 없이 일어나 책을 읽고 휴대폰을 들여다보기도 하고 야식을 먹어도 봤는데 소용없었다. 잠이 오지 않아도 계속 눈을 꼭 감은 채 가만히 누워 있어도 봤다. 여전히 정신이 말똥말똥했다. 그렇게 밤을 꼬박 새운 날이 하루 이틀이 아니었다.

사람들은 내게 무슨 걱정거리가 있냐고 물었지만 전혀 없었다. 누워서 기도하거나 내가 쓰고 있는 책에 관해 생각하기도 했다. 잠 자는 데 좋다는 방법은 다 해 봤다. 잠에 관한 글도 모조리 찾아서 읽었다. 하지만 아무 소용없었다. 일주일에 이틀만 푹 잘 수 있어도 너무 감사할 것 같았다. 몸도 마음도 힘들고 낙심이 되었다.

정신적·육체적 에너지를 쏟아 해야 할 중요한 일이 있는데도 잠이 오지 않아 밤새 깨어 있노라면 정말 말할 수 없을 정도로 답답하다. 감기는 눈과 몽롱한 정신에, 지친 채로 하루를 시작한다. 몸은 피곤한데도 잠이 오지 않을 게 뻔하니 잠자리에 눕기가 두려운 적이 있는가? 정말 괴롭다. 몸의 쉬는 기능은 사랑 많은 하나님이 우리에게 주신 좋은 선물이다. 우리가 잠을 자도록 설계된 것은 정말 크나큰 자비다. 매일 우리 몸이 활동을 멈추고 회복되는 패턴은 헤아릴 수 없는 하나님의 지혜와 무한한 사랑을 보여 주는 증거다.

인간은 한계를 지닌 존재다. 우리의 육체적·정신적·정서적·영적 힘은 무한하지 않다. 우리는 종일 깨어 있도록 설계되지 않았다. 때가 되면 육체적으로 피곤해지고 정신적으로 지친다. 우리는 이 타락한 세상에서 짊어질 수밖에 없는 정서적·영적 짐에서 벗어나 쉼이 필요하다. 쉼의 가치를 모르고 에너지가 끝이 없어 보이는 어린아이들은 어떻게든 자지 않으려고 버티곤 한다. 아이들은 자러 들어가라고 하면 잠자는 시간을 늦추기 위해 자신이 생각한 협상 카드를 다 늘어놓고 최대한 잔머리를 굴린다. 결국 잠자리에 누워서도 어떻게든 자지 않으려 눈을 부릅뜬다. 하지만 때가 되면 그 아이들이 잠을 사랑할 때가 온다. 아이들을 잠자리에 눕히려고 매일 전쟁을 치르지 않아도 될 날이 온다. 오히려 부모들이 아이들을 깨우기 위해 한바탕 해야 할 때가 가까워진다.

지금은 나도 잠을 잘 잔다. 한번 어려움을 겪고 나니 단잠이라는 선물에 더 감사하게 된다. 침대라는 선물과 잠을 잘 수 있는 능력을 주신 하나님께 매일 감사드린다. 내 침대와 잠은 하나님이 선하시며 나를 사랑하신다는 사실을 매일 일깨워 준다. 하지만 육체적 잠보다 훨씬 중요한 쉼, 그야말로 생명을 주는 쉼이 있다. 그것은 하나님의 자녀로서 얻게 되는 쉼이다. 이 쉼은 내 가장 깊은 필요를 채워 주는 쉼이다.

내게 가장 필요한 것은 육체적 쉼보다 더 깊은 차원의 쉼이다. 나는 죄를 안고 태어났다. 죄의 상처와 짐을 안고 살아간다. 나는 하나님의 법대로 살지 못하는 상태로 태어났으며, 주변에 온통 시험이 가득하고 원수가 공격할 대상을 찾아 두루 돌아다니는 세상 가운데 태어났다. 나는 하나님과 관계를 맺기 위해 태어났지만 죄가 나를 그분에게서 떨어뜨려 놓았다. 하지만 그분과의 벌어진 틈을 이을 능력이 내게는 없다. 나는 영원히 살도록 창조되었지만 끔찍한 죄가 세상에 들어온 탓에 언제 떨어질지 모르는 죽음의 검이 내 위에서 대롱거리고 있다.

내 모든 생각과 욕구, 말, 행동은 순전한 마음에서 나오도록 창조되었지만 내 마음은 순전하지 못하고 내 동기는 불순할 때가 많다. 나는 이웃을 사랑하도록 설계되었지만 나를 사랑하느라 바빠 이웃에 관해 생각할 시간조차 잘 내지 못한다. 하나님의 도우심 없이 나 혼자 내버려 두면 나는 창조된 본연의 모습대로 살아갈 수 없다. 나 혼자서는 하나님이 원하시는 행동을 할 수 없다. 나는 하나님을 위해 지음받았지만 죄는 나를 그분에게서 멀어지게 했다. 그로 인해 내가 그분 뜻대로 사는 것은 불가능해졌다.

죄와 율법의 이중 짐은 삶을 힘겹게 한다. 수많은 사람이 우울해하고 걱정하고 화를 내는 것도 무리는 아니다. 그런데 그들 중 많은 사람이 삶이 왜 그토록 힘든지, 자신이 왜 소외감과 외로움을 느끼는지 모른다. 하지만 하나님은 아시며, 그 문제를 해결하기 위해 그분의 아들을 이 땅에 보내셨다. 예수님은 우리에게 안식을 주시기 위해 오셨다. 자기 힘으로 죄를 이기려는 것은 애초에 불가능한 싸움이다. 그리고 내 힘으로는 하나님의 영광스러운 명령을 다 지킬 수 없다.

예수님은 우리가 이런 짐을 벗고 쉬게 하시려 이 땅에 오셨다. 예수님은 우리가 살 수 없는 삶을 살게 하시려 이 땅에 오셨다. 즉 예수님은 하나님의 법을 항상 완벽하게 지키셨다. 예수님은 십자가 대속의 죽음을 통해 죄에 대한 하나님의 진노를 달래셨고, 승리의 부활을 통해 죽음을 이기셨다. 우리는 하나님과 관계 맺으려고 그분의 율법을 완벽히 지키지 않아도 된다. 예수님이 우리를 대신해서 그렇게 해 주셨기 때문이다. 우리는 하나님의 진노를 두려워하지 않아도 된다. 예수님이 우리의 형벌을 남김없이 받으셨기 때문이다. 우리는 죽음을 두려워하며 살지 않아도 된다. 그리스도 안에서 우리는 영생을 받았기 때문이다.

따라서 에덴동산에서 정해진 안식일처럼 예수님 안에서 우리는 우리 자신의 노력에서 벗어날 수 있는 진정한 안식의 쉼을 받았다. 예수님은 우리를 대신해 완벽한 노력을 하시고서 "다 이루었다"라고 선포하셨다(요 19:30). 예수님이 우리를 위해 해야 할 일을 모두 하신 덕분에 우리가 온전히 쉴 수 있다. "만일 여호수아가 그들에게 안식을 주었더라면 그 후에 다른 날을 말씀하지 아니하셨으리라 그런즉 안식할 때가 하나님의 백성에게 남아 있도다 이미 그의 안식에 들어간 자는 하나님이 자기의 일을 쉬심과 같이 그도 자기의 일을 쉬느니라"(히 4:8-10).

예배와 가르침을 위한 하나님 백성의 모든 모임은 이런 안식의 쉼을 누리며 감사하는 시간이다. 우리는 가장 좋은 쉼을 받았다는 사실을 잊지 않기 위해 모이고 또 모인다. 그 쉼은 바로 수직적 쉼

곧 영적 쉼이다. 우리가 이 쉼을 얻은 것은 우리가 열심히 노력해서가 아니라, 예수 그리스도 안에서 우리 것이 된 구속의 은혜 덕분이다.

갈라디아서 3장 13-14절 그리스도께서 우리를 위하여 저주를 받은 바 되사 율법의 저주에서 우리를 속량하셨으니 기록된 바 나무에 달린 자마다 저주 아래에 있는 자라 하였음이라 이는 그리스도 예수 안에서 아브라함의 복이 이방인에게 미치게 하고 또 우리로 하여금 믿음으로 말미암아 성령의 약속을 받게 하려 함이라.

디도서 3장 4-6절 우리 구주 하나님의 자비와 사람 사랑하심이 나타날 때에 우리를 구원하시되 우리가 행한 바 의로운 행위로 말미암지 아니하고 오직 그의 긍휼하심을 따라 중생의 씻음과 성령의 새롭게 하심으로 하셨나니 우리 구주 예수 그리스도로 말미암아 우리에게 그 성령을 풍성히 부어 주사.

하나님의 명령에 완벽히 순종해야지만 그분과의 관계가 바로 설 수 있다는 그릇된 생각에 빠지곤 하는가?

내게 온전한 쉼을 주시려고 예수님이 자신의 삶과 죽음과 부활을 통해 무엇을 이루셨는지 이야기해 보라.

주일 공예배는

이 망가진 세상에서

내가 혼자가 아니라는 사실을

되새기기 위한 시간이다.

임마누엘, 어린양, 평화의 왕이

나와 함께하신다.

년   월   일

삶에 찌든 모습이 역력한 남자가 상담을 받기 위해 나를 찾아왔
다. 몸동작 하나하나에서 절망감이 그토록 강하게 표출되는 사람은
처음 봤다. 남자는 나보다 주로 바닥을 쳐다봤고, 내 질문에 기어들
어 가는 목소리로 겨우 중얼거렸다. 그는 외로움에 지쳤다고 말했
다. 회계사인 그는 혼자서 일해야 했기 때문에 출근하는 것이 죽기
보다 싫었다. 회사에 도착하면 바로 자기 사무실로 들어가 온종일
사람 얼굴 한 번 쳐다보지 못한 채 내내 일만 했다. 일이 많아서 점
심도 주로 사무실 책상에서 혼자 먹어야 했다. 그렇게 일을 마치고
집에 가려고 차 타는 시간은 더 두려웠다. 텅 빈 아파트에서 긴긴 밤
을 외로이 보내야 했기 때문이다.

그는 자신의 삶을 이렇게 정리했다. "제가 오늘 죽어도 아무도
모를 거고, 알아도 아무도 신경 쓰지 않을 거예요." 그의 말을 듣고
있자니, 그에게 단순 친구 관계보다 더 깊고 더 만족할 만한 무언가
가 필요하다는 생각이 들었다.

인간의 언어에서 가장 슬픈 단어 중 하나는 '혼자'다. 완전히 혼
자인 상황을 좋아할 사람은 없을 것이다. 함께 웃어 줄 사람도, 함
께 울어 줄 사람도 없을 때, 무엇을 어떻게 해야 할지 도무지 모르겠
는데 기댈 사람이 아무도 없을 때, 그럴 때 우리는 깊은 슬픔에 잠긴
다. 인간은 모두 사랑을 갈구한다. 모든 이가 자신을 받아 줄 사람을
원하고, 어딘가에 소속되기를 원한다. 거부당하는 걸 좋아할 이는

없다. 인간은 다른 사람과 함께할 때 해야 할 일을 더 잘 해낸다. 혹은 더 즐겁게 한다.

우리는 자신을 지도해 주고 이끌어 주고 가르쳐 주고 조언해 주고 보호해 줄 사람을 원한다. 우리가 아는 모든 것이 혼자서 배운 것이 아니며, 혼자서는 계속해서 배우고 성장할 수 없다. 우리가 스스로 해낸 줄로 아는 것 중에 많은 것이 사실은 다른 사람 도움으로 이루어졌다. 우리가 비록 자수성가 했다는 사람들의 감동적인 이야기를 좋아하긴 하지만, 인간의 독립성은 실은 기만일 따름이다. 인간은 사실 뭐든 혼자서 해야만 하는 상황을 싫어하며, 아무도 반겨 주지 않는 외로운 집에 홀로 들어가 문을 닫는 것을 두려워한다.

그래서 하나님이 자녀에게 하신 "내가 결코 너희를 버리지 아니하고 너희를 떠나지 아니하리라"라는 말씀이 큰 힘이 된다(히 13:5). 하나님의 자녀에게 진짜 외로움이란 없다. 하나님은 에덴동산에서 아담과 하와와 동행하셨고, 예루살렘 성전에는 그분의 영광이 가득했다. 예수님은 하나님이 우리와 함께하신다는 의미의 임마누엘로서 이 땅에 오셨다. 이제 성령이 모든 그리스도인 안에 거하신다. 이것이 모든 그리스도인이 가진 가장 놀랍고도 영광스러운 소망이다. 하나님이 은혜로 우리를 그분의 임재 안에 초대하신다고 말하는 것만으로는 부족하다. 물론 이것만으로도 진정 놀라운 일이긴 하지만 말이다.

성전에 올라가는 노래를 부르며 하나님의 임재가 있는 성전으로 갔던 구약 시대 성도들을 생각해 보라. 그들이 하나님의 임재 근처로 초대받은 것만 해도 아름다운 은혜였다. 하지만 하나님의 백성과 그분 영광의 구름 사이에는 휘장이 가로막고 있었다. 그리스도가 십자가에 달려 돌아가시면서 이 휘장이 둘로 찢어진 순간은 실로 놀라운 은혜의 순간이었다. 예수님의 희생 덕분에 이제 하나님의 백성은 단순히 성전이 아니라, 전능하신 하나님의 실제 임재 안에 들어갈 수 있게 되었다. 이제 우리는 그분의 임재 안에 거한다. 우리는 믿음을 통해 그분께로 초대받았다.

하지만 여기서 끝이 아니다. 복음은 하나님이 우리를 그분께로 초대하신 것만이 아니라, 그분이 직접 우리에게로 오신 놀라운 행위에 관한 것이다. 말씀(예수님)이 육신이 되어 우리 가운데 거하셨다(요 1:14). 생각해 보라. 전능하신 창조주 하나님이 인간의 모습이 되어 피조물로서 그분이 지으신 피조물들과 함께 사셨다. 이 역사적 사실은 받아들이기 힘들 만큼 엄청난 사건이다. 하나님은 우리를 구하시기 위해 우리 인간처럼 되어 우리와 함께 사셨다. 우리를 지으신 분이 우리의 대속물이 되어 우리가 살 수 없는 삶을 사시고, 우리를 대신해 죽으시고, 우리를 위해 죽음을 이기셨다.

임마누엘이 이 땅을 떠나 아버지의 우편으로 올라가신다는 사실을 알고서 제자들이 얼마나 당황했을지 상상해 보라. 그분은 그들과 영원히 거하기 위해 오셨다. 그들이 그분을 다시 잃는다는 것은 상상할 수도 없는 일이었다. 그리하여 그분은 그분의 영이 그들 안에서 영원히 거하실 것이라는 약속을 남겨 주셨다. 하나님이 우리와 함께하신다는 소망은 모든 소망 중에 으뜸이다. 하나님은 우리를 영원히 용서하셨고, 우리를 위해 모든 일을 다스리시며, 아버지로서 우리를 사랑하시고 돌봐 주실 뿐 아니라, 우리와 함께하신다.

이 임재의 은혜를 내가 툭하면 잊어버린다는 것을 나도 잘 안다. 때로 나는 혼자 세상과 싸우는 것처럼 이 세상을 살아간다. 그분을 잊은 채 내 힘으로 얻거나 만들어 낼 수 없는 것에 대한 공을 내 것으로 차지한다. 그리스도의 임재라는 놀라운 은혜를 수시로 상기시켜 줄 무언가가 필요하다. 그래서 하나님은 그분의 자녀에게 수시로 그분 보좌 주위에 모여, 그분이 그분의 백성과 영원히 함께하신다는 영광스러운 현실을 배우고 찬양하라고 명령하셨다.

그런데 예수 그리스도의 복음은 또 다른 방식으로 우리를 외로움에서 건져 낸다. 하나님은 우리를 그분께로 부르시고 우리와 함께 거하기 위해 오실 뿐 아니라, 우리를 한자리에 모으신다. 복음은 개인적인 것이 아니라, 공동체적인 것이다. 우리를 한 백성으로, 사귐으로, 한 몸의 지체들로, 성전의 돌들로, 가족으로, 형제요 자매로 부르셨다. 하나님의 자녀로서 우리는 하나가 돼야 한다.

하나님이 은혜 안에서 우리를 가장 깊이 연결시키신 것이 바로 교회다. 교회는 지체들이 서로 연결되어 이루는 그리스도의 몸이다. 우리는 저마다 다르지만 가장 중요한 공통점이 있다. 우리는 한 아버지 아래 한 가족이며, 한 성령이 우리 모두 안에 거하신다. 은혜는 우리를 하나님께로 연합시킬 뿐 아니라, 서로를 깊고도 영원한 연합으로 묶어 준다.

예배의 집으로 들어가 형제자매에게 환영받을 때마다 우리는 우리가 혼자가 아니라는 사실을 다시금 기억한다. 하나님은 우리에게 그분 자신을 주셨을 뿐 아니라, 공동체 안의 사람들을 주셨다. 사랑하는 가족에게 둘러싸여 있을 때는 외로움을 느낄 새가 없다. 이것만으로도 우리가 계속해서 모여야 하는 충분한 이유가 된다. 하나님과 그분의 가족에게 연결됨을 느낄수록 "네 하나님은 지금 도대체 어디에 있느냐?"라는 원수의 물음에 귀를 기울일 위험이 적어진다.

시편 73편 23절   내가 항상 주와 함께하니 주께서 내 오른손을 붙드셨나이다.

시편 139편 17-18절   하나님이여 주의 생각이 내게 어찌 그리 보배로우신지요 그 수가 어찌 그리 많은지요 내가 세려고 할지라도 그 수가 모래보다 많도소이다 내가 깰 때에도 여전히 주와 함께 있나이다.

이사야 41장 10절   두려워하지 말라 내가 너와 함께함이라 놀라지 말라 나는 네 하나님이 됨이라 내가 너를 굳세게 하리라 참으로 너를 도와주리라 참으로 나의 의로운 오른손으로 너를 붙들리라.

나는 주로 어떤 경우에 하나님의 지속적인 임재의 은혜를 잊어버리는가?

하나님의 가족, 하나님의 백성과 모이는 시간이 어떻게 내가 혼자가 아니라는 사실을 기억나게 하는가?

예수님의 여러 이름 가운데 외로울 때 자신에게 가장 위로가 되는 이름은 무엇인지 이야기해 보라.

주일 공예배는

우리의 삶을 바칠 만한 영광은 단 하나,

하나님의 영광뿐임을 상기시킴으로써

계속해서 우리를 구해 준다.

년   월   일

영광 도둑질 멈추기

다니엘 4장은 성경 역사에서 손꼽히게 충격적인 순간을 기록하고 있다. 이는 사랑의 하나님이 우리에게 경고하고 우리를 구하기 위해 보존해 주신 기록임을 기억해야 한다. 느부갓네살은 당시 지구상에서 가장 강력한 나라의 왕이었다. 그는 자신의 영광에 도취해 사실상 자신을 숭배의 대상으로 삼았다. 그는 교만하고 살인적인 독재자였다. 하지만 자비가 풍성하신 하나님은 기이하고 기분 나쁜 꿈을 통해 그에게 경고하셨고, 다니엘을 보내 그 꿈을 해석하게 하셨다. 그 꿈은 왕에게 더는 자기 영광에 취해 악을 저지르지 말고 돌아서라는 경고였다.

왕을 심판하는 것이 하나님의 목적이었다면 굳이 그에게 경고하시지 않았으리라. 성경에 나오는 모든 경고는 하나님 은혜의 증거다. 모든 경고는 우리 죄를 더 분명히 보게 도와주고, 죄를 고백하고 회개할 기회를 준다. 사실상 하나님은 그분의 사랑을 받을 자격이 전혀 없어 보이는 사람에게 사랑을 보여 주신 것이다.

그다음 상황도 똑같이 놀랍다. 성경은 하나님이 느부갓네살에게 그분의 경고를 받아들여 자기 영광을 버리고 죄에서 돌아설 시간을 1년이나 주셨다고 밝힌다. 잠시 하나님의 인내심을 생각해 보라. 당신이 부모라면 아이에게 무언가를 시키고 나서 아이가 그것을 하기까지 열두 달이나 기다릴 수 있겠는가? 우리는 아이가 즉각 말을 듣지 않고 몇 분만 꾸물거려도 버럭 화를 내곤 한다. 하지만 우리 하나님은 노하기를 더디 하시고 사랑과 자비가 충만하시다. 하나님은 그분의 은혜가 마음을 변화시키는 작업을 마칠 때까지 심판을 늦추신다. 하나님은 자기 의를 내세우는 우리의 교만한 마음이 깨질 시간을 주신다. 하나님이 매일 인내하신 덕분에 우리는 오늘도 죽지 않고 살아간다.

하지만 하나님이 경고와 인내라는 두 가지 은혜를 베푸신 뒤에 느부갓네살은 어디에 있었는가? 우리는 왕궁 지붕에서 자신의 왕국을 내려다보며 자랑하는 그를 발견할 수 있다. "이 큰 바벨론은 내가 능력과 권세로 건설하여 나의 도성으로 삼고 이것으로 내 위엄의 영광을 나타낸 것이 아니냐"(단 4:30). 혹시 그다음 상황을 아는가? 하나님은 마침내 그를 왕궁에서 쫓아내 짐승처럼 풀을 뜯어먹으며 살게 하셨다. 그제야 이 오만한 왕은 위대한 왕이신 하나님의 위엄 앞에 무릎을 꿇었다.

이 상세한 기록이 왜 지금까지 남아 있을까? 답은 분명하고도 소름끼친다. 우리 모두의 모습에 느부갓네살과 같은 모습이 있기 때문이다. 이 이야기를 나와 상관없는 이야기로 보면서 나는 절대 내 영광을 위해 그런 말이나 행동을 하지 않는다고 자신할 수 있으면 좋으련만 현실은 전혀 그렇지 못하다.

크고 작은 모든 불순종의 행위는 자기 영광에서 비롯한다. 우리가 누군가를 참아 주지 못할 때 우리 속을 들여다보면 자기 영광이 꿈틀거린다. 우리가 이견을 내놓는 사람에게 분노할 때 우리 속을 들여다보면 자기 영광이 꿈틀거린다. 우리가 평온한 저녁 시간을 방해한 자녀에게 고함을 지를 때 우리 속을 들여다보면 자기 영광이 꿈틀거린다. 하나님 나라를 위해 물질을 투자하지 않고 축재하는 사람의 속을 들여다보면 자기 영광이 꿈틀거린다. 우리 스스로 관심받으려는 이야기를 할 때 우리 속을 들여다보면 자기 영광이 꿈틀거린다. 우리 스스로 만들어 낼 수 없는 것에 대해 공을 차지할 때 우리 속을 들여다보면 자기 영광이 꿈틀거린다.

우리가 다른 사람의 복이나 성공을 시기할 때 그 시기는 자기 영광에서 비롯한다. 우리가 다른 사람들을 우리의 쾌락과 안위를 위한 도구 혹은 그것에 대한 걸림돌로 취급할 때 우리 속을 들여다보면 자기 영광이 꿈틀거린다. 우리가 용서가 아닌 복수의 길을 걸을 때 우리 속을 들여다보면 자기 영광이 꿈틀거린다. 모든 험담이나 비난, 저주의 말은 자기 영광에서 비롯한다. 모든 죄의 영적 뿌리는 자기 영광이다.

죄는 우리 모두를 '영광 도둑'으로 만든다. 하나님의 영광을 위해 살도록 창조된 사람이 자아의 영광을 위해 산다. 실로 끔찍한 변질이다. 이는 말할 수 없이 큰 피해와 인간 고통을 낳는다. 우리가 지닌 가장 큰 죄의 문제는 우리 바깥에 있는 악이 아니다. 진정 우리에게 필요한 건 장소의 변화가 아니다. 우리 모두에게 필요한 건 마음과 삶에서 자기 영광이라는 문제를 점검하고 질서를 세우는 일이다.

인류는 실로 심각한 영광의 문제를 안고 있다. 그 문제는 에덴동산에서 자기 영광의 행위로 시작되었다. 이 문제는 하나님이 강력한 구원의 은혜로 개입하셔야만 해결된다. 죄는 여전히 우리 안에서 꿈틀대고 있다. 죄는 여전히 우리 삶 구석구석에서 튀어나온다. 그리하여 우리는 자기 영광과 하나님 영광 사이의 전쟁을 치르며 살고 있다. 이 영적 전쟁을 의식할수록 우리 삶에서 이 전쟁을 더 분명히 볼 수 있다.

하나님은 그분의 영광만이 추구할 가치가 있는 유일한 영광임을 우리에게 계속해서 상기시키려 공예배를 마련하셨다. 오직 이 영광만이 우리 안에서, 우리를 통해 영원한 가치가 있는 열매들을 낳는다. 자기 영광은 오래가는 평안을 낳지 못한다. 자기 영광은 오래가는 만족과 기쁨을 낳지 못한다. 자기 영광은 자기희생적 사랑으로 자신을 내주지 않는다. 자기 영광은 용서와 화해를 낳지 못한다. 자기 영광은 우리를 참을성 있고 마음이 부드럽고 너그럽게 만들 수 없다. 자기 영광은 우리가 죄에서 돌아서서 우리를 지으신 분의 뜻에 기꺼이 순복하게 할 수 없다.

자기 영광은 죽음을 가져온다. 하지만 하나님의 영광을 위한 삶은 새로운 생명을 싹 틔운다. 하나님의 영광을 위한 삶보다 더 아름다운 삶은 없다. 그래서 우리는 하나님 백성이 모인 자리에서 그분의 영광이 눈앞에서 펼쳐지는 모습을 계속해서 보고 또 봐야 한다. 우리가 영원으로 들어가 파괴적인 영광의 전쟁이 영원히 끝나기 전까지는 계속해서 그래야 한다.

역대상 16장 28-30절　여러 나라의 종족들아 영광과 권능을 여호와께 돌릴지어다 여호와께 돌릴지어다 여호와의 이름에 합당한 영광을 그에게 돌릴지어다 제물을 들고 그 앞에 들어갈지어다 아름답고 거룩한 것으로 여호와께 경배할지어다 온 땅이여 그 앞에서 떨지어다 세계가 굳게 서고 흔들리지 아니하는도다.

시편 115편 1절　여호와여 영광을 우리에게 돌리지 마옵소서 우리에게 돌리지 마옵소서 오직 주는 인자하시고 진실하시므로 주의 이름에만 영광을 돌리소서.

에베소서 3장 21절　교회 안에서와 그리스도 예수 안에서 영광이 대대로 영원무궁하기를 원하노라 아멘.

성경 말씀에 나온 경고를 통해 내 죄를 좀 더 선명히 보고 있는가?

나를 참아 주시는 하나님의 은혜를 어떻게 경험했는가?

"모든 죄의 영적 뿌리는 자기 영광이다"라는 말에 관해 이야기를 나눠 보라.

주일 공예배는

자기 영광이 마음을 사로잡지 못하도록

하나님의 빛나는 영광을

바라보기 위한 시간이다.

년   월   일

하나님만 하나님이시니

하나님은 영광 자체시다. 하나님은 모든 면에서 항상 영광스러우시다. 영광은 하나님의 여러 속성 중 하나가 아니라, 그분의 모든 속성을 하나로 합친 것이다. 하나님의 권능과 주권과 지혜와 사랑은 영광스럽다. 하나님의 자비와 인내와 용서는 영광스럽다. 하나님의 거룩하심과 신실하심과 은혜는 영광스럽다. 하나님은 영광스러운 창조주요, 만물을 붙드시는 분이다. 하나님은 영광스러운 심판자요, 구속자시다. 하나님은 죄와 죽음을 이기신 영광스러운 승리자시다. 피조물을 향한 하나님의 뜻은 모든 면에서 영광을 드러낸다. 하나님 안에 있는 것이나 그분에게서 나오는 것이나 그분에 관한 속성 가운데 영광스럽지 않은 것이 단 하나도 없다.

우리 인간은 하나님이 우리와 같지 않으시다는 사실을 깨닫고 인정하도록 창조되었다. 우리는 하나님의 영광에 경외감을 품도록 설계되었다. 우리 삶은 자기 영광을 추구하는 삶이 아니라, 하나님을 예배하도록 창조되었다. 우리로 하나님과 우리 사이에 존재하는 무한한 차이를 깨닫고 깊은 두려움을 느끼게 하시는 것은, 우리를 겸손하게 해 고백과 항복과 예배로 그분께 나아가게 하시기 위함이다.

마음속에서 자기 영광이 하나님 영광보다 더 큰 힘을 발휘하는 한, 우리는 진정한 영광이 무엇인지 온전히 이해하지 못한 것이다. 너무도 많은 이가 영광에 관한 기만 속에서 살고 있다. 그들은 하나님보다 자신에게 더 감탄하며 살아간다. 자신만 바라보며 살면 주변에 온통 가득한 하나님의 영광을 보지 못한다. 그럴 때 이 모든 영광을 지으시고 붙드시는 분이 우리와 같지 않으신 분임을 깨닫지 못한다.

나는 하나님이 우리와 같지 않으시다는 사실을 마음에 새기기 위해 다음과 같은 글을 썼다.

하나님은 우리와 같지 않으시다.
그분은 우리처럼 어려움을 겪지 않으신다.
우리처럼 피곤해하지 않으신다.
우리처럼 두려워하지 않으신다.
우리처럼 혼란에 빠지지 않으신다.

하나님은 우리와 같지 않으시다.
그분은 우리와 같은 과거가 없으시다.
우리와 같은 미래도 없으시다.
우리와 같은 소망을 지니지 않는다.
우리처럼 실패하지 않으신다.
우리처럼 약속을 어기지 않으신다.

하나님은 우리와 같지 않으시다.
그분은 우리처럼 후회하지 않으신다.
우리처럼 자신이 무언가를 할 수 있을까 걱정하지 않으신다.

우리처럼 자신의 계획을 의심하지 않으신다.

우리처럼 자기모순적인 모습을 보이지 않으신다.

우리처럼 선 대신 악을 선택하지 않으신다.

하나님은 우리와 같지 않으시다.

그분은 우리처럼 무언가를 시도하다가 실패하는 일이 없으시다.

우리처럼 살고 죽지 않으신다.

우리처럼 죄를 짓고 숨기지 않으신다.

우리처럼 사랑하지 않는 법이 없으시다.

우리처럼 이기적으로 행동하지 않으신다.

하나님은 우리와 같지 않으시다.

그분은 우리와 달리 온전히 다스리신다.

우리와 달리 온전히 거룩하시다.

우리와 달리 항상 신실하시다.

우리와 달리 사랑이 충만하시다.

우리와 달리 긍휼 그 자체시다.

하나님은 우리와 같지 않으시다.

영원하신 분.

무한하신 분.

자족하신 분.

전지하신 분.

어느 곳에나 있으신 분.

전능하신 분.

은혜와 진리로 충만하신 분.

모든 면에서 의로우신 분.

거룩한 분노를 발하시는 분.

완전하게 공의로우신 분.

자비가 넘치시는 분.

죄인들의 친구.

오래 참으시는 분.

인내가 영원하신 분.

권능이 무한하고 마음이 부드러우신 분.

용서의 샘.

세상의 소망.

창조주.

주권자.

구세주.

만왕의 왕.

하나님이 우리와 같지 않으셔서 정말 다행이지 않은가?

우리는 정신없이 사느라 창조주요, 구주시며, 왕이신 분의 놀라운 영광을 보고 경외감에 흠뻑 젖어 살지 못할 때가 많다. 그래서 우리는 하나님이 우리와 같지 않으시다는 사실을 기억하고 그것에 감사하기 위해 매주, 매달, 매년 다 같이 함께 모인다. 이 사실을 알고 믿으면 우리와 우리가 살아가는 방식, 미래에 관한 우리의 소망이 점점 달라진다. 하나님의 영광으로 내 안에 여전히 끈질기게 남아 있는 자기 영광의 흔적을 계속해서 지워 나가야 한다. 우리는 교회로 모여 하나님의 영광을 향한 깊은 경외심을 회복해야 한다.

사무엘상 2장 2절　여호와와 같이 거룩하신 이가 없으시니 이는 주밖에 다른 이가 없고 우리 하나님 같은 반석도 없으심이니이다.

하나님이 나와 같지 않으시다는 사실을 기억하고 이 사실에 감사할 때 우리가 살아가는 방식이 어떻게 달라질 수 있을까?

우리 주변에서 하나님의 영광을 항상 보여 주는 것이 무엇이 있는지 이야기해 보라.

주일 공예배는

엉뚱한 곳에서 정체성을 찾느라

시간을 허비하지 않도록

그리스도 안에서 내 정체성을

기억하기 위한 시간이다.

년   월   일

하나님의 자녀로 산다는 것

노어는 삶의 방향을 잃었다. 그는 제정신이 아니었다. 한동안은 자기 상태를 가족에게 숨기고 아무 일도 없었다는 듯 평소와 다름없이 행동했다. 하지만 상황은 좋지 않았다. 그는 한때 자신에게 전부였던 삶의 의미와 목적을 한순간에 잃어버렸다. 마치 삶 자체를 잃은 것만 같은 상실감이 밀려왔다. 사업으로 큰 부를 이룬 집안에서 자란 그는 자신도 반드시 성공하리라 다짐했다. 사업 성공 여부가 곧 그의 정체성이었다. 사업에서 성공해야만 자신이 가치 있는 사람임을 입증해 줄 것 같았다. 성공에 대한 열망이 매일 그를 잠자리에서 일으켜 세워 하루 종일 뛰어다니게 만드는 원동력이었다.

그는 무엇보다 자신이 누구이며 무엇을 하기 위해 태어났는지를 알았다. 모든 것을 빼앗기기 전까지는. 그는 커리어를 잃었을 뿐 아니라 자신을 잃었다. 하루아침에 커리어와 성공은 온데간데없이 사라졌다. 이제 그는 자신이 누구이며 무엇을 해야 할지 도무지 알 수 없었다. 길을 잃은 그는 지금 무기력하게 누워만 있다.

◆◆◆

열여섯 살인 루크는 다리 한쪽이 보기 흉하게 뒤틀린 채로 미식축구 필드에 쓰러져 있었다. 심장이 너무 심하게 두근거려서 주변 사람의 말소리를 거의 들을 수 없었다. 휠체어를 타고 앰뷸런스로 옮겨지는 동안 머릿속이 새하얘졌다. 다음 날, 수술 후 의식이 돌아온 그는 깁스를 두껍게 덧댄 다리를 쳐다보다가 자신도 모르게 이렇게 내뱉었다. "겨우 열여섯 살에 인생 끝났네."

걸음마를 시작하면서부터 그는 스포츠에 몰두했다. 운동은 그가 가장 잘하면서도 원하는 전부였다. 프로 운동선수로서 눈부신 성적을 거두어 명예의 전당에 오르는 게 그의 꿈이었다. 누구보다도 열심이었던 선수 시절, 그는 감독의 꿈이기도 했다. 하지만 그 모든 것이 고등학교도 들어가기 전에 급브레이크 소리를 내며 갑자기 멈춰 버렸다. 그는 마음과 영혼이 크게 상해 분노에 휩싸였다. 정신적으로나 영적으로나 축 처진 그의 모습을 지켜보는 주변 사람들은 충격과 안쓰러움과 걱정으로 가득했다. 스포츠는 곧 그의 정체성이었다. 삶의 방향을 잃은 그는 안절부절못했다.

◆◆◆

클로에는 사랑스런 여성이었다. 그녀는 어릴 적부터 잡지에서 오린 웨딩드레스 사진으로 스크랩북을 만들며 결혼의 꿈을 꿨다. 그녀는 멋진 결혼식과 이국적인 신혼여행뿐 아니라, 결혼 20주년과 50주년까지도 그리고 있었다. 현모양처를 꿈꾸던 그녀는 남편과 평생 알콩달콩 사랑을 나누고 토끼 같은 자식들을 기르면서 때마다 아름다운 휴양지로 여행을 떠나고 기념일마다 화려하게 즐기며 살리라 생각했다.

대학 졸업 후에 잠깐 다니던 직장이 좋기는 했지만 일은 자신의 정체성이 아니라고 확신했다. 직장 생활은 자신이 해야 할 일이 아니라고 생각했다. 드디어 그녀가 바라던 대로 한 남자를 만나 연애하고 멋진 결혼식을 올렸고, 행복을 꿈꾸며 같이 살기 시작했다. 하지만 불의의 교통사고가 그 모든 것을 빼앗아 갔다. 홀로 방구석에 쪼그리고 앉아 있는 그녀 곁에는 이제 삶과 사랑을 나눌 남자가 없었다. 그 사고로 젊은 나이에 남편을 잃은 그녀는 삶의 방향을 잃었다. 자신이 누구인지, 이제 뭘 해야 할지 알 수가 없었다.

◆◆◆

하나님은 우리를 삶을 해석하고 삶의 의미를 찾는 존재로 설계하셨다. 우리 인간은 삶을 알고 이해하고 싶어 한다. 그래서 우리는 자신의 삶을 가만히 놔두질 않는다. 쉴 틈 없이 삶을 이리저리 돌리면서 관찰하고 분석한다. 삶을 이해하기 위한 가장 중요한 관점 중 하나는 정체성이다. 인간은 자신이 누구이며 무엇을 해야 할지 알고 싶은 갈망이 있다. 아주 어릴 적부터 우리는 스스로 인식하지는 못하지만 정체성을 세우기 시작한다. 이것 자체로는 전혀 잘못된 것이 아니다. 인간이 정체성을 찾으려는 것은 지극히 당연한 일이다. 나는 우리 손녀들을 보며 그 속에서 정체성이 자연스럽게 형성되는 것을 지켜보았다.

우리가 이해해야 할 중요한 점은 바로 이것이다. 우리는 주된 정체성을 피조물 사이에서 수평적으로 얻도록 창조되지 않았다. 우리가 누구이며 무엇을 해야 하는지에 관한 고민의 중심에는 위로부터의 수직적 의식이 있어야 한다. 즉 하나님을 생각하고 그분을 위해 살겠다는 소명 의식을 생각하면서 정체성을 찾아야 한다. 성경을 보면 인류의 첫 시작부터 하나님은 아담과 하와가 그분과의 관계 안에서 그들과 그들의 삶을 생각하기를 원하셨다. 남자와 여자는 하나님과 사랑의 관계를 맺고 그분의 뜻을 행하도록 창조된 그분의 창조물이었다. 하지만 아담과 하와는 하나님을 떠나 독립적으로 살기로 결심하고서 하나님이 정해 주신 경계에서 벗어나 금단 행위를 한 뒤로, 창조주의 발치가 아닌 다른 곳에서 정체성을 찾게 되었다.

그때부터 인류는 창조주가 아닌 피조물에서 자신의 정체성, 목적, 마음의 온전함을 찾아 왔다. 그런 우리를 하나님께로 회복시킬 뿐 아니라, 우리의 참된 정체성을 회복시키기 위해 예수님이 오셨다. 그분은 우리가 다시 그분과의 연합에서 우리 자신을 찾도록 하기 위해 오셨다.

베드로는 그리스도와의 연합이라는 선물과 거기서 나오는 정체성과 의미와 목적이라는 보화를 다룬다. 첫 번째 서신서에서 그는 신자로서 오해와 부당한 대우를 겪고 있는 사람들에게 말한다. 그는 하나님이 그들을 영적 타국에서 나그네로 살도록 부르셨다는 말을 하기 전에 먼저 그들 자신이 하나님의 자녀로서 누구인지를 알기를 바라고 있다. 베드로전서를 천천히 읽으면서 정체성에 관한 진술을 찾아보기를 바란다. 예를 들어, 다음과 같은 구절이다. "그러

218

나 너희는 택하신 족속이요 왕 같은 제사장들이요 거룩한 나라요 그의 소유가 된 백성이니 이는 너희를 어두운 데서 불러내어 그의 기이한 빛에 들어가게 하신 이의 아름다운 덕을 선포하게 하려 하심이라 너희가 전에는 백성이 아니더니 이제는 하나님의 백성이요 전에는 긍휼을 얻지 못하였더니 이제는 긍휼을 얻은 자니라"(벧전 2:9-10).

내가 '하나님의 자녀'라는 사실과 그 무엇도 이 정체성을 빼앗을 수 없음에 하나님께 감사드린다. 나는 평생 하나님의 자녀들과 함께 모여 예배하면서 그리스도와 나의 연합을 늘 다시 기억할 수 있었다. 우리는 계속해서 내가 그리스도 안에 있고 그분이 내 안에 계시다는 사실, 내 직업이나 친구 관계, 가족, 재물, 성공이 내 정체성의 전부가 아니라는 사실을 되새겨야 한다. 나에 관한 가장 중요한 것, 나를 정의하고 내가 하는 일에 의욕을 불어넣는 것은 바로 내가 하나님의 아들과 연합한 은혜로 그분의 영원한 자녀가 되었다는 사실이다. 매주 그리스도 안에서의 형제자매와 함께 모여 찬양과 설교와 교제를 통해 이 진리를 다시 마음에 새길 수 있어 더없이 감사하다!

로마서 8장 16-17절 성령이 친히 우리의 영과 더불어 우리가 하나님의 자녀인 것을 증언하시나니 자녀이면 또한 상속자 곧 하나님의 상속자요 그리스도와 함께한 상속자니 우리가 그와 함께 영광을 받기 위하여 고난도 함께 받아야 할 것이니라.

위 말씀에서 정체성에 관한 어떤 진술을 찾을 수 있는가?

창조주가 아닌 다른 무언가에서 정체성을 찾을 때의 위험에 관해 이야기를 나눠 보라.

주일 공예배는

우리에게 세 가지 방향을 가리킨다.

하나님의 영광이라는 위쪽 방향,

내 죄와 하나님의 은혜라는 안쪽 방향,

하나님 나라 일에 대한 헌신이라는 바깥쪽 방향.

년   월   일

영적 방향 조정 시간

　우리에게 교회를 주시고 주기적으로 모이도록 복을 주신 하나님의 계획이 얼마나 놀랍고도 은혜로운지를 생각해 보자. 교회가 없었다면 내 신앙은 어떻게 되었을까? 생각만 해도 끔찍하다. 어릴 적 톨레도가스펠교회에서 가족들과 함께 맨 앞자리에 앉아서 윌리엄 브라이언 목사님의 설교를 들으며 내 성경책 빈 공간에 열심히 메모를 했던 기억이 지금도 생생하다. 고교 시절 웨스트게이트교회(Westgate Chapel)에서 주일마다 설교를 들었던 시간도 얼마나 소중한지 모른다. 그 자리에 함께 모였던 교인들이 생각난다. 내게 신앙의 본을 보여 주고 나를 사랑하며 나를 위해 기도해 준 이들…….

　대학 시절, '좋은' 교회를 찾아 헤매다가 마침내 그 지역 제일장로교회(First Presbyterian Church)를 발견했던 기억도 난다. 그 교회의 설교와 대학부 청년들과 나눈 교제는 실로 풍성했다. 신학생 시절, 아내와 함께 다녔던 세인트매튜리폼드성공회교회(St. Matthew's Reformed Episcopal Church)도 있다. 당시 풍성한 전례 덕에 우리의 신앙은 단단히 뿌리를 내렸다. 그레이스펠로십교회(Grace Fellowship Church)도 빼 놓을 수 없다. 내가 신학교 졸업 뒤에 다닌 이 교회는 철저히 성경적 설교, 가족처럼 따스한 교제로 내게 큰 복을 더해 주었다. 그뿐만 아니라 나는 이 교회 덕분에 이 놀라운 목회의 길로 들어서는 복을 받았다.

　하나님은 내 인생의 굵직한 순간마다 예수 그리스도의 교회를 통해 나를 영적으로 자라나게 하셨다. 어릴 적부터 들인 영적 습관 덕분에 매주 교회에 가는 것이 그리 어렵지 않았음이 감사하다. 어린 시절부터 청소년기를 지나 결혼을 하고 성인으로서 목회의 길을 걷는 내내 교회의 영향과 인도를 받았다는 사실이 얼마나 큰 복인가. 교회 덕분에 나는 많은 성경 구절을 머릿속에 간직할 수 있었다. 교회 덕분에 나는 아주 어릴 적부터 하나님 말씀의 신학을 배웠다. 교회 덕분에 나는 수많은 아름다운 찬송을 외워서 부를 줄 안다. 교회 덕분에 나는 지도, 격려, 경고, 위로, 지적, 조언, 사랑, 인도, 돌봄을 받았다.

우리 부모님이 주일마다 나를 교회에 데려갔기에 나는 하나님에 관해 배웠고 그분을 알고 따르게 되었다. 하나님은 교회 생활을 통해 내게 영적 삶을 주셨다. 교회 안에서 자라고 지금도 교회 안에 있음이 너무도 감사하다. 주일마다 나는 그리스도 안에서의 형제자매와 다시 모여 내가 예전만큼이나 지금도 교회라는 하나님의 선물을 필요로 한다는 사실을 되새긴다. 이것이 얼마나 감사한지 모른다.

교회가 내 삶에 미친 영향력은 말로 다 표현할 수 없을 정도이며, 어릴 적부터 들인 '주일에 교회 나가는 습관'의 가치는 수치로 환산이 불가능하다. 주일 교회 모임은 내 삶에서 한 주간의 리듬을 형성했을 뿐 아니라, 내 영적 삶, 가정, 양육, 친구 관계, 의사 결정, 목회의 리듬을 형성했다. 내가 목회와 관련해서 하는 모든 일은 교회를 향한 사랑과 헌신에서 나온다. 내가 목회와 관련해서 하는 모든 일은 복음을 더 깊이 이해하고 복음 전도를 위한 자원을 더욱 확충

하여 교회에 복을 더해 주기 위한 일이다. 나는 항상 사람들에게 내 마음은 교회에 있다고 말하곤 한다.

교회의 영향력과 내가 교회 모임과 사역에 이토록 헌신하는 이유를 돌아보다가, 교회 공예배가 내게 세 가지 방향을 설정해 주었음을 깨닫게 되었다. 이는 묵상해야 할 성경적 진리일 뿐 아니라, 나이나 사는 곳이나 직업과 상관없이 모든 그리스도인이 가야 할 방향이다.

위쪽 방향. 주일예배는 내게 삶에서 가장 중요한 것을 가장 중요하게 여기는 데 도움이 되었다. 인생에서 하나님의 존재, 임재, 능력, 다스리심, 영광을 깨닫고 그에 따라 사는 것보다 더 중요한 것은 없다. 모든 인간은 하나님과 관계를 맺고 그분께 기꺼이 순종하며 살도록 설계되었다. 그렇지 않으면 영성만이 아니라 인간성을 잃어버린다. 모든 인간은 하나님 중심으로 살도록 창조되었다. 솔직히 바쁜 주중이나 육체적·정서적으로 힘들 때는 하나님이 내 생각이나 동기의 중심에 계시지 않을 때가 많다. 그래서 나는 그분의 임재와 영광 앞에 계속해서 다시 서야 한다. 내가 살아 숨 쉬는 이유이신 분의 영광을 내 마음속에 가득 채우고서 예배당을 나올 때면 기분이 그렇게 좋을 수 없다.

안쪽 방향. 하나님을 아는 것 다음으로 가장 중요한 것은 자신을 아는 것이다. 우리 모두는 자기 의에 빠지기 쉽다. 죄는 기만적이다. 우리는 자기 잘못보다 다른 사람의 잘못을 더 잘 보는 경향이 있다. 그러니 우리는 자신을 더 제대로 보기 위해 계속해서 거울 앞에

서야 한다. 주일예배는 우리 눈앞에 하나님의 영광을 둘 뿐 아니라, 우리에게 그분의 은혜가 얼마나 필요한지를 계속해서 상기시켜 준다. 주일예배는 하나님의 흠 없는 거룩하심을 가리킴으로써 당신과 내가 그분과 얼마나 다른지를 적나라하게 드러낸다. 주일예배는 우리의 죄를 드러내고 일깨운 뒤에 용서와 변화시키는 능력을 찾도록 하나님 은혜의 보좌로 우리를 이끈다. 내 부족함을 보고 도움을 찾기 위해서는 반드시 이런 모임이 필요하다.

바깥쪽 방향. 하나님은 우리에게 도움이 필요하다는 사실을 드러내는 것만이 아니라, 나를 그분의 동역자로 부르셨다는 사실을 계속해서 일깨워 주기 위해 주일예배를 마련하셨다. 우리를 단순히 하나님의 놀라운 은혜를 입은 자만이 아니라, 그 은혜를 다른 사람들에게 전하는 도구로 부르셨다는 사실을 계속해서 떠올려야 한다. 우리는 왕의 아들딸만이 아니라, 어디든 그분이 우리를 두신 자리에서 그분의 성품과 그분의 메시지와 그분의 방식들을 보여 주는 하나님 나라의 대사다.

주일예배를 드리며 우리의 삶을 위쪽·안쪽·바깥쪽 방향으로 재설정하는 일은 평생 해도 끝나지 않는 일이다. 나도 마찬가지고 당신도 마찬가지다.

성경 ◆ 말씀 앞에 서서

시편 100편 1-5절 온 땅이여 여호와께 즐거운 찬송을 부를지어다 기쁨으로 여호와를 섬기며 노래하면서 그의 앞에 나아갈지어다 여호와가 우리 하나님이신 줄 너희는 알지어다 그는 우리를 지으신 이요 우리는 그의 것이니 그의 백성이요 그의 기르시는 양이로다 감사함으로 그의 문에 들어가며 찬송함으로 그의 궁정에 들어가서 그에게 감사하며 그의 이름을 송축할지어다 여호와는 선하시니 그의 인자하심이 영원하고 그의 성실하심이 대대에 이르리로다.

숙고 ◆ 더욱 깊고 풍성한 예배를 위하여

주일예배가 앞에서 설명한 세 가지 방향으로 삶의 길을 재설정하는 데 어떤 도움이 되는가?

나눔 ◆ 삶이 예배가 되도록

하나님과의 관계 안에서 살아가는 것과 나 자신을 정확히 보는 것이 왜 중요한지 이야기를 나눠 보라.

주일 공예배는

역사상 가장 큰 팬데믹은 죄라는 병이며,

유일한 치료제는 위대한 의사이신

예수님의 성품과 사역에서만 찾을 수 있음을

되새기기 위한 시간이다.

년   월   일

죄에 감염된 내 영혼을 만지시는 분

예수님이 나병 환자를 치료하신 사건은 역사적·문화적 배경을 알고서 보면 더더욱 충격적이며 그만큼 또 큰 소망을 준다. 이 이야기는 우리가 누구이며 예수님이 누구신지를 보여 주는 기록이다. 단 몇 구절로 인간의 부족함과 하나님의 영광을 적나라하게 보여 주는 이 이야기는 우리를 겸손하게 한다.

마가복음 앞부분에 나오는 이 사건은 나사렛 예수님이 정말로 메시아요, 하나님의 아들이심을 보여 주기 위해 기록되었다. 매우 빠른 속도로 전개되는 마가복음은 매우 직설적이다. 누가와 달리 마가는 자신의 설명을 구구절절 늘어놓지 않는다. 그저 예수님의 성품, 능력, 열정, 계획을 강력하게 제시할 뿐이다. 그래서 이 복음서를 읽다 보면 예수님의 정체성을 부정하기가 점점 더 어려워진다. 마가복음 초반부에 이 이야기가 나온다.

한 나병 환자가 예수께 와서 꿇어 엎드려 간구하여 이르되
원하시면 저를 깨끗하게 하실 수 있나이다 예수께서 불쌍히
여기사 손을 내밀어 그에게 대시며 이르시되 내가 원하노니
깨끗함을 받으라 하시니 곧 나병이 그 사람에게서 떠나가고
깨끗하여진지라.
마가복음 1장 40-42절

나병이라는 질병이 무엇인지 모르고서는 예수님의 삶과 사역에 등장한 이 간략한 사건이 얼마나 놀라운 일인지 제대로 이해할 수 없다. 나병은 전염성 피부병이다. 신약 시대에 나병 환자들은 온몸에 진물과 고름이 난 상처와 감염된 딱지가 나 있었다. 증세가 심하면 손가락이나 귀, 코를 잃기도 했다. 신약성경의 문화에서 나병은 두려운 질병이었고, 나병 환자들은 피하고 경멸해야 할 대상이었다. 그들은 가족만이 아니라 사회 전체에서 격리된 채 살아야 했다. 이 무서운 질병을 고칠 치료법은 없었다.

따라서 가까운 사람에게서, 또한 사회에서 버림받은 이 나병 환자가 수많은 인파를 헤집고 예수님께 다가갔다는 것은 당시로서는 엄청난 일이었다. 예수님을 에워싼 인간 벽을 뚫고 손을 뻗어 그분을 만진 것은 절박한 바람과 믿음에서 나온 용기 있는 행동이었다. 이 이름 모를 나병 환자는 예수님과 그분의 능력에 관한 소식을 들었다. 그는 이 예수님께 치료받는 것 외에 달리 아무런 소망이 없었다. 반문화적 용기를 보여 준 그의 행동은 자기 상태가 얼마나 절망적인지 누구보다 잘 알았다는 뜻이다. 아무도 치료해 줄 수 없는 질병으로 한없이 괴로운 그에게 소망은 예수님뿐이었다.

이 나병 환자는 알았다. 예수님께 자신을 치유할 능력이 있음을. 이것이 그가 "원하시면"이라고 말한 이유다. 예수님의 능력을 의심하지 않은 그는 예수님이 자신을 고쳐 주시기를 간절히 바랐다. 그다음 상황은 부족한 인간의 언어로는 도저히 표현하기 어려울 만큼 놀랍다. 당시 나병 환자들은 다른 사람들과 가까워질 때마다 "불결하다, 불결하다"라고 외쳐서 사람들이 자신을 만지지 않고 멀찍이 벗어나게끔 해야 했다. 사람들은 나병 환자를 만지면 반드시 말할 수 없는 고통을 받거나 심지어 죽을지도 모른다고 생각했다.

하지만 창조주 하나님이신 예수님은 두려워하지 않으셨다. 예수님은 단순히 말씀만으로 이 남자를 치유하시지 않았다. 손을 뻗어 당시로서는 상상도 할 수 없는 행동을 하셨다. 그를 만지신 것이다. 이 이야기를 읽을 때면 놀라서 어쩔 줄 모르는 무리가 상상된다. "왜 저런 행동을 하지? 왜 이 사람 만지는 걸 두려워하지 않는 거지?" 하지만 하늘에서 오신 메시아 예수님은 만질 수 없는 것을 만지고도 질병에 감염되지 않을 수 있었다. 예수님은 그를 만지면서 그를 고치기 원하신다는 뜻을 분명히 밝히시고 나서 질병을 향해 그를 떠나라고 명령하셨다.

결과는 즉각적이었다. 약을 먹을 필요도 없었다. 시술을 받지 않아도 됐다. 추가 방문도 필요하지 않았다. 메시아가 이 남자를 만지자마자 불치병으로 여겨지던 병이 즉시 완전히 치유되었다. 그 남자는 몰랐을지도 모르지만 그는 다름 아닌 창조주 하나님을 만난 것이었다. 이 물질적 세상은 그분의 명령을 무조건 받들었다. 그렇다. 이 나사렛 예수님은 하나님이 죄의 피해를 복구하기 위해 보내신 신인(God-man)이요, 메시아셨다.

그리스도의 기적에 관한 기록을 읽을 때 그 모든 기적이 예수님의 정체성과 영광을 드러내고 복음을 선포하기 위해 기록되었다는 점을 이해하는 것이 중요하다. 예수님과 나병 환자에 관한 이 짧은 이야기의 기록이 왜 지금까지 보존되었는지를 묻는 것이 중요하다. 이 사건은 죄와 구속을 그린 강력한 그림이다.

죄는 궁극적인 나병이다. 이 병은 말할 수 없는 고통을 낳으며 필연적으로 죽음으로 이어진다. 죄는 이 땅을 거닐었던 모든 사람을 감염시킨 불치병이다. 죄의 질병은 우리를 하나님과 사람들에게서 떼어 놓는다. 이 질병은 우리를 무기력하고 외롭게 한다. 하나님이 뜻하신 사람이 되지 못하게 한다. 하나님이 부르신 일을 하지 못하게 한다. 하지만 영적으로 병든 우리는 건강한 양 자신을 속이는 능력이 너무 뛰어나다. 우리는 자신을 죄로 상한 존재로 보지 않는다. 그래서 위대한 의사이신 분이 만져 주시길 간절히 바라지 않는다.

이 이야기가 마가복음에 기록된 것은 바로 우리가 그 나병 환자이기 때문이다. 우리는 태어날 때부터 죄에 감염되어 있었다. 우리를 도와줄 능력과 의지를 모두 갖추신 분은 단 한 분이다. 예수님이 치유하고 싶어도 그럴 능력이 없으셨다면 어찌 되었을까? 하지만 우리 구주 예수 그리스도의 마음은 한없이 부드러우며, 그분의 능력은 엄청나다. 그분은 우리의 궁극적인 죄의 질병을 치료하실 수 있고, 기꺼이 치료해 주신다.

당신의 죄를 축소하지 말라. 반대로, 수치심 때문에 다른 사람과 거리를 두며 자신이나 다른 사람에게 "불결하다, 불결하다"라고 중얼거리지도 말라. 주일예배는 나병 환자들의 모임이라는 사실을 기억하라. 우리는 계속해서 죄로 감염된 자신의 병이 완전히 끊어지지 않았다고 고백해야 한다. 치유하시는 구주의 손이 우리를 만지셨음을 축하하고 마침내 완전히 낫는 날까지 계속해서 만져 달라고 그분께 간구하기 위해 우리는 매주 모여야 한다. 당신의 죄의 짐을 구주께 가져가라. 치료제는 그분 손안에만 있다.

누가복음 5장 27-32절 그 후에 예수께서 나가사 레위라 하는 세리가 세관에 앉아 있는 것을 보시고 나를 따르라 하시니 그가 모든 것을 버리고 일어나 따르니라 레위가 예수를 위하여 자기 집에서 큰 잔치를 하니 세리와 다른 사람이 많이 함께 앉아 있는지라 바리새인과 그들의 서기관들이 그 제자들을 비방하여 이르되 너희가 어찌하여 세리와 죄인과 함께 먹고 마시느냐 예수께서 대답하여 이르시되 건강한 자에게는 의사가 쓸 데 없고 병든 자에게라야 쓸 데 있나니 내가 의인을 부르러 온 것이 아니요 죄인을 불러 회개시키러 왔노라.

위 말씀에서 자신이 영적으로 건강하다고 생각하는 사람은 누구인가?

어떻게 해야 죄에 눈멀지 않을 수 있을까?

우리 구주 예수 그리스도의 마음이 부드러우며, 그분의 능력이 엄청나다는 사실이 왜 그토록 중요한지 이야기해 보라.

주일 공예배는

"땅의 것"에 사로잡히지 말고

계속해서 "위의 것"을 추구해야 하며,

이 분투를 돕는 은혜 위에 은혜가 있음을

다시 마음에 새기기 위한 시간이다.

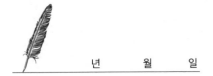

년   월   일

동네에서 가장 좋은 잔디밭 유지.

멋진 휴가지 검색.

강아지 먹이 주기.

새 차 쇼핑.

공과금 납부.

드라마 다음 회 시청.

운동 시간 마련.

가족 식단 짜기.

끝없는 커리어 목표 달성.

다가오는 새 학기에 할 일 결정.

휴일 계획.

대학 기숙사 생활 방해 요소 극복.

스포츠 결승전 시청.

욕실 리모델링.

생일 선물 포장.

산더미처럼 쌓인 빨래하기.

여름 옷 쇼핑.

스타벅스 카페 들르기.

새 아파트 찾기.

우리 삶에는 필요한 것, 원하는 것, 해야 할 일, 방해 요소들이 그야말로 끝이 없다. 우리 마음과 시간을 사로잡는 이 땅의 것들이 다 나쁜 것은 아니다. 많은 것이 좋고, 또 필요한 것이다. 또한 피할 수 없는 책임도 있다. 물질로 이뤄진 세상에서 사는 육체적 존재로서의 인간이 유지해야 할 물질적이면서 육체적인 것이 매우 많다.

하나님은 우리가 서로 공동체를 이루며 살도록 설계하셨다. 따라서 우리는 서로 건강하게 연합하고 사랑 넘치는 관계를 이루는 데 관심을 쏟아야 한다. 하나님은 우리가 일하도록 설계하셨다. 따라서 노동은 우리의 시간과 관심과 노력 중 상당 부분을 차지한다. 하나님은 우리가 인생의 계절들을 지나도록 창조하셨으며, 계절마다 그 시기에 따르는 책임과 어려움이 있다. 하나님이 원하시는 사람이 되고 하나님이 부르신 일을 하기 위해 때로 우리는 바쁠 수밖에 없다. 바쁨 자체는 죄가 아니다.

하지만 하나님이 보물을 지향하도록 우리를 설계하셨다는 점도 알아야 한다. 우리는 저마다 자기 삶에서 무엇이 중요하고 무엇이 중요하지 않은지를 결정한다. 심지어 우리가 인식하지 못할 때도 우리 모두의 삶은 가치들의 집합에 따라 빚어진다. 우리는 자신에게 가치 있는 보물을 위해서라면 시간과 에너지와 돈을 아낌없이 쓴다. 모든 사람은 자기만의 보물을 위해 산다. 우리가 귀하게 여기는 것이 우리 마음을 통제하며, 나아가 우리의 생각, 욕구, 선택, 행동을 통제한다. 우리가 영원으로 들어가기 전까지는 우리 마음속에서 보물에 관한 전쟁이 계속된다.

성경은 '나라'의 개념으로도 이 같은 현실을 다룬다. 하나님은 우리가 나라를 추구하도록 창조하셨다. 하나님의 자녀로서 우리는 항상 두 가지 나라에서 살아야 한다. 이 세상 나라와 하나님 나라. 하나님은 우리를 이 세상에 두셨으며, 이 세상에서 우리 삶은 의미와 목적을 지닌다. 하지만 하나님의 자녀로서 우리는 더 큰 나라, 곧 하나님 나라의 시민이기도 하다. 우리 마음속에서 이 두 나라가 전쟁 중이다. 우리 마음과 삶이 이 세상 나라에 의해 빚어질 것인가, 아니면 하나님 나라에 의해 빚어질 것인가?

요한일서 2장 15-17절은 이 전쟁에 관해 말한다.

> 이 세상이나 세상에 있는 것들을 사랑하지 말라 누구든지 세상을 사랑하면 아버지의 사랑이 그 안에 있지 아니하니 이는 세상에 있는 모든 것이 육신의 정욕과 안목의 정욕과 이생의 자랑이니 다 아버지께로부터 온 것이 아니요 세상으로부터 온 것이라 이 세상도, 그 정욕도 **지나가되** 오직 하나님의 뜻을 행하는 자는 **영원히** 거하느니라.

여기서 요한의 초점을 눈여겨보라. 그의 주된 관심은 우리의 바쁜 일정에 있지 않다. 그의 주된 관심은 우리 마음이다. 우리 마음이 이 땅의 것들을 사랑하면 그것들이 우리의 소망과 꿈을 형성하고 우리가 시간과 에너지와 자원을 사용하는 방식을 결정한다. 이와 달리, 하늘 아버지를 사랑하면 그분의 나라와 의를 추구하게 된다. "땅의 것"이 아닌 "위의 것"에서 의미와 목적을 찾게 된다(골 3:2). 당신이 지난 6주간 살아온 모습은 당신이 무엇을 진정으로 사랑하고 가치 있게 여기는지를 말해 준다. 지난 6주간의 삶을 돌아보라. 당신은 진정 무엇을 위해 살고 있는가?

요한은 이 세상 것들에 몰두하는 것이 얼마나 어리석은 짓인지 상기시켜 준다. 요한은 이 세상 나라를 위한 삶이 어리석은 이유를 "지나가되"라는 한마디로 정리한다. 반면, 하나님 나라는 영원히 지속된다. 우리는 '영원하지 않은 것'이나 '영원한 것' 중 하나를 위해 살고 있다. 따라서 바쁜 것 자체는 죄가 아니되, 그 바쁨 이면의 가치를 낱낱이 조사해 봐야 한다.

이 부분에서 하나님이 주기적으로 모이라고 주신 교회가 말할 수 없이 큰 도움이 된다. 이 모임에서 우리는 하나님 나라의 위로와 부르심을 보고 부활하신 구세주 왕의 영광을 보면서 주기적으로 우리의 참된 가치들을 정결하게 한다. 땅의 것이 아닌 위의 것에 마음을 두기로 다시 결심한다. 그리고 우리가 이 전쟁을 홀로 싸우고 있지 않음을 다시 마음에 새긴다. 은혜의 하나님은 매일의 전쟁과 전투 속에서 우리를 만나 주신다. 우리는 이 복된 소식을 계속해서 듣고 또 들어야 한다.

마태복음 13장 44-46절   천국은 마치 밭에 감추인 보화와 같으니 사람이 이를 발견한 후 숨겨 두고 기뻐하며 돌아가서 자기의 소유를 다 팔아 그 밭을 사느니라 또 천국은 마치 좋은 진주를 구하는 장사와 같으니 극히 값진 진주 하나를 발견하매 가서 자기의 소유를 다 팔아 그 진주를 사느니라.

나는 삶에서 무엇을 가장 소중히 여기는가?

나는 무엇을 위해 시간과 열정과 돈을 기꺼이 사용하는가?

삶의 의미와 목적을 다시 생각하고 찾는 데 하나님의 백성과 함께 모이는 시간이 어떤 도움이 될까?

이 세상 나라를 위해 사는 삶이 왜 어리석은지 이야기를 나눠 보라.

주일 공예배는

내 삶에서 가장 귀한 것은

내 노력으로 얻을 수 없으며,

내게는 받을 자격이 없고,

예나 지금이나 전적으로 하나님 은혜의 선물임을

다시 마음에 새기기 위한 시간이다.

년   월   일

내 노력으로 미처 닿을 수 없는 기준

우리 아버지는 누구보다도 꾸준하고 부지런한 사람이었다. 아버지는 직장 생활을 하는 것도 모자라 집에서 사업체를 두 개나 운영했다. 아버지는 우리 가족 중에 아침에 가장 먼저 일어나 밤에 가장 늦게 잠자리에 들었다. 개신교 노동관을 신봉한 아버지는 자식들에게 일의 중요성에 관한 신념을 불어넣었다. 아버지는 일이 저주가 아니며 인류는 일을 하도록 설계되었다고 믿었다. 아버지에게 일을 열심히 하고 잘하는 것은 곧 인간의 존엄성을 표현하는 방법이었다.

고등학교 2학년이 끝나 갈 무렵, 아버지는 나를 앞에 앉혀 놓고 일거리를 찾으라고 했다. 여름방학 첫날, 내게 양복을 입고 아침 9시에 집을 나가서 오후 5시까지 일자리를 찾아 나서라고 했다. 취직할 때까지 계속하라고 하셨다. 농담이 아닌 줄 알았던 나는 곧장 근처 마트에 가서 창고 직원에 지원했다. 그리고 곧바로 채용되어 거기서 고등학교를 졸업할 때까지 일했다.

일의 가치를 일찍부터 배워서 얼마나 감사한지 모른다. 대학교와 신학교에서 그리고 박사 코스를 밟는 동안 아버지가 내게 불어넣은 노동관은 내게 큰 도움이 되었다. 일은 내게 당연한 것이었다. 나는 상사가 보지 않아도 알아서 열심히 일했다. 우리 대부분은 삶 속의 좋은 것들이 열심히 일하고 노력한 결과라고 배웠다.

우리는 학업을 마치려고 열심을 다했다. 이직을 해 가며 열심히 일했다. 번듯한 보금자리를 마련하고 유지하기 위해 일했다. 필요한 것을 살 돈을 벌기 위해 일했으며, 가끔씩 휴가를 즐기기 위해 일했다. 우리는 건강을 유지하기 위해 노력했다. 또 주변을 아름답게 가꾸기 위해 잡초를 뽑고, 나무를 자르고, 흙을 갈아엎고, 풀과 꽃을 심고, 관목의 가지치기를 하고, 잔디를 깎았다. 집을 수리하고 페인트칠을 하고, 셀 수 없이 많은 음식을 만들고, 설거지를 했다. 옷을 빨고 널고 개고 다림질하고 수선했다. 우리는 이불을 수없이 많이 갰다. 우리가 집 안팎을 청소한 넓이만 해도 족히 몇 킬로미터는 될 것이다. 일은 하나님의 형상을 따라 지음받은 모든 인간의 피할 수 없는 소명이다. 열심히 일하고 노력하지 않고서는 건강한 삶이나 성공한 삶을 누릴 수 없다. 우리는 일하도록 창조되었다. 인간 모두는 원하든 원치 않든 어떤 식으로든 일을 해야 한다.

따라서 이렇듯 '열심히 노력하면 좋은 것을 얻는다'는 태도로 하나님과의 관계에 접근하는 게 지극히 상식으로 보인다. 열심히 노력하는 사람이 하나님의 복을 받고 게으른 사람은 복을 받지 못한다는 생각이 옳아 보인다. 내 노력으로 하나님의 은혜를 얻고 그분의 사랑을 사야 한다는 생각으로 하나님께 다가가는 것이 당연하게 보인다. '좋은 일을 하면 좋은 것을 얻는다'는 생각으로 하나님과의 관계에 접근하는 것이 옳아 보인다.

하지만 하나님과 관련해서는 모든 규칙이 이와 전혀 다르다. 하나님 앞에서는 우리가 아무리 노력해도 턱없이 부족하다. 하나님 앞에 서면 우리 힘으로 아무리 애써도 그분과의 관계를 얻을 수 없다는 현실을 마주하게 된다. 열심히 일하라는 우리 아버지의 지도와 본보기가 감사하기는 하지만, 덕분에 내 노력으로는 하나님께 이를 수 없다는 사실을 어렵게 배워야 했다. 우리의 노력으로 하나님의 은혜를 얻을 수 없는 이유는 다음과 같다.

하나님의 기준이 너무 높다. 하나님의 기준은 아주 간단하다. 바로, 절대적 완벽이다. 완벽. 이것이 하나님께 받아들여지기 위한 조건이다. 타락한 인간에게 이것은 마치 커다란 체육관 한복판에 서서 높이 뛰어 천장에 손을 닿게 하라는 요구와도 같다. 수천 년이 지나도 우리는 천장 근처에도 갈 수 없다. 다리에 힘만 풀리고 결국 절망하고 말 뿐이다. 하나님의 기준은 인간으로서는 도저히 다다르지 못할 수준이다. 절대적 완벽은 인간이 이룰 수 없는 단계다. 하나님의 법에 흠 없이 완벽하게 순종하는 삶은 인간으로서는 불가능하다. 이 기준 앞에서 우리 모두는 유죄 판결을 받을 수밖에 없다.

죄가 우리를 너무 약하게 만들었다. 죄로 인해 우리는 하나님의 영광스러운 기준에 미치지 못하게 손상되었다(롬 3장). 우리는 약한 상태로 세상에 들어왔다. 이것이 전적 부패의 교리다. 이것은 우리가 최악이라는 뜻이라기보다 죄로 인한 손상이 인간 존재의 모든 면에 미쳤다는 뜻이다. 우리는 제대로 사랑하지 못한다. 올바로 생각하지 못한다. 바라야 할 것을 바라지 못한다. 올바로 말하지 못한다. 선택해야 할 것을 선택하지 못한다. 올바로 행동하지 못한다. 예배해야 할 분을 예배하지 못한다. 다 언급하자면 끝이 없다. 하나님의 은혜를 떠나서는 우리가 하는 모든 행동과 말, 우리가 바라고 추구하는 모든 것, 우리가 계획하고 뜻한 모든 것이 어떤 식으로든 죄로 얼룩져 있다. 죄는 우리로 하여금 선을 원하지도 행하지도 못하게 만든다.

우리는 영적으로 눈먼 상태에 있다. 죄는 우리가 누구이고 하나님이 어떤 분이시며 삶의 목적이 무엇이고 우리에게 무엇이 필요한지를 정확히 보지 못하게 한다. 그래서 은혜를 떠나서는 아무도 하나님을 진정으로 이해하거나 찾지 못한다. 길을 걷다가 울부짖으며 하나님을 찾는 것은 타락한 인간의 본성이 아니다. 당신이 하나님을 갈망한다면 그것은 어디까지나 그분께 은혜를 받아서다. 우리는 영적으로 너무 심하게 눈먼 상태여서 심지어 자신이 눈멀었다는 사실조차 보지 못한다. 은혜가 아니면 우리는 철저히 눈먼 자로서 자신이 지혜롭고 강하고 의롭다고 생각하며 진실을 정확히 보지 못한다.

우리에게는 대리인이 필요하다. 우리는 약하고 눈멀어 있다 보니 하나님 없이는 이 세상에서 아무런 소망이 없었다. 우리를 위한 소망은 단 하나밖에 없었다. 우리를 대신해 우리가 할 수 없는 것을 해 줄 수 있는 대리인이 필요했다. 죄인인 우리를 대신해서 완벽하게 의로운 삶을 살고 대속의 죽음을 맞은 뒤 다시 살아나 죄와 죽음을 궁극적으로 이기실 분이 필요했다. 그리하여 하나님은 영광스러운 은혜 가운데 그분의 아들을 두 번째 아담으로 이 땅에 보내 주셨다. 아담이 실패한 일에서 승리를 거두신 예수님 덕분에 죄인인 우리는 용서를 받고 하나님의 가족으로 입양되었다.

그래서 우리는 우리가 아무리 충성스럽게 열심히 노력한다 해도 하나님께 받아들여지고 그분과 관계를 맺기 위한 기준에 턱없이 모자란다는 점을 기억하기 위해 모여야 한다. 우리에게는 한 가지 소망밖에 없다. 바로 값없이 주시는 은혜다. 우리는 이 은혜가 인격적 존재이며 그분의 이름이 예수임을 되새기기 위해 모인다. 우리는 하나님의 기준을 충족시킬 필요가 없다. 그분이 우리를 대신해서 그 기준을 완전하게 충족시켰기 때문이다. 하나님은 우리의 노력이 아니라, 예수님이 삶과 죽음과 부활을 통해 우리를 위해 해 주신 일을 보시고서 우리를 영원히 용서하고 받아 주셨다. 따라서 우리는 예수님 안에서 우리 것인 안식의 쉼을 기억하고 누리기 위해 기쁨으로 모인다.

요한복음 6장 27-29절 썩을 양식을 위하여 일하지 말고 영생하도록 있는 양식을 위하여 하라 이 양식은 인자가 너희에게 주리니 인자는 아버지 하나님께서 인치신 자니라 그들이 묻되 우리가 어떻게 하여야 하나님의 일을 하오리이까 예수께서 대답하여 이르시되 하나님께서 보내신 이를 믿는 것이 하나님의 일이니라 하시니.

숙고 ◆ 더욱 깊고 풍성한 예배를 위하여

내 노력으로는 절대 하나님과의 관계를 얻을 수 없다는 사실이 감사하게 느껴지는가, 아니면 실망스럽게 다가오는가?

나눔 ◆ 삶이 예배가 되도록

노력의 가치에 관해, 또 우리의 그 어떤 노력으로도 하나님께로 갈 수 없는 이유에 관해 이야기를 나눠 보라.

주일 공예배는

그 무엇으로도 막을 수 없는 은혜를

눈앞에서 똑똑히 보기 위한 시간이다.

이 은혜는 오늘뿐만 아니라,

다가올 모든 날에 대한 우리의 소망이다.

년   월   일

다가올 고난을 대비하는 시간

"수술해야 합니다." 지난 7년 동안 이 말을 열 번이나 들었다. 정말 힘들었다. 몸이 겨우 회복된다 싶으면 또 수술이었다. 나는 중독성이 강한 진통제에 의존하지 않고서 고통을 이겨 내는 법을 배워야 했다. 내가 맡은 귀한 일을 반나절도 채 하지 못하게 만드는 만성질환을 감내해야 했다. 남은 평생 불편한 몸으로 살아야 한다는 사실을 받아들여야 했다. 답도 없는 질문을 던져 불안의 소용돌이에 빠지지 않도록 마음을 추스르는 법을 배워야 했다. 그래도 아직은 꽤 건강한 편이지만 이미 손상된 내 몸은 되돌릴 수 없다.

한편으로, 내가 육체적 시련을 맞은 것은 전혀 놀라운 일이 아니다. 나는 내가 망가져서 신음하는 세상에서 살고 있다는 사실을 잘 알고 있다. 이 세상은 고통이 만연한 곳이다. 나는 이 망가짐이 언젠가 어떤 식으로든 내 삶의 문을 열고 들어올 줄 알고 있었다. 나는 하나님의 자녀가 된다고 해서 모든 고통에서 벗어나는 게 아님을 알고 있다. 지금은 내가 하나님 뜻대로 움직이지 않는 타락한 세상에서 '이미'와 '아직' 사이의 삶을 사는 것이 그분 뜻이라는 사실을 알고 있다. 나보다 훨씬 심한 고통을 오래도록 겪어 온 사람이 많다는 사실을 알고 있다. 나를 사랑하는 사람이 주변에 가득하고 내가 뛰어난 의학적 치료를 받았다는 사실도 잘 안다. 하지만 그걸 안다고 해서 그 시간이 쉬웠다고 말한다면 그건 거짓말일 게다.

나는 우리가 다 똑같이 고통을 경험하는 게 아님을 깨달았다.

고통 속으로 가져가는 중요한 것들이 저마다 다르기 때문이다. 힘든 순간을 맞을 때 우리는 하나님과 인생에 관한 시각, 자신의 정체성에 관한 판단, 자신이 무엇을 누릴 자격이 있거나 없는지에 관한 생각, 내가 만든 가치들의 합, 개인적 소망과 꿈을 제각각 다르게 품고 있는 상태다. 이것이 하나로 모여 우리의 실질적 신학을 형성하고, 그 신학은 우리가 고통을 어떤 식으로 겪을지를 결정한다.

고통 속에서 우리는 그 고통을 그냥 겪는 게 아니라 '나만의 방식'으로 겪는다. 같은 고통이라도 다 똑같이 경험하는 게 아니다. 우리 모두는 고통 속으로 들어갈 때 각자 다른 것들을 품고 있기 때문이다.

하나님을 의심한 채 고통 속으로 들어가면 그분께로 달려가는 것이 아니라 그분에게서 도망칠 수밖에 없다. 하나님의 선하심, 신실하심, 사랑에 의문을 품고 있다면 고통의 시기에 하나님을 자신의 피고석에 앉히고서 그분의 성품과 돌보심에 관해 심문하게 된다. 평소에 다른 사람의 삶을 부러워하는 사람이라면 자신은 이토록 힘든데 다른 사람의 삶은 쉬워 보이니 더욱 괴로울 수밖에 없다. 평소 죄책감에 시달리는 사람이라면 이 고통이 지난날 저지른 죄에 대한 벌이라고 생각하기 쉽다. 핵심은, 우리가 고통 속으로 가져가는 것들이 우리가 고통을 겪는 방식에 큰 영향을 미친다는 것이다.

나는 내가 고통 속으로 가져간 한 가지 확신에 대해 깊이 감사드린다. 그것 덕분에 이 짐이 가벼워졌다. 나는 하나님의 은혜는 그 무엇도 막을 수 없다는 깊은 확신을 품고서 이 육체적 고통의 시기로 들어갔다. 하지만 그렇다고 해서 내가 무슨 대단한 영웅은 아니다. 내가 하나님의 변함없는 임재와 역사를 전적으로 확신하는 것은 무엇보다도 교회에서 보낸 시간 덕분이다. 수천 번의 예배, 수천 번의 설교, 수천 번의 성경 공부 모임, 그리스도 안에서의 형제자매가 해 준 수천 번의 권면과 지적과 위로가 쌓이고 쌓여 내 안에 그런 확신을 만들어 냈다.

이 망가진 세상에서는 우리 모두가 어떤 식으로든 고난을 겪기에 예수 그리스도의 교회와 그곳에서의 주기적 모임이 반드시 필요하다. 교회는 내 안에 하나님의 지속적이고도 강력한 은혜에 대한 확신의 씨앗을 심어 주었다. 그 씨앗은 거대한 확신의 나무로 자라 내 마음속에 단단히 뿌리내렸다.

그래서 지독히 힘든 날에도 나는 하나님께 버림받은 기분을 느끼지 않았다. 죄 때문에 내가 벌 받는다고 생각하지 않았다. 하나님의 약속이 더는 유효하지 않다고 생각하지 않았다. 하나님의 은혜가 힘을 잃었다고 서운해하지 않았다. 하나님이 나를 향한 사랑을 거두셨다고 오해하지 않았다. 지난 7년 동안 나는 교회에서 받은 선한 영향에 하나님께 수없이 감사를 드렸다. 나는 쌓이고 쌓인 무수한 주일들의 신앙 유산이 내가 고통을 겪는 방식을 형성했다는 사실을 분명히 느꼈으며, 그런 복을 받았음이 감사했다.

특별히 한 성경 말씀이 생각난다. 여기에 '은혜'라는 단어는 전혀 언급되지 않고 있다. 그런데도 이 말씀은, 구원하고 용서하고 변화시키고 능력 주시는 하나님의 은혜는 그 무엇으로도 막을 수 없음을 우리에게 상기시켜 준다. 이 말씀은 나를 늘 격려해 주는 신실한 친구였다.

> 누가 능히 하나님께서 택하신 자들을 고발하리요 의롭다 하신
> 이는 하나님이시니 누가 정죄하리요 죽으실 뿐 아니라 다시
> 살아나신 이는 그리스도 예수시니 그는 하나님 우편에 계신 자요
> 우리를 위하여 간구하시는 자시니라 누가 우리를 그리스도의
> 사랑에서 끊으리요 환난이나 곤고나 박해나 기근이나 적신이나
> 위험이나 칼이랴 기록된 바 우리가 종일 주를 위하여 죽임을
> 당하게 되며 도살당할 양같이 여김을 받았나이다 함과 같으니라
> 그러나 이 모든 일에 우리를 사랑하시는 이로 말미암아 우리가
> 넉넉히 이기느니라 내가 확신하노니 사망이나 생명이나
> 천사들이나 권세자들이나 현재 일이나 장래 일이나 능력이나
> 높음이나 깊음이나 다른 어떤 피조물이라도 우리를 우리 주
> 그리스도 예수 안에 있는 하나님의 사랑에서 끊을 수 없으리라.
> 로마서 8장 33-39절

주일예배는 다가올 고난을 위해 우리를 준비시키는 하나님의 도구 중 하나다. 하나님은 공예배를 통해 우리에게 그분의 완전한 선하심과 늘 변함없고 강력한 은혜에 대한 확신을 심어 주신다. 또한 하나님은 고난을 통해 우리가 약할 때 이 은혜가 가장 강하게 작용하다는 사실을 일깨워 주신다.

고린도후서 12장 9-10절 나에게 이르시기를 내 은혜가 네게 족하도다 이는 내 능력이 약한 데서 온전하여짐이라 하신지라 그러므로 도리어 크게 기뻐함으로 나의 여러 약한 것들에 대하여 자랑하리니 이는 그리스도의 능력이 내게 머물게 하려 함이라 그러므로 내가 그리스도를 위하여 약한 것들과 능욕과 궁핍과 박해와 곤고를 기뻐하노니 이는 내가 약한 그때에 강함이라.

베드로전서 4장 1-2절 그리스도께서 이미 육체의 고난을 받으셨으니 너희도 같은 마음으로 갑옷을 삼으라 이는 육체의 고난을 받은 자는 죄를 그쳤음이니 그 후로는 다시 사람의 정욕을 따르지 않고 하나님의 뜻을 따라 육체의 남은 때를 살게 하려 함이라.

고난의 시기를 맞았을 때 주로 어떤 생각이 들었는가?

왜 하나님의 완전한 선하심과 전능한 은혜를 알아야 다가올 고난을 준비할 수 있고, 고난 중에 위로를 얻을 수 있는지 이야기를 나눠 보라.

주일 공예배는

인생이 영적 전쟁터라는 경각심을 얻고

그 전쟁을 위해

복음의 무기들로

무장하기 위한 시간이다.

년   월   일

복음으로 무장하고 일상의 자리로

끝으로 너희가 주 안에서와 그 힘의 능력으로 강건하여지고
마귀의 간계를 능히 대적하기 위하여 하나님의 전신 갑주를
입으라 우리의 씨름은 혈과 육을 상대하는 것이 아니요
통치자들과 권세들과 이 어둠의 세상 주관자들과 하늘에 있는
악의 영들을 상대함이라 그러므로 하나님의 전신 갑주를 취하라
이는 악한 날에 너희가 능히 대적하고 모든 일을 행한 후에 서기
위함이라 그런즉 서서 진리로 너희 허리띠를 띠고 의의 호심경을
붙이고 평안의 복음이 준비한 것으로 신을 신고 모든 것 위에
믿음의 방패를 가지고 이로써 능히 악한 자의 모든 불화살을
소멸하고 구원의 투구와 성령의 검 곧 하나님의 말씀을 가지라
모든 기도와 간구를 하되 항상 성령 안에서 기도하고 이를 위하여
깨어 구하기를 항상 힘쓰며 여러 성도를 위하여 구하라 또 나를
위하여 구할 것은 내게 말씀을 주사 나로 입을 열어 복음의 비밀을
담대히 알리게 하옵소서 할 것이니 이 일을 위하여 내가 쇠사슬에
매인 사신이 된 것은 나로 이 일에 당연히 할 말을 담대히 하게
하려 하심이라.
에베소서 6장 10-20절

에베소서 끝 부분에 기록된 이 말씀의 능력과 의도와 필요성과
실천적 적용을 온전히 이해하려면 바울이 쓴 이 편지의 흐름을 유심

히 살펴봐야 한다. 에베소서 1-3장에서 바울은 예수 그리스도의 복음을 엄숙하게 묘사한다. 그러고 나서 6장 초반까지 삶의 모든 영역에서 복음에 따라 사는 것이 무엇을 의미하는지 상술한다. 바울에게 복음은 예수 그리스도의 구원에 관한 메시지일 뿐 아니라, 삶의 모든 것을 바라보는 렌즈요, 삶의 모든 측면에서 어떻게 행동하고 반응할지에 관한 지침이었다. 그런데 바울은 한창 복음을 일상에 적용하다 말고 갑자기 영적 전쟁과 그 전쟁을 위한 무장 이야기를 꺼낸다. 처음에는 그가 주제를 바꾼 것처럼 보인다. 하지만 그렇지 않다. 영적 전쟁에 관한 논의는 그가 4장과 5장에서 상술한 복음의 실천적 적용을 보다 충실하게 정리해 준다.

바울은 인간 삶의 모든 영역이 영적 전쟁터임을 사람들이 알기를 바랐다. 선과 악의 거대한 전쟁, 우리 마음속에서 벌어지는 거대한 전쟁, 하나님의 길과 우리의 길 사이의 거대한 전쟁, 하나님 나라와 이 세상 나라 사이의 거대한 전쟁, 빛과 어둠의 거대한 전쟁……. 이 전쟁이 우리 삶의 평범한 상황과 장소와 관계 안에서 벌어지고 있다.

결혼 생활의 큰 갈등은 남편과 아내 사이의 싸움이기에 앞서 "악의 영들"과의 전쟁이다. 자녀 양육 현장에서 일어나는 큰 갈등은 자녀를 순종하게 하기 위한 싸움이기에 앞서 "마귀의 간계"와 분열시키고 파멸시키려는 놈의 작전에 맞선 전쟁이다. 오늘날 논쟁의 자리에서 벌어지는 전쟁은 단순히 우리의 논점을 납득시키기 위한 설전이 아니다. 그것은 말 이면에 있는 마음을 쟁탈하기 위한 영적 전쟁이다.

우리가 "혈과 육을 상대하는" 게 아니라는 사실을 알면 큰 도움이 된다. 이는 진짜 적이 우리의 배우자나 자녀, 부모, 이웃, 상사, 친구가 아니라는 뜻이다. 진짜 적은 따로 있고, 이 모든 관계에서 영적 건강은 이 적을 상대로 우리 자신을 잘 방어할 때 이루어진다. 이적은 하나님의 뜻과 길에 순종하지 않고 우리 자신을 위해 살도록 현혹시키는 기만의 달인이다.

이 적은 우리를 속여 하나님의 지혜와 선하심과 사랑을 의심하게 하려 든다. 이 적은 우리 죄가 그렇게까지 심한 것은 아니며 하나님의 도움 따위는 필요하지 않다는 거짓말을 끊임없이 우리에게 속삭인다. 이 적은 우리 안에 분노를 일으키고 우리의 소망을 약화시키며 교만을 키우려고 애쓴다. 그리고 그자는 이 모든 일을 가정과 일터, 자동차 안 등 평범한 생활 현장에서 벌인다. 이는 이 거대한 영적 전쟁이 평상시에는 벌어지지 않는 기이한 현상이 아니라는 뜻이다. 바울은 우리가 '이미' 회심한 이후 '아직' 본향에 이르기 전까지는 영적 전쟁이 그리스도인 삶의 일상이라고 말하고 있다.

그렇다고 해서 우리는 두려워 떨면서 소망을 잃을 필요가 없다. 하나님이 전쟁을 위해 선하심과 지혜와 사랑 가운데 그분의 자녀들을 무장시켜 주시기 때문이다. 문제는 '나'다. 내가 그분이 주신 갑옷과 무기를 착용했는가? 나만 운 좋게 이 전쟁을 피해 갈 수 있다는 것은 지극히 순진한 생각이다. 나만은 가정이나 양육, 친구 관계, 직장, 교회에서 이 전쟁을 피할 수 있다는 생각은 어리석다.

바울의 이 경고와 권면을 진지하게 받아들이지 않는 것은 무책임한 태도다. 하나님의 백성이 예배를 드리고 말씀을 듣기 위해 모일 때마다 이 전쟁에 관한 경각심을 다시 가질 수 있다는 것이 참으로 감사하다. 주일예배 시간에 나는 이 영적 전쟁을 나 혼자 혹은 내 힘으로 싸우고 있지 않다는 사실을 계속해서 다시 떠올린다. 이 얼마나 감사한 일인가! 하나님이 나를 대신해서 싸워 주신다. 하나님은 이 싸움이 더는 필요 없어질 때까지 계속해서 나를 위해 싸워 주실 것이다. 지금 성령이 내 안에 계셔서 내 마음을 지키기 위해 싸우고 계신다. 심지어 내가 이 싸움을 아예 인식하지 못하는 순간에도 성령은 변함없이 나를 위해 싸우고 계신다. 그분은 싸움 중에 지치시지 않는다. 전쟁 중에 사기가 떨어지시는 법도 없다. 우리를 지키겠다는 열정을 잃으시는 법도 없다. 약속을 번복하고 우리에게서 등을 돌리시는 법도 없다.

성령은 마지막 적이 무릎을 꿇을 때까지 계속해서 싸우실 것이다. 만군의 여호와가 우리의 대장이시고 그분은 반드시 승리하시기에 우리에게는 소망이 있다. 하나님은 내게 그분의 백성과 함께 모여 그분을 알고 믿고 따르고 그분이 주신 영적 무기들을 착용하는 것이 무슨 의미인지를 배우라고 명령하셨다. 영적 전쟁은 실재하며, 내가 살고 일하고 노는 모든 곳에서 벌어지고 있기 때문에 내게는 그분의 교회로 모이는 모임이 반드시 필요하다.

고린도후서 10장 4-5절 우리의 싸우는 무기는 육신에 속한 것이 아니요 오직 어떤 견고한 진도 무너뜨리는 하나님의 능력이라 모든 이론을 무너뜨리며 하나님 아는 것을 대적하여 높아진 것을 다 무너뜨리고 모든 생각을 사로잡아 그리스도에게 복종하게 하니.

나는 일상에서 에베소서 6장에 기록된 바울의 경고와 권면을 얼마나 진지하게 받아들이며 사는가?

주일예배 시간이 영적 전쟁을 준비하는 데 어떤 도움이 될까?

우리가 "혈과 육을 상대하는" 게 아니라는 사실을 아는 것이 왜 중요한지 이야기를 나눠 보라.

주일 공예배는

선하고 영화로우며

은혜가 풍성하신 하나님이

내 아버지이심을

다시 마음에 새기기 위한 시간이다.

그분은 가까이 계시며, 내 예배를 받으시고,

내 부르짖음을 들으신다.

년   월   일

아버지 사랑을 충만히 받고 있으니

하나님의 선하심이 '아버지'의 선하심이라는 사실을 알면 얼마나 큰 힘이 되는지 모른다.

아버지가 자식을 긍휼히 여김같이 여호와께서는 자기를 경외하는 자를 긍휼히 여기시나니.
시편 103편 13절

그러면 이렇게 기도하게 된다. "하늘에 계신 우리 아버지여 이름이 거룩히 여김을 받으시오며"(마 6:9).

공중의 새를 보라 심지도 않고 거두지도 않고 창고에 모아들이지도 아니하되 너희 하늘 아버지께서 기르시나니 너희는 이것들보다 귀하지 아니하냐.
마태복음 6장 26절

너희가 악한 자라도 좋은 것으로 자식에게 줄 줄 알거든 하물며 하늘에 계신 너희 아버지께서 구하는 자에게 좋은 것으로 주시지 않겠느냐.
마태복음 7장 11절

너희는 무엇을 먹을까 무엇을 마실까 하여 구하지 말며

근심하지도 말라 이 모든 것은 세상 백성들이 구하는 것이라 너희
아버지께서는 이런 것이 너희에게 있어야 할 것을 아시느니라
다만 너희는 그의 나라를 구하라 그리하면 이런 것들을 너희에게
더하시리라 적은 무리여 무서워 말라 너희 아버지께서 그 나라를
너희에게 주시기를 기뻐하시느니라.
누가복음 12장 29-32절

너희에게 아버지가 되고 너희는 내게 자녀가 되리라 전능하신
주의 말씀이니라 하셨느니라.
고린도후서 6장 18절

찬송하리로다 하나님 곧 우리 주 예수 그리스도의 아버지께서
그리스도 안에서 하늘에 속한 모든 신령한 복을 우리에게 주시되.
에베소서 1장 3절

보라 아버지께서 어떠한 사랑을 우리에게 베푸사 하나님의 자녀라
일컬음을 받게 하셨는가, 우리가 그러하도다 그러므로 세상이
우리를 알지 못함은 그를 알지 못함이라.
요한일서 3장 1절

이 성경 구절들에 나타난 아버지의 이미지는 훈훈하고 아름답
다. 물론 하나님은 창조주요, 전능자, 주권적인 왕, 만군의 여호와,

죽임당한 어린양, 승리하신 구속자시다. 하지만 다음과 같은 점을 반드시 이해해야 한다.

> 창조주가 내 아버지.
> 전능자가 내 아버지.
> 주권적인 왕이 내 아버지.
> 만군의 여호와가 내 아버지.
> 승리하신 구속자가 내 아버지.

하나님은 영광스럽고 위대하신 분인 동시에 그분을 믿는 모든 자에게 아버지가 되어 주신다. 그분은 범접할 수 없는 왕이 아니시다. 그분은 피조물과 거리를 두고 계시지 않는다. 우리는 그분이 우리를 다스리기만 하시는 것이 아니라, 아버지의 사랑으로 우리를 사랑하신다는 사실을 아침에 눈뜰 때마다 떠올려야 한다. 하나님은 단순히 우리의 왕이실 뿐 아니라, 자녀인 우리의 선을 위해 만물을 다스리시는 왕이시다.

육신의 아버지로서 나는 내 자녀가 잘되기를 바라고 언제나 자녀에게 가장 좋은 것을 해 주고 싶다. 하지만 나는 완벽한 부모가 못 된다. 우리 아이들이 어릴 적에 나는 아이들에게 자주 짜증을 냈다. 아이들에게 쉬이 지치고 실망했다. 아이들에게 좋은 태도를 보이지 못하거나 좋은 말을 못 할 때도 많았다. 때로 아이들을 오해했고, 용서하지 못하고 모질게 대하기도 했다. 신앙의 본보기를 보여 주지 못할 때도 많았다. 나는 여러모로 우리 아이들을 실망시켰다. 하지만 나는 우리 아이들을 깊이 사랑했고 자나 깨나 우리 아이들을 생각했다. 아이들을 오래 참아 주고, 아이들에게 필요한 것을 주기 위해 최선을 다했다. 사랑한다는 말을 수천 번, 아니 수만 번은 했을 것이다.

우리 아이들은 아버지인 내 빈약한 선함을 경험했다. 어디까지나 불완전하고 약하고 흠 많은 선함이었다. 하지만 하나님은 나와 다르시다. 그분은 완벽한 아버지시다. 그분은 항상 신실하시고, 항상 오래 참으시며, 항상 자비로우시고, 항상 용서하시고, 언제나 자녀를 위해 기꺼이 능력을 발휘해 주신다. 그리고 이 모든 일을 조금도 실수 없이 완전하게 해내신다.

온전히 신실하시고 아버지로서의 사랑이 넘쳐 나는 하나님의 돌보심 아래서 쉬면 우리 마음과 삶에 진정한 평강이 흐른다. 하나님이 내게 필요한 것을 정확히 아시니 나는 걱정하지 않아도 된다. 하나님은 언제나 사랑 많은 아버지로서 징계하시는 것이니 그분의 진노를 두려워할 필요가 없다. 하나님이 사랑 많은 아버지로서 나를 위해 모든 일을 다스리시니 내 힘으로 내 삶의 모든 것을 통제하려고 애쓰지 않아도 된다.

하나님을 잊고 인생의 무거운 짐을 내 작디작은 어깨에 짊어지려고 하면 불안만 가득해진다. 나는 온전히 거룩하시고 온전한 사랑을 보여 주시는 아버지 품에서 살고 있다. 이 사실을 계속해서 기억하기 위해 내게는 교회 모임이 필요하다. 나는 이런 아버지의 사랑을 받고 있다. 내가 그런 사랑받을 자격이 있어서가 아니라, 그분이 나를 자녀로 선택하셨기 때문이다. 정말 좋은 이 소식을 어찌 계속해서 듣고 싶지 않겠는가!

고린도전서 1장 3절   하나님 우리 아버지와 주 예수 그리스도로부터 은혜와 평강이 있기를 원하노라.

마가복음 11장 25절   서서 기도할 때에 아무에게나 혐의가 있거든 용서하라 그리하여야 하늘에 계신 너희 아버지께서도 너희 허물을 사하여 주시리라 하시니라.

누가복음 6장 36절   너희 아버지의 자비로우심같이 너희도 자비로운 자가 되라.

숙고 ◆ 더욱 깊고 풍성한 예배를 위하여

전능하신 창조주이자 구속자가 내 '아버지'라는 것이 무슨 의미인지 깊이 생각해 보라.

아침에 눈뜰 때마다 가장 먼저 이 사실을 떠올리면 내 일상이 어떻게 달라질까?

나눔 ◆ 삶이 예배가 되도록

하늘 아버지께 사랑받으면 마음과 삶이 어떤 평강을 누리는지 이야기를 나눠보라.

주일 공예배는

그리스도가 주시는 기쁨,

감히 사람이나 상황, 실망스러운 일이

빼앗아 갈 수 없는 그 진짜 기쁨을

내 안에 가득 채우기 위한 시간이다.

년   월   일

계속해서 엉뚱한 곳에서 무언가를 찾는 사람을 보면 안타깝기 그지없다. 하지만 실제로 우리 모두가 그러고 있다. 죄의 기만으로 인해 우리는 하늘에서만 찾을 수 있는 것을 이 땅에서 찾으려고 한다. 창조주만 주실 수 있는 것을 피조물에서 얻으려고 한다. 사람들을 작은 메시아로 삼으려고 한다. 물질적인 것들이 영적인 필요를 채워 주길 기대한다. 그러니 낙심하고 실망하고 상처 입고 분노하고 슬퍼하고 절망할 수밖에.

모든 사람이 진정한 기쁨을 찾아 헤맨다. 모든 사람이 깊은 만족과 내적 평안, 행복을 찾고 있다. 어떤 이들은 결혼을 통해 기쁨을 찾고자 한다. 일단 결혼하기만 하면 진정한 행복이 찾아올 거라 믿는다. 하지만 두 죄인끼리의 결혼은 절대 온전한 기쁨을 가져다주지 못한다. 어떤 이들은 물질적인 것에서 기쁨을 찾는다. 꿈에 그리던 집을 장만하기만 하면 만족할 거라 생각한다. 하지만 집이 우리 마음을 만족시킬 수 있다면 예수님의 사역은 필요 없었으리라. 어떤 이들은 직업에서 기쁨을 찾는다. 하지만 수시로 변하는 직업적 상황은 우리에게 오히려 걱정과 염려만 안겨 준다.

어떤 이들은 육체적 건강과 아름다움에서 기쁨을 찾는다. 하지만 몸은 나이가 들수록 약해져만 간다. 어떤 이들은 세상 쾌락을 통해 시름을 잊으려고 한다. 하지만 세상 것들이 주는 쾌감은 일시적일 뿐이다. 어떤 이들은 세계 여행 같은 경험에서 기쁨과 만족을 찾는다. 하지만 그로 인한 행복은 잠시뿐이고, 곧 다음번 새로운 경험을 찾아 나선다. 어떤 이들은 사역의 성공에서 기쁨을 찾는다. 하지만 거기서도 우리가 찾는 진정한 만족은 얻을 수 없다. 모든 사람이 어떤 식으로든 기쁨을 찾고 있지만 안타깝게도 대부분의 사람이 엉뚱한 곳만 뒤지고 있다.

많은 사람이 깨닫지 못하고 있지만, 사실 우리는 그 어떤 사람이나 상황이나 실망스러운 일도 빼앗아 갈 수 없는 기쁨을 찾고 있다. 진정한 기쁨은 결코 외적 상황과 장소와 관계의 결과물이 아니다. 진정한 기쁨은 마음의 문제다. 진정한 기쁨은 감사라는 토양에서 자란다. 기쁨을 얻고자 하는 사람치고 입만 열면 투덜대고 불평하는 사람을 찾아가는 사람은 없다. 그들에게 기쁨이 없음을 본능적으로 느끼기 때문이다.

삶의 불평 거리를 찾으며 시간을 보낼수록 기쁨은 줄어든다. 울타리 너머를 기웃거리며 다른 누군가의 삶을 부러워할수록 기쁨이 줄어든다. 박탈감이나 무시당한 기분, 잊힌 기분에 매일 기쁨이 줄어든다. 기도한답시고 불평하고 자신이 원하는 것만 늘어놓을수록 기쁨은 줄어든다. 받은 복에 감사하지 않고 모자라는 것만 셀수록 기쁨이 줄어든다. 하나님의 임재와 지혜, 선하심, 은혜를 의심할수록 기쁨이 줄어든다. 원망이나 불평의 땅에서는 좀처럼 기쁨이 잘 자라지 못한다.

하지만 우리 그리스도인에게는 그 무엇도 그 누구도 빼앗아 갈 수 없는 기쁨을 누릴 영원한 이유가 있다. 흔들리지 않는 기쁨은 과거와 현재와 미래의 은혜라는 토양에서 자라고 무르익는다. 내게는 이 은혜를 늘 기억하게 해 줄 것들이 필요하다. 은혜에 관한 찬양을 들어야 한다. 은혜를 설명하고 적용해 주는 설교를 들어야 한다. 그래서 내게 교회를 주신 하나님께 깊이 감사해야 한다. 감사하고 기뻐하는 마음이 자라는 은혜의 토양을 살펴보자.

과거의 은혜.   이제 와서 어떻게 할 수 없는 과거에 관한 후회로 짓눌려 살지 않는 것은 정말 좋은 일이다. 아무도 완벽하지 않기에 우리 모두는 지난 선택이나 말, 행동을 돌아보며 후회하기 마련이다. 내가 완벽한 남편이었다면 좋으련만 지난 세월 동안 나는 남편으로서 수없이 실패했다. 내가 자녀에게 완벽한 아버지였다고 말할 수 있으면 좋으련만, 아이들에게 항상 그리스도를 닮은 모습을 보여 주었다면 좋으련만 나는 부족한 모습일 때가 너무도 많았다. 내가 시간과 돈을 항상 지혜롭게 사용했다면 좋으련만 내 우상숭배적인 마음이 계속해서 그것을 방해했다.

하지만 나는 내 과거를 기쁨으로 돌아볼 수 있다. 내 지난날의 죄는 가장 작은 것에서 가장 심각한 것까지 전부 예수 그리스도의 십자가에 못 박혔기 때문이다. 그래서 나는 이제 그 죄의 짐을 짊어지고 있지 않다. 나아가 나를 용서하시는 분은 회복시키시는 분이기에 나는 더 큰 복을 받았다. 그분은 죄가 망가뜨린 영역에 치유와 화해와 회복을 가져오신다.

현재의 은혜.   현재의 은혜에 관한 베드로의 글은 읽을수록 기분이 좋아진다. 바울은 우리가 "생명과 경건에 필요한 모든 것"을 이미 받았다고 말한다(벧후 1:3, NIV). 여기서 그는 주로 영생에 관해 말하는 것이 아니다. 그것은 그가 "경건"이라는 단어를 사용한 데서 알 수 있다. 경건은 우리가 하나님을 알고 나서 그분과 영원히 함께 살 본향으로 가기 전의 시간 속에서 그분을 경외하며 사는 것을 말한다. 여기서 베드로는 우리에게 필요한 모든 것을 제공해 줄 만큼 풍성한 은혜를 하나님이 지금 공급해 주신다고 말하고 있다. 내가 원하는 모든 것을 말하는 게 아니다. 하나님이 원하시는 사람이 되고 그분이 부르시는 일을 하기 위해 필요한 모든 것을 말하는 것이다. 나는 모든 것을 가졌다! 나는 은혜 안에서 말할 수 없이 큰 부자다. 나의 그 어떤 영적 필요도 무시되는 법이 없다. 내게 필요한 그 어떤 것도 공급되지 않는 일은 없다.

미래의 은혜.   은혜는 미래에 대한 걱정에서 나를 자유롭게 해 준다. 첫째, 나는 내 삶에서 내가 통제할 수 없는 모든 것이 하나님의 지혜롭고 강력한 다스림 아래에 있음을 안다. 나는 하나님이 그분 자신의 영광을 위해서만이 아니라, 그분의 자녀를 위해 이 모든 것을 다스리시는 줄 안다. 하지만 여기서 끝이 아니다. 나는 내 운명이 확실하다는 것을 안다. 하나님의 은혜 덕분에 나는 내 작은 머리로는 상상조차 할 수 없을 만큼 영광스러운 영원을 향해 가고 있다. 나는 더는 죄와 고통이 없고 평화와 의가 영원히 이어질 곳에서 내 주님과 함께 영원히 살 것이다.

하나님이 주시는 과거와 현재와 미래의 은혜를 바라보면, 이 타락한 세상의 실망스러운 일이 절대 빼앗아 갈 수 없는 깊은 기쁨을 경험하기 시작한다. 하나님은 우리가 이 은혜를 얼마나 쉽게 망각하고 기쁨을 잃어버리는지 알기 때문에 우리에게 모이라고 명령하신다. 하나님은 주기적으로 모여 그분이 기꺼이 부어 주신 과거와 현재와 미래의 놀라운 은혜를 기억하고 감사하는 것이 우리에게 얼마나 중요한지를 아신다. 은혜와 영광의 하나님이야말로 흔들림 없는 기쁨의 유일한 원천이시다. 매번 우리는 우리가 이런 하나님의 자녀라는 사실을 기억하며 마음속에 새로운 감사를 한껏 품고서 모임 장소를 떠난다.

시편 16편 11절 주께서 생명의 길을 내게 보이시리니 주의 앞에는 충만한 기쁨이 있고 주의 오른쪽에는 영원한 즐거움이 있나이다.

왜 나는 과거를 돌아보면서도 기뻐할 수 있는가?

왜 나는 확실한 기쁨을 품고서 미래를 고대할 수 있는가?

진정한 기쁨을 어떻게 정의할 수 있는지 이야기를 나눠 보라.

이런 진정한 기쁨을 누리지 못하도록 삶에서 방해하는 게 무엇인지 이야기해 보라.

주일 공예배는

하나님의 허기진 자녀들이

다시 그분의 식탁으로 모여,

하나님만이 주실 수 있는 것으로

주린 마음을 채우는 시간이다.

년   월   일

허기진 영혼을 배부르게

굶주림은 모든 인간을 움직이는 힘이다.
어린아이가 집으로 뛰어 들어와
엄마에게 힘껏 소리친다.
"배고파요!"

한 노인이 무릎에 음식이 담긴 쟁반을 올려놓고
스스로 먹지 못해 누군가 도와주길 기다리며
혼잣말로 중얼거린다.
"배고파요."

친구를 갈망하는 10대 청소년 아이가
학교 복도에 홀로 서서
끼리끼리 모여서 지나가는
아이들을 보며 생각한다.
"배고파요."

경영학 석사(MBA)를 마치고
뉴욕에 갓 입성한 젊은이가
월스트리트 한복판에 서서 혼잣말을 한다.
"배고파요."

한 남자아이가
여태껏 가 본 곳 중에서 가장 큰 장난감 가게에서
휘둥그레진 눈으로 멋진 장난감들을 보며 속삭인다.
"배고파요."

다부진 모습의 장교가 전장을 바라보며
참혹한 전쟁을 떠올리고
평화를 갈망하며 피곤한 마음으로 읊조린다.
"배고파요."

몇 번 유산을 경험한 뒤 출산을 앞둔 산모가
두려움에 조용히 눈물을 흘리면서
좋은 소식을 간절히 고대하며 기도한다.
"배고파요."

개인 전시회를 열지 못해 실망한 화가가
또 하나의 그림을 완성한 뒤
화실 벽에 잔뜩 쌓인 작품들을 흘끗거리며 말한다.
"배고파요."

암이 재발해
항암치료를 또다시 받는 환자가

지칠 대로 지친 채로,

모든 희망이 사라져 무기력한 채로,

눈물을 흘리며 말한다.

"배고파요."

사람들이 말하는 혼인 적령기를

훌쩍 넘긴 여자가 마음이 상해

홀로 텅 빈 아파트 문을 열며

허공에 대고 중얼거린다.

"배고파요."

인류는 굶주린 사람들의 집단이다.

음식에 굶주린 자들, 자신을 받아 줄 손길에 굶주린 자들,

성공에 굶주린 자들, 평화에 굶주린 자들,

소망에 굶주린 자들, 가족에 굶주린 자들,

만족에 굶주린 자들, 쉼에 굶주린 자들,

안전에 굶주린 자들, 미래에 굶주린 자들,

사랑에 굶주린 자들.

우리의 가장 깊은 굶주림은 육체적인 게 아니다.

그것은 영적 굶주림이다.

우리 마음은 우리가 본래 누려야 할 삶, 세상의 본래 모습,

본래 모습이 아닌 것으로부터의 구원에 대한
굶주림으로 꼬르륵거린다.

우리의 깊은 굶주림은
단 하나의 식탁, 단 하나의 음식으로만
채울 수 있다.
그것은 단 하나의 잔치를 향한 갈망이다.
모든 인간의 마음 깊은 곳에는
하나님 은혜의 식탁을 향한 영적 굶주림이 있다.
그 식탁에서는 허기진 영혼들이 배부르게 먹는다.
스스로 애쓸 필요가 전혀 없다.
값을 치를 필요도 없다.
음식 값은 주인의 한없는 은혜로,
주인 자신의 생명으로 그 값을 치렀다.

어디에 있든
누군가와 함께 있든, 혼자 있든
무엇으로 인해 굶주리든
모든 인간의 굶주림은
오직 창조주만이 충족시켜 주실 수 있는
가장 깊은 굶주림을 가리킨다는 사실을 기억하라.
그분의 만족스러운 식탁이

오직 그분의 은혜로 우리에게 차려져 있다.

그분의 잔치는 영혼을 만족시키는

끝없이 이어지는 잔치다.

그러니 계속해서 주님의 식탁으로 달려가라. 형제자매와 함께
그분의 선하심을 먹고 마시라. 배불리 먹고 감사하라. 당신의 음식
값은 구주 예수 그리스도가 이미 치르셨다.

시편 36편 7-9절   하나님이여 주의 인자하심이 어찌 그리 보배로우신지요 사람들이 주의 날개 그늘 아래에 피하나이다 그들이 주의 집에 있는 살진 것으로 풍족할 것이라 주께서 주의 복락의 강물을 마시게 하시리이다 진실로 생명의 원천이 주께 있사오니 주의 빛 안에서 우리가 빛을 보리이다.

마태복음 5장 6절   의에 주리고 목마른 자는 복이 있나니 그들이 배부를 것임이요.

요한복음 6장 35절   예수께서 이르시되 나는 생명의 떡이니 내게 오는 자는 결코 주리지 아니할 터이요 나를 믿는 자는 영원히 목마르지 아니하리라.

나는 지금 무엇에 가장 굶주려 있는가?

이 굶주림과 목마름이 어떻게 내게 그리스도를 가리키는가?

"그분의 잔치는 영혼을 만족시키는 끝없이 이어지는 잔치다"라는 진술에 담긴 놀라운 현실에 관해 이야기를 나눠 보라.

주일 공예배는

복음 기억상실증에서 벗어나고,

다시 한 번 예수님의 성품과 사역에

내 정체성의 뿌리를 내리기 위한 시간이다.

년   월   일

기억상실증은 슬프고도 무서운 증상이다. 기억이 사라져 버리는 이 증상은 우리에게서 과거와 정체성의 관계들을 빼앗고, 그 결과로 우리의 미래까지도 빼앗는다. 어느 순간에 나타날 수 있는 이 증상은 우리 일생을 통째로 훔쳐 간다. 뇌의 질병이나 사고로 이 증상이 나타나면 환자는 갑자기 자신이 누구인지 알지 못한다. 자신의 지난 삶을 기억하지 못하고 사랑하는 사람을 전혀 알아보지 못한다. 자신이 어떤 길을 걸어왔고 무엇을 이루었는지 아무것도 모른다. 자신이 무엇을 믿는지, 누구를 사랑하고 누구에게 사랑받았는지 전혀 모른다. 이렇게 머리가 텅 빈 상태로 살면 얼마나 끔찍할까. 자신의 삶을 어떻게 이해할지는 자신의 과거와 정체성을 어떻게 이해하며 다른 사람들과의 관계 안에서 자신을 어떻게 볼지와 큰 상관이 있다. 그런데 기억상실증은 이성은 있되 삶을 이해하기 위한 모든 도구를 다 빼앗긴 상태다.

우리는 기억상실증에 걸린 사람을 안됐다는 듯 쳐다본다. 하지만 정말 많은 사람이 자신도 모르게 빠져 있는 다른 종류의 기억상실증이 있다. 사실 나는 하나님이 인생을 송두리째 바꿔 놓는 이 기억상실증을 막으려는 예방 조치로 주기적인 교회 모임을 마련해 주셨다고 확신한다. 안타깝게도 많은 사람이 단기적 혹은 장기적 복음 기억상실증에 걸려 살아간다. 바쁜 삶이나 성공을 향한 갈망, 가족의 기쁨과 슬픔, 개인적 소망과 꿈의 추구 속에서 우리는 우리가 누구이며 그리스도 안에서 무엇을 받았는지를 자주 잊어버리곤 한다.

어떤 이들은 이 기억상실증으로 교만에 빠져 자신의 힘으로 얻지 않은 것에 대한 공을 자신에게로 돌린다. 어떤 이들은 하나님이 계시지 않은 것처럼 살아간다. 스스로 법을 정하고 자신의 힘으로 살아가려고 한다. 어떤 이들은 하나님만 예배받으실 가치가 있다는 사실을 망각하고서 점점 이 세상 것들에 마음을 빼앗긴다. 어떤 이들은 이 기억상실증 탓에 염려와 두려움과 불안이 마음속에 뿌리를 내릴 틈을 내준다. 어떤 이들은 무기력에 빠진다. 더는 복음의 찬란한 위로와 부르심에서 힘과 의욕을 얻지 못한다.

요지는, 복음 기억상실증에 걸리면 우리 안에서 그리고 우리를 통해서 그 어떤 좋은 열매도 맺지 못한다는 것이다. 그래서 우리에게는 영적 기억상실증을 막아 줄 도구들이 필요하다. 복음 기억상실증의 가장 좋은 예방책은 공예배다. 하나님은 복음을 단순히 입구(예수 그리스도를 믿는 수단)와 출구(천국에 들어가기 위한 수단)로만 의도하시지 않았다. 복음은 하나님과의 관계 안에 들어가고 그분과의 영원한 미래가 보장되는 수단 정도가 아니다. 복음에는 그보다 훨씬 많은 의미가 있다. 우리가 회심하고 나서 영원으로 들어가기 전까지 복음은 우리 삶의 모든 것을 바라보기 위한 렌즈일 뿐 아니라, 어떻게 살아야 할지에 관한 지침 역할을 한다. 복음은 우리가 받아들이고 믿는 것일 뿐 아니라, 우리가 상황과 장소와 관계 안에서 어떻게 살아야 할지 잣대 역할을 한다.

복음은 '나'를 어떻게 바라볼지 결정한다.

복음은 부부 사이에서 어떻게 행동해야 할지 결정한다.

복음은 자녀를 어떻게 양육해야 할지 결정한다.

복음은 시간과 노력과 돈을 어떻게 써야 할지 가르쳐 준다.

복음은 몸을 어떻게 관리하고 사용할지 알려 준다.

복음은 어떤 시민이 돼야 할지 알려 준다.

복음은 무엇이 정의(justice)인지 정의(define)해 준다.

복음은 공동체 안에서 다른 사람들과 어떻게 지내야 할지 말해 준다.

복음은 그리스도의 몸〔교회〕 안에서의 생활과 사역에 참여하라고 명령한다.

복음은 내 과거를 올바로 해석해 준다.

복음은 미래에 대한 소망을 준다.

복음은 하나님의 의도대로 기능하지 않는 세상에서 어떻게 살아야 할지 가르쳐 준다.

복음은 무엇을 사랑하고 무엇을 미워해야 하는지 말해 준다.

복음은 우리 마음을 적나라하게 폭로하는 동시에 우리에게 하나님의 온전한 용서를 내민다.

이 땅에서는 예수 그리스도의 복음의 영광스러운 위로와 부르심 없이는 하나님이 원하시는 사람이 되고 그분이 명하신 일을 하는 것이 불가능하다. 따라서 복음 메시지를 아무리 많이 생각하고 연구해도 모자라다. 복음 학교에서 졸업할 수 있는 사람은 아무도 없다. 복음의 샘은 그 깊이를 다 헤아릴 수 없을 만큼 깊다. 이것이 교회, 교회에서의 예배와 가르침, 제자 훈련, 사역이 우리 모두에게 반드시 필요한 이유다.

매일 복음을 의식하고 복음에 집중하는 삶을 형성해 가는 것이 에베소서 4장에서 말하는 사도 바울의 초점이다. 바울은 하나님이 그분의 아들 예수 그리스도 안에서 우리에게 주신 풍성한 것을 아름답게 설명한 뒤, 이 영광스러운 구속의 은혜의 메시지가 우리 일상에 영향을 미쳐야 함을 강조한다. 주 예수 그리스도의 은혜의 복음이 우리의 삶을 근본적으로 바꿔 놓아야 한다.

그리하여 바울은 이렇게 말한다. "그러므로 주 안에서 갇힌 내가 너희를 권하노니 너희가 부르심을 받은 일에 합당하게 행하여 모든 겸손과 온유로 하고 오래 참음으로 사랑 가운데서 서로 용납하고 평안의 매는 줄로 성령이 하나 되게 하신 것을 힘써 지키라"(엡 4:1-3). 풀이하자면 이런 뜻이다. "너희는 은혜로 말미암아 하나님의 자녀로 부르심을 받았다. 이 놀라운 부르심이 너희가 살아가는 방식을 형성해야 한다." 교회 공동체 안에서 이 부르심을 잊지 말라. 가정생활에서 이 부르심을 잊지 말라. 자녀를 양육할 때 이 부르심을 잊지 말라. 말할 때 이 부르심을 잊지 말라. 일터에서 이 부르심을 잊지 말라. 돈을 쓸 때 이 부르심을 잊지 말라. 화가 날 때 이 부르심을 잊지 말라. 유혹의 순간에 이 부르심을 잊지 말라. 복음 기억상실증에 걸리지 않기 위해 안간힘을 쓰라.

그래서 우리는 이번 주에도 기쁨으로 하나님 자녀들이 모인 그곳에 간다. 그것은 우리가 복음을 얼마나 잘 잊어버리는지 너무도

잘 알기 때문이다. 하나님이 우리의 복음 기억상실증을 막기 위해
교회라는 도구를 주셔서 얼마나 감사한지 모른다.

골로새서 1장 9-11절　이로써 우리도 듣던 날부터 너희를 위하여 기도하기를 그치지 아니하고 구하노니 너희로 하여금 모든 신령한 지혜와 총명에 하나님의 뜻을 아는 것으로 채우게 하시고 주께 합당하게 행하여 범사에 기쁘시게 하고 모든 선한 일에 열매를 맺게 하시며 하나님을 아는 것에 자라게 하시고 그의 영광의 힘을 따라 모든 능력으로 능하게 하시며 기쁨으로 모든 견딤과 오래 참음에 이르게 하시고.

숙고 ◆ 더욱 깊고 풍성한 예배를 위하여

복음 공부에 끝이 없는 이유는 무엇인가?

나눔 ◆ 삶이 예배가 되도록

복음이 왜 단순히 입구(예수 그리스도를 믿는 수단)와 출구(천국에 들어가기 위한 수단)만이 아닌지 이야기를 나눠 보라.

우리가 복음의 안경을 계속 끼고 있어야 한다는 사실을 기억하는 데 주일예배가 어떤 도움이 될지 이야기해 보라.

주일 공예배는

주권자요, 구주시며, 왕이신 분의

임재와 약속, 목적, 은혜에

시선을 고정하기 위한 시간이다.

년   월   일

주께 다 맡길 때 임하는 평강

필라델피아 센터 시티에 있는 우리 교회 건물에서 몇 블록 떨어진 곳에 스튜디오가 모여 있는 건물이 있다. 내 미술 작업실도 거기 있어서 나는 거의 매일같이 그 건물에 간다. 매일 거기서 운동도 하려고 로잉 머신도 갖다 놓았다. 그 건물에는 내 팟캐스트 작업실도 있다. 나는 이 작업실들에 들어갈 수 있는 각각의 열쇠를 고리에 걸어서 갖고 다닌다. 그런데 몇 달 전, 그 열쇠고리가 갑자기 사라졌다. 아내와 함께 의심이 가는 곳마다 죄다 뒤졌지만 보이지 않았다. 열쇠가 없으니 운동도 못 하고 그림도 그릴 수 없었다. 결국 건물 주인에게 연락해, 2주 뒤 새로운 열쇠들을 받았다.

다른 사람이 볼 때 엄청나게 큰 사건은 아니겠지만, 당시 나로서는 정말 답답했다. 한참 열쇠고리를 찾다 보니, 한낱 열쇠고리조차 내 맘대로 안 되나 싶어 무력감이 밀려왔다. 사실 일상에서 만나는 사람들과 상황을 통제하는 것은 고사하고, 나 자신을 다스리는 데만도 하나님의 큰 은혜가 필요하다. 나는 어떤 일이 닥칠지 전혀 모르고, 위기가 닥치면 해결할 능력도 부족하기 때문이다.

하지만 나는 걱정하지 않는다. 절망하지 않는다. 나는 하나님의 자녀이기에 내 마음의 평강은 내 통제력에 달려 있지 않다. 나는 언제 어디서나 모든 일을 다스리시는 내 구주 안에서 편안히 쉰다. 나는 한계가 없으신 하나님의 지혜로 다스리시지 않는 상황이나 장소, 관계 안에 있을 일이 없다. 그래서 나는 언제나 평안하다.

천지만물을 창조하고 다스리시는 하나님의 주권을 다니엘 4장 만큼 잘 요약한 구절도 없다.

> 그 기한이 차매 나 느부갓네살이 하늘을 우러러보았더니 내
> 총명이 다시 내게로 돌아온지라 이에 내가 지극히 높으신 이에게
> 감사하며 영생하시는 이를 찬양하고 경배하였나니 그 권세는
> 영원한 권세요 그 나라는 대대에 이르리로다 땅의 모든 사람들을
> 없는 것같이 여기시며 하늘의 군대에게든지 땅의 사람에게든지
> 그는 자기 뜻대로 행하시나니 그의 손을 금하든지 혹시 이르기를
> 네가 무엇을 하느냐고 할 자가 아무도 없도다.
> 다니엘 4장 34-35절

아침에 눈을 떠서 내 삶에서 내가 통제할 수 없는 모든 것이 통제 불능이 아니라는 사실을 기억하면 그렇게 힘이 날 수 없다. 내 통제 권 바깥에 있는 모든 것이 한없이 지혜롭고 선하며 옳고 참되신 분의 다스림 아래 있다. 하나님은 모든 면에서 완전하게 거룩하신 분이기 에 그분의 주권적 다스리심은 모든 면에서 완전하다.

그렇다고 해서 우리가 하나님의 행사를 항상 이해할 수 있는 건 아니다. 하나님이 우리 삶에 보내시는 것이나 세상을 다스리시는 방식을 우리 인간이 항상 이해할 수는 없다. 때로 하나님의 섭리는 인간의 눈에 전혀 선해 보이지 않을 수 있다. 하나님의 주권은 우리 의 머리로는 혼란스러울 수 있지만 결코 악하지 않다. 때로 하나님

은 우리를 위해 그분의 뜻을 비밀스럽게 유지하신다. 그래서 우리 인간은 하나님의 주권적 속성을 알지만 그분이 우리 삶에 행하시는 모든 것을 온전히 이해할 수는 없다. 우리의 평안은 우리의 이해에서 오는 것이 아니라, 모든 것을 이해하시고 자신의 영광과 우리의 선을 위해 만물을 다스리시는 분을 믿는 데서 온다.

마음의 평안은 삶의 모든 것을 아는 데서 나오는 것이 아니라, 모든 것을 아시는 그분께 우리 자신을 맡기는 데서 나온다. 우리는 이 사실을 계속해서 되새겨야 한다. 바로 이것이 주일예배를 드리는 중요한 목적이다. 공예배는 우리 아이들이 어릴 적에 나와 나누었던 대화와 비슷하다. 때로 나는 아이들의 부탁을 거절해야 했다. 그러면 아이들은 이유를 물었지만 아이들은 아직 어려서 아무리 설명해도 이해하지 못할 것이 분명했다.

그래서 나는 일단 아이들에게 이렇게 물었다. "아빠가 나쁜 아빠일까?" 그러면 아이들은 "아니요, 아빠는 나쁜 아빠가 아니에요"라고 대답했다. 내가 "아빠가 너희에게 나쁘게 대할까?"라고 물으면 아이들은 "그렇지 않아요"라고 대답했다. 내가 "아빠가 너희를 슬프게 하고 싶을까?"라고 물으면 아이들은 역시 "그렇지 않아요"라고 대답했다. 내가 "아빠가 너희를 사랑하니?"라고 물으면 아이들은 "그럼요!"라고 대답했다. 그러면 나는 이렇게 대화를 마무리했다. "아빠는 너희를 사랑해서 지금 너희 부탁을 들어주지 않은 거야. 지금 너희는 그 이유를 이해할 수 없을 거야. '내 부탁을 들어주지 않으니까 나쁜 아빠야'라고 생각할 수도 있고, '아빠가 왜 부탁을 들어

주지 않았는지는 모르겠지만 아빠가 나를 사랑한다는 건 알아'라고 생각할 수도 있지."

이 대화는 우리가 교회 모임에서 계속해서 마음에 새겨야 할 세 가지를 보여 준다. 첫째, 때로 하나님은 우리가 이해할 수 없는 방식으로 우리 삶을 다스리시지만 그분은 바로 우리의 아버지시다. 은혜로 말미암아 우리는 우주의 보좌에 앉아 만물을 다스리시는 분의 자녀다. 그분은 멀찍이 떨어져서 다가갈 수 없는 왕이 아니시다. 우리를 자녀 삼으신 놀라운 입양의 은혜 덕분에 우리에게 그분의 다스리심은 아버지로서의 다스리심이다.

둘째, 그분의 다스리심은 지혜롭다. 많은 일이 우리의 지식과 이해 너머에 있지만 하나님은 온전히 이해하신다. 그분의 주권은 그분의 세상을 인도하기 위해 그분의 지혜를 발휘하심을 의미한다. 그분은 언제나 가장 지혜롭고 가장 좋은 쪽으로 행하신다. 비록 우리 눈에 최선처럼 보이지 않을 때가 있지만 말이다. 마지막으로, 그분의 다스리심은 그분의 사랑과 어긋나지 않는다. 주권자이신 그분은 언제나 자녀를 향한 사랑 안에서 세상을 다스리시며, 그분의 다스리심은 결국 그분의 자녀를 영원한 평강과 의가 흐르는 그분의 나라로 이끈다.

주일예배 시간마다 우리는 자신의 통치가 미미하고 약하고 불완전하다는 사실을 다시 떠올린다. 그러고 나서 어제나 오늘이나 영원토록 변함없는 우리 아버지의 영광스러운 다스리심에서 위로를 받는다.

디모데전서 6장 15-16절 기약이 이르면 하나님이 그의 나타나심을 보이시리니 하나님은 복되시고 유일하신 주권자이시며 만왕의 왕이시며 만주의 주시요 오직 그에게만 죽지 아니함이 있고 가까이 가지 못할 빛에 거하시고 어떤 사람도 보지 못하였고 또 볼 수 없는 이시니 그에게 존귀와 영원한 권능을 돌릴지어다 아멘.

유다서 1장 25절 곧 우리 구주 홀로 하나이신 하나님께 우리 주 예수 그리스도로 말미암아 영광과 위엄과 권력과 권세가 영원 전부터 이제와 영원토록 있을지어다 아멘.

앞에서 본 다니엘 4장 34-35절 말씀이 위로가 되는가? 그 이유는 무엇일까?

나와 내 통제권 너머에 있는 것들을 구주께 맡기는 것이 쉬운지 어려운지 이야기를 나눠 보라.

주일 공예배는

항상 신실하고 오래 참으시는

우리 구주의 차고 넘치는 사랑에

사로잡히기 위한 시간이다.

년   월   일

지치고 상하고 외로운 날에도

어느 주일, 공예배에 참석하고 싶지 않았지만 아내가 하도 강력하게 권해서 마지못해 따라나섰다. 누군가 내게 잘 지내냐고 묻지나 않을까 긴장됐다. 기나긴 계단을 오르는 것이 힘겨웠다. 한곳에 그렇게 오래 앉아 있는 게 솔직히 두려웠다. 예배 의식 중간중간 모든 교인이 일어서는 시간에 몸이 약해 앉아 있어야 하는 것이 창피했다. 쇠약한 노인처럼 보이는 것이 싫었다. 나는 불평하는 마음과 투덜거리는 입술로 예배당에 들어갔다. 정말이지 나는 예배드릴 기분이 아니었다.

당시 나는 병원에서 막 퇴원한 상태였다. 입원했다가 퇴원하기를 벌써 몇 번째인지 몰랐다. 나는 육체적으로 탈진했고 감정적으로도 착 가라앉아 있었다. 계속 아픈 것이 지긋지긋했지만, 끝없이 수술이 이어지다 보니 어쩔 수 없었다. 아주 오랫동안 고통은 외면할 수 없는 내 일상이요, 현실이었다. 그날, 내 몸이 괜찮지 못하다는 증거인 소변 주머니를 달고서 예배당에 들어갔다. 머릿속에 온갖 두려움의 질문이 떠나질 않았다. 나는 '나이에 비해 월등히 건강한 상태'에서 '나아질 희망이 보이지 않는 만성질환자'로 전락했다. 그렇다고 하나님께 화가 나지는 않았다. 단지 너무 지쳤고, 예배에 참석하는 것이 너무 싫었다.

그리스도 안에서의 많은 형제자매가 육체적 질병이나 이 타락한 세상에서 만난 온갖 고난으로 나와 비슷한 상황에 처해 있는 줄 안다. 남편에게 버림받은 한 여성은 교회에 가서 꿀이 뚝뚝 떨어지는 사이좋은 부부를 보는 것이 곤혹이라고 내게 상담했다. 우울증에 시달리던 한 남성은 교회에서 찬양을 부를 때마다 하나님이 더없이 멀게 느껴진다고 했다. 실직한 지 18개월이 지난 또 다른 남성은 도저히 하나님이 신실하고 선하시다는 찬양을 부를 자신이 없다고 했다.

그렇다. 우리는 지치고, 상하고, 약해지고, 외로운 상태로 예배 드리러 나올 때가 많다. 정말 예배당에 가기 싫을 때가 많다. 예배당에 가서도 내가 왜 여기 있는지 모르겠다는 생각을 할 때가 많다. 때로는 하나님과 그분 백성의 모임을 피하는 것이 차라리 더 쉬워 보인다. 때로는 하나님 말씀의 진리를 들어도 예전만큼 힘과 위로가 되지 않는다. 때로는 기도가 기쁨보다는 무거운 짐처럼 느껴진다.

그런데 그런 때일수록 오히려 예배 모임이 가장 절실한 시기가 아닐까? 영적으로 힘든 시기에 우리가 가장 두려워하는 것이야말로 우리에게 가장 필요한 것은 아닐까? 주일예배가 약하고 낙심하고 지친 자들을 위해 마련된 시간 아닐까? 바로 이것이 하나님이 우리에게 교회와 주기적인 예배 모임이라는 선물을 주신 이유 아닐까? 하나님의 백성이 예배하고 가르침을 받기 위해 모이는 시간이야말로 우리에게 필요한 약을 받는 시간 아닐까?

유독 힘들었던 그 주일날 내게 무슨 일이 일어났는지 아는가? 나는 손을 들고 찬양하는 형제자매들의 목소리를 통해 내 영혼이 절실히 들어야 하는 것을 듣기 시작했다. 나는 사랑의 하나님이 절대 나를 버리시지 않는다는 진리를 들어야 했다. 하나님이 결코 나를 홀로 내버려 두시지 않는다는 진리를 들어야 했다. 하나님이 천지를 온전히 다스리신다는 진리를 들어야 했다. 하나님이 아버지로서 나를 돌봐 주신다는 진리를 들어야 했다. 지치고 상한 내 마음은 하나님의 임재와 능력, 사랑, 은혜에 관한 복음이라는 연고가 필요했다. 나는 내 나라보다 큰 나라, 지혜와 사랑 자체이신 분이 다스리시는 나라를 추구하라고 깨우쳐 주는 설교가 필요했다. 나는 추상적·신학적 차원이 아닌, 실질적 복음을 들어야 했다. 즉 하나님이 나를 위하시고 나와 함께하신다는 사실을 실제로 경험해야 했다.

그런 진리를 듣는 사이에 내 마음 자세가 바뀌기 시작했다. 물론 나는 여전히 매우 힘든 상태였다. 내 약함을 경멸하고 하나님의 선하심을 보지 않으려는 유혹이 여전했다. 하지만 나는 크나큰 선물을 받았다. 그 예배 모임에서 나는 육체적·영적 어려움이라는 산 너머에 계신 내 구주를 볼 수 있었다. 지금 그 자리에 임한 그분의 영광스러운 은혜를 볼 수 있었다. 나는 복음의 시각을 계속해서 얻어야 한다. 당신도 마찬가지다. 내가 어떤 상황에 처해 있든 하나님께 항상 사랑받고 있다는 사실을 계속해서 되새겨야 한다. 그럴 때 일상 속 모든 것을 경험하는 방식이 변한다.

처음에는 두렵기만 했던 그 주일을 돌아보자니 시편 42편이 생각난다. 이 시편을 읽고 또 읽은 뒤에 하나님 백성이 모인 성회로 달려가라. 무거운 다리를 질질 끌고서라도 가라. 그 성회는 하나님이 그분의 지친 자녀들에게 주시는 은혜의 선물이다.

하나님이여 사슴이 시냇물을 찾기에 갈급함같이

내 영혼이 주를 찾기에 갈급하니이다

내 영혼이 하나님 곧 살아 계시는 하나님을 갈망하나니

내가 어느 때에 나아가서 하나님의 얼굴을 뵈올까

사람들이 종일 내게 하는 말이

네 하나님이 어디 있느뇨 하오니

내 눈물이 주야로 내 음식이 되었도다

내가 전에 성일을 지키는 무리와 동행하여

기쁨과 감사의 소리를 내며

그들을 하나님의 집으로 인도하였더니

이제 이 일을 기억하고 내 마음이 상하는도다

내 영혼아 네가 어찌하여 낙심하며

어찌하여 내 속에서 불안해하는가

너는 하나님께 소망을 두라

그가 나타나 도우심으로 말미암아

내가 여전히 찬송하리로다

내 하나님이여 내 영혼이 내 속에서 낙심이 되므로

내가 요단 땅과 헤르몬과 미살산에서 주를 기억하나이다

주의 폭포 소리에 깊은 바다가 서로 부르며

주의 모든 파도와 물결이 나를 휩쓸었나이다

낮에는 여호와께서 그의 인자하심을 베푸시고

밤에는 그의 찬송이 내게 있어

생명의 하나님께 기도하리로다

내 반석이신 하나님께 말하기를

어찌하여 나를 잊으셨나이까

내가 어찌하여 원수의 압제로 말미암아

슬프게 다니나이까 하리로다

내 뼈를 찌르는 칼같이 내 대적이 나를 비방하여

늘 내게 말하기를 네 하나님이 어디 있느냐 하도다

내 영혼아 네가 어찌하여 낙심하며

어찌하여 내 속에서 불안해하는가

너는 하나님께 소망을 두라

나는 그가 나타나 도우심으로 말미암아

내 하나님을 여전히 찬송하리로다.

성경 ♦ 말씀 앞에 서서

시편 73편 21-28절   내 마음이 산란하며 내 양심이 찔렸나이다 내가 이같이 우매 무지함으로 주 앞에 짐승이오나 내가 항상 주와 함께하니 주께서 내 오른손을 붙드셨나이다 주의 교훈으로 나를 인도하시고 후에는 영광으로 나를 영접하시리니 하늘에서는 주 외에 누가 내게 있으리요 땅에서는 주밖에 내가 사모할 이 없나이다 내 육체와 마음은 쇠약하나 하나님은 내 마음의 반석이시요 영원한 분깃이시라 무릇 주를 멀리하는 자는 망하리니 음녀같이 주를 떠난 자를 주께서 다 멸하셨나이다 하나님께 가까이함이 내게 복이라 내가 주 여호와를 나의 피난처로 삼아 주의 모든 행적을 전파하리이다.

숙고 ♦ 더욱 깊고 풍성한 예배를 위하여

내 삶이 힘들었던 시기에 하나님의 백성과 모이는 시간이 어떤 식으로 도움이 되었는가?

나눔 ♦ 삶이 예배가 되도록

앞에서 본 시편 42, 73편에서 어떤 말씀이 가장 마음에 와닿았는가? 그 이유도 이야기해 보라.

주일 공예배는

마음의 쉼을 누리기 위한 시간이다.

마음의 쉼은 내 강함이 아니라,

하나님이 강하시며

나를 위해 기꺼이 그 능력을 발휘해 주심을

기억하는 데서 온다.

하나님은 내 영원한 유익을 위해

그분의 영광을 내게 부어 주셨다.

이 사실을 기억할 때 마음의 쉼을 누린다.

년   월   일

나는 피트니스링(fitness ring)을 착용한다. 현대 기술이 집약된 이 놀라운 기기에는 수면 패턴을 체크하는 기능이 있다. 내가 얼마나 잘 쉬었는지, 그러니까 내 수면 중 깊고 편안한 렘수면이 얼마나 차지하는지를 파악해 준다. 이것을 볼 때마다 내 몸이 쉬면서 회복하려면 시간이 얼마나 걸리는지를 새삼 깨닫게 된다. 너무 피곤해서 침대에 쓰러지는 날이면 나는 아내에게 하나님이 잠을 창조해 주셔서 얼마나 감사한지 모른다고 말하곤 한다. 육체의 쉼은 꼭 필요한 것이다.

하지만 우리가 올바로 기능하기 위해 필요한 쉼은 육체의 쉼만이 아니다. 영적 쉼, 즉 마음과 정신의 온전한 쉼이 더 중요하다. 우리 마음이 제대로 쉬지 못하면 잘 살 수 없음은 물론이고, 다른 사람들과 좋은 관계도 맺기 어려우며, 좋은 결정을 할 수도, 하나님과 잘 교제할 수도 없다. 주로 마음의 쉼을 방해하는 건 쓸데없는 삶의 염려와 짐이다.

계속된 가정불화로 기쁨을 잃고 두려움과 분노에 시달리는가? 자녀의 미래가 두려워 불안한가? 단순히 매일 아침 자녀 양육이란 짐을 짊어지는 것에 지쳤는가? 매일 반복된 일의 스트레스에 찌들어 있는가? 회사 입구에 들어서는 순간, 또 다른 하루와 씨름해야 한다는 사실에 가슴이 답답해지는가? 몸에 생긴 질병으로 걱정 세계에 발을 들여놓았는가? 주변 세상에 너무 신경 쓴 나머지 자신이 전혀 통제하기 힘든 짐을 짊어지고 있는가? 카드 값 낼 돈이 없어서 근심에 눌려 아침에 눈을 뜨는가? 전화벨만 울리면 빚 독촉 전화일까봐 긴장하는가? 친구에게 배신당한 뒤로 틈만 나면 그 기억을 곱씹으며 슬픔과 원망에 빠져드는가? 진로에 대한 불안이 생각보다 더 심해서 감정적으로 취약한 상태가 되었는가? 노화로 몸이 쇠약해지면서 기쁨이 사라졌는가?

망가져서 제대로 기능하지 않는 이 세상에서의 삶은 정말이지 쉽지 않다. 살다 보면 누구나 당황하고 혼란스럽게 하는 것들을 마주한다. 전혀 대비하지 못한 것들을 만난다. 우리 모두는 스스로 해결할 수 없는 문제를 안고 살아간다. 누구나 자신의 약함 앞에서 좌절할 때가 있다. 모자란 지혜를 아쉬워하고 조금만 더 힘이 있었으면 좋겠다며 안타까워할 때가 있다. 우리는 자주 자기 힘으로 바꿀 수 없는 것들을 바꾸기를 원한다. 누구나 사는 게 버거운 순간, 탈출하고 싶은 상황을 만난다. 자신이 한없이 작고 무기력하게 느껴지는 상황에 처할 때, 감당할 수 없는 상황 앞에서 걱정에 휩싸일 때가 있다.

자신이 항상 지혜롭고 강하고 능력이 있다고 느끼는 사람은 아무도 없다. 단 한 사람도!

그렇다면 대체 어떻게 마음의 쉼이 가능한가? 나는 우리의 두려움과 걱정과 염려 이면에 대개 자기 의존이 있다고 확신한다. 우리 마음이 쉬지 못하는 가장 큰 이유 중 하나는 자신의 약함을 받아들이지 못해서다.

나는 내가 혼란스러운 게 싫다.

나는 내가 지혜롭지 못한 게 싫다.

나는 내가 약한 게 싫다.

나는 내가 통제할 수 없는 무언가가 있다는 게 싫다.

나는 내가 다룰 준비가 안 된 것들이 있다는 게 싫다.

나는 내가 두려워한다는 자체가 싫다.

나는 내가 할 수 없는 것이 있다는 게 싫다.

나는 독립적으로 살 수 있을 만큼 강하고 지혜롭고 능력 있기를 원한다. 그래서 그렇지 않을 때는 내 마음이 편히 쉴 수 없다. 이런 영적 시험의 한복판에서 하나님 임재와 은혜의 복음이 나를 만나 준다. 복음은 내 독자적 능력이 클수록 깊은 쉼을 누리는 게 아님을 가르쳐 준다. 흔들리지 않는 마음의 쉼은 강하신 하나님이 나와 함께, 내 안에 계셔서 나를 위해 주심을 기억하고 감사할 때 찾아온다. 하나님은 내 힘으로 할 수 없는 것을 내 안에서, 나를 위해, 나를 통해 해 주신다.

내가 약할 때 하나님은 강하시다. 내가 혼란스러워하는 것을 하나님은 이해하신다. 내가 너무 지쳐서 아무것도 하지 못할 때 하나님은 역사하신다. 내가 어리석을 때 하나님은 지혜로우시다. 내가 패배감에 빠져 있을 때 하나님은 승리를 거두신다. 아무도 하나님의 구속 계획을 막을 수 없다. 아무것도 하나님의 거룩한 뜻을 좌절시킬 수 없다. 하나님은 은혜로 내 삶에서 그분의 영광을 펼치신다.

하나님은 나의 보호자시요, 나의 힘이시며, 나의 지혜, 나의 인도자, 나의 쉼이 되신다.

나를 믿을 때 마음의 쉼은 사라진다. 하지만 하나님을 바라보며 온전히 믿으면 내가 이해할 수 없는 것이 많고 내가 할 수 없는 것이 많아도 내 마음은 편히 쉴 수 있다. 하나님이 살아 계시며 내 아버지가 되시기 때문이다.

지난주에 우리 교회 주일예배 시간에 하나님이 그분의 자녀를 위해 모든 일을 주권적으로 다스리신다는 점을 기억할 때 찾아오는 쉼에 관한 찬양을 불렀다. 그 찬양을 부르다 보니 단지 하나님의 다스리심을 기억하면서 쉬는 것만을 위해서라도 이 교회 모임이 내게 꼭 있어야 한다는 생각이 들었다. 당신에게도 그 진리를 기억하는 것과 거기서 오는 쉼이 필요하다.

성경 ◆ 말씀 앞에 서서

마태복음 11장 28-30절 수고하고 무거운 짐 진 자들아 다 내게로 오라 내가 너희를 쉬게 하리라 나는 마음이 온유하고 겸손하니 나의 멍에를 메고 내게 배우라 그리하면 너희 마음이 쉼을 얻으리니 이는 내 멍에는 쉽고 내 짐은 가벼움이라 하시니라.

숙고 ◆ 더욱 깊고 풍성한 예배를 위하여

삶의 어떤 영역에서 나는 하나님을 믿기보다 내 힘과 능력을 더 의지하는가?

나눔 ◆ 삶이 예배가 되도록

하나님이 나와 함께, 내 안에 계셔서 나를 위하신다는 점을 기억할 때 마음의 쉼이 찾아왔던 경험을 떠올려 보고 이야기를 나눠 보라.

주일 공예배는

내 힘으로 해내지 않은 일의 공로를

가로채지 말아야 함을 되새기고,

신실하고 오래 참으며 강하고 후하신

은혜의 구주 앞에

엎드려 경배하기 위한 시간이다.

년   월   일

누구나 한 번쯤은 다른 사람이 내가 한 일의 공로를 가로채는 일을 당한 적이 있을 것이다. 아마 도저히 믿어지지 않았으리라. 그 사람을 향해 고함이라도 지르고 싶은 심정이었을 것이다. "도대체 무슨 짓이야? 그 일을 한 사람은 바로 나야!" 하지만 대부분 아무 말도 하지 못한다. 그저 남몰래 속만 끓일 뿐이다.

흠 많은 사람이 가득한 타락한 세상에서는 이런 상황을 피하기 힘들다. 우리는 에덴동산 이야기를 통해 모든 죄의 뿌리가 교만임을 알았다. 아담과 하와는 하나님의 자리를 탐냈다. 그들은 하나님께 의존하는 삶에 만족할 수 없었다. 그리하여 하나님이 정해 주신 선을 넘어 먹으면 안 되는 열매를 먹었다. 교만은 우리가 받을 자격이 없는데도 받을 자격이 있다고, 스스로 할 수 없는 것도 할 수 있다고 착각하게 한다. 우리 모두가 자신의 과거를 그럴 듯하게 편집해 자신을 실제 모습보다 더 영웅처럼 보이게 만들 때가 있다. 우리는 다른 사람들이 이룬 업적을 축소하고 자신이 한 업적을 부각시킨다. 죄는 '나'를 중심에 서게 해 특별한 주목과 관심을 받게 한다.

이런 면에서 겸손해지려는 것은 영적 전쟁이다. 죄 때문에 우리에게 겸손은 부자연스럽다. 죄는 나를 실제보다 더 낫고 강하게 여기게 한다. 죄는 바보인 나를 지혜롭게 여기게 한다. 죄는 약자인 나를 강하게 여기게 한다. 죄는 나를 실제보다 훨씬 의롭다고 생각하게 한다. 죄는 내 죄를 축소하는 동시에 다른 사람 죄는 재빨리 지적하게 한다.

죄는 우리 스스로가 얻지 않는 것, 우리 스스로 누릴 자격이 없는 것을 누릴 자격이 있다고 착각하게 한다. 죄는 우리가 해낼 수 없다는 사실을 인정하지 못하게 한다. 죄는 지적받으면 발끈하고 변명하게 한다. 죄는 자신의 부족함을 겸손히 인정하지 않고 스스로 의롭고 충분하다고 믿게 한다. 죄는 공을 차지하는 데 빠르고 잘못을 인정하는 데는 느리게 한다. 교만은 거짓말쟁이다. 자연히 교만은 죄가 자라나는 바탕이 된다. 그러니 절대 좋은 열매로 이어질 수 없다.

대개 우리의 문제는 엄청난 일에서 공을 가로챈다는 것이 아니다. 흔히 우리 일상생활 속 작은 일에서 이 교만이 고개를 내민다. 행복한 결혼 생활을 누린다고 해서 당신이 그 공을 차지하지 말라. 배우자의 마음과 선택을 통제할 능력이 당신에게 없기 때문이다. 자녀가 신앙생활을 잘한다고 해서 다 부모인 자기 덕분이라 생각하지 말라. 부모가 아무리 좋은 본을 보여도 자녀가 하나님과 친밀한 관계를 맺지 않는다면 결코 신앙생활을 잘할 수 없다. 부모가 자녀에게 하나님과 친밀하도록 강요할 수 없다.

사업이 잘 풀리면 경제, 산업, 정부, 상거래 분야에서 우리가 힘을 쓸 수 없는 다양한 요인이 작용해 우리가 미처 알지 못하는 도움을 수없이 받았다는 사실을 겸손히 인정하라. 사역을 성공적으로 마무리했다면 그 영광을 우리 하나님께 온전히 돌리라. 오직 그분만이 성령의 바람이 불 때 사람들이 반응하도록 역사하실 수 있기 때문이다. 건강이 좋다면 우리 몸의 세포 하나하나가 창조주의 통치 아래 있다는 사실을 잊지 말아야 한다. 예를 들자면 끝이 없다.

물론 이 모든 분야에서 우리 역시 중요한 기여를 하고 있다. 우리가 하는 생각, 열정, 선택, 행동, 말도 중요하다. 하지만 그것만으로는 우리의 좋은 경험들을 설명해 주기에 충분하지 않다. 성경의 세계관은 하나님이 창조하신 세상이 어떻게 돌아가는지를 말해 준다. 그 세계관을 받아들인 사람이라면 "나 혼자서 만들어 낸 이 놀라운 것들을 봐!"라고 절대 말하지 않는다. 우리가 혼자 독립적으로 살아갈 수 있다는 것은 순전한 착각이다. 심지어 완벽한 세상에서 사는 완벽한 사람들이었던 아담과 하와도 하나님께 의존했다. 그러다 자신들이 잠시 하나님보다 지혜롭다고 착각하고서 독립적인 삶을 추구한 결과, 돌이킬 수 없는 비극이 찾아왔다.

삶의 모든 영역에서 우리가 힘을 쓸 수 없는 것이 가득하다. 좋고 평안한 삶에 필요한 많은 것을 우리는 우리 뜻대로 움직이기 어렵다. 로마서에는 우리가 좋은 것들을 통제할 수 없으며 그것들이 어디에서 오는지를 잘 담아낸 찬가가 실려 있다. "이는 만물이 주에게서 나오고 주로 말미암고 주에게로 돌아감이라 그에게 영광이 세세에 있을지어다 아멘"(롬 11:36).

주일예배는 우리가 매일 사용하고 의존하는 모든 것이 하나님의 손에서 온다는 사실을 다시 기억하기 위한 시간이다. 하나님은 지혜롭고 강하신 창조주이실 뿐 아니라, 우리를 사랑해 우리에게 후히 공급해 주시는 분이기도 하다. 하나님은 그분이 부르신 일을 하기 위해 우리에게 필요한 것을 공급해 주신다. 심지어 우리가 그분을 잊어버린 날에도 그분의 공급하심은 여전하다. 그분의 창조하심과 지속적인 공급하심이 없었다면 지금 우리에게는 아무것도 없을 것이다. 모든 것이 그분을 통해서 온다. 그렇다. 좋고 온전한 선물은 모두 위로부터 온다(약 1:17).

우리 하나님은 공급해 주셨을 뿐 아니라, 공급해 주신 것들로 우리 힘으로는 할 수 없는 일을 행해 주신다. 우리가 하는 모든 일과 우리가 내는 모든 좋은 열매에는 하나님의 손길이 묻어 있다. 하지만 주일예배 시간에 우리가 되새길 것이 하나 더 있다. 모든 것이 하나님 손에서 나오고 모든 것이 우리를 위한 그분의 역사하심에 의존한다면 모든 영광과 찬양은 우리가 아닌 그분께로 향해야 한다. 이점이 더없이 중요하다. 스스로 공을 차지하면 더는 하나님을 믿고 의지하지 않게 되기 때문이다. 따라서 우리 자신은 작게 보이고 하나님이 크게 보이도록 공예배로 다 같이 모여야 한다. 그럴 때 그분에 대한 우리의 믿음이 점점 더 강하게 자란다.

우리는 예배를 드리고 말씀을 듣는 시간을 마칠 때마다 로마서 11장 36절 말씀을 마음과 입술에 둔 채로 예배당을 나서야 한다. "만물이 그에게서 나고, 그로 말미암아 있고, 그를 위하여 있습니다. 그에게 영광이 세세에 있기를 빕니다. 아멘"(새번역).

로마서 12장 3절 내게 주신 은혜로 말미암아 너희 각 사람에게 말하노니 마땅히 생각할 그 이상의 생각을 품지 말고 오직 하나님께서 각 사람에게 나누어 주신 믿음의 분량대로 지혜롭게 생각하라.

빌립보서 2장 3-4절 아무 일에든지 다툼이나 허영으로 하지 말고 오직 겸손한 마음으로 각각 자기보다 남을 낫게 여기고 각각 자기 일을 돌볼뿐더러 또한 각각 다른 사람들의 일을 돌보아 나의 기쁨을 충만하게 하라.

내가 무언가에 대한 공을 차지하면 하나님에 대한 믿음이 어떻게 되는가?

이 문제가 왜 중요한가?

무언가에 중요한 기여를 하는 것과 무언가를 홀로 이루었다며 공을 차지하는 것의 차이에 관해 이야기를 나눠 보라.

주일 공예배는

하나님을 아는 지식을

인생에서 가장 중요한 지식으로

삼기 위한 시간이다.

년   월   일

우리 부모님은 내 이름을 폴 데이비드(Paul David; 바울 다윗)로 지었다. 단순히 듣기 좋아서 지은 이름이 아니었다. 내가 태어나기 직전에 예수님을 구주로 영접한 부모님은 나를 위해 신앙적 이름을 짓고 싶었다. 부모님은 성경 전체에서도 가장 유명한 이름 두 개를 골랐다.

왕이기 전에 목동이자 위대한 시편들을 쓴 시인이요 음악가였던 다윗은 그의 나라가 영원히 이어질 것이라는 약속을 받았다. "다윗의 자손"(마 1:1) 예수님은 다윗의 가문에서 태어나셨다. 다윗이 없었다면 구속 이야기와 메시아, 십자가, 빈 무덤은 없었을 것이다. 내 미들 네임(middle name) 데이비드(다윗)는 하나님의 마음에 합한 사람을 기억나게 하는 위대하고도 매우 영적인 이름이다.

내 퍼스트 네임(first name)은 폴(바울)이다. 사도 바울은 신약성경 가운데 가장 많은 책을 썼다. 하나님은 복음의 신비, 교회의 본질과 구조, 일상에서 복음에 따라 사는 것의 의미에 관해 알려 줄 사람으로 바울을 선택하셨다. 우리는 바울에게서 결혼, 양육, 시민권, 주께 하듯 일하는 것, 영적 전쟁 외에도 많은 것을 배운다. 나 역시 나와 이름이 같은 사도의 발치 아래서 많은 것을 배웠다. 하나님이 그를 선택하고 그에게 은사와 영감을 주어 그 모든 서신서를 쓰게 하시지 않았다면 나는 그 귀한 것들을 알지 못했을 것이다. 이를 생각할 때마다 그저 감사할 따름이다. 그리고 부모님이 신앙을 갖게 되어 내게 이토록 귀한 이름을 준 일이 얼마나 감사한지!

내 이름이 좋기는 하지만 하나님의 이름은 훨씬 중요하다. 하나님은 그분의 이름에서 그분이 어떤 분이시며 무엇을 행하시는지를 밝혀 주신다. 이것은 참으로 중요하다. 교회와 교회에서 하는 주기적인 모임의 주된 목표는 우리 안에 하나님에 관한 지식을 불어넣고 그 지식의 깊이를 더욱 깊게 해 주는 것이다. 인간의 사고와 삶을 이해하는 데 하나님에 관한 지식보다 더 중요한 지식은 없다. 하나님에 관한 사실은 우리 머리로 생각할 수 있는 다른 모든 사실에 의미와 이해를 부여해 주는 가장 근본적인 사실이다.

인간이 아는 참된 지식에서 하나님을 아는 데서 비롯하지 않는 지식은 없다. 하나님을 빼놓고서 세상을 이해하려 드는 것은 회계사가 장부에서 가장 중요한 숫자 하나를 무시하고서 계산하는 것과도 비슷하다. 나머지 숫자들을 아무리 정확히 더해도 총합은 항상 틀릴 수밖에 없다.

따라서 먼저 천지만물을 창조하신 분의 존재, 성품, 계획을 아는 지식에서 시작하지 않고서는 우리 인간의 정체성과 의미와 목적을 다 이해할 수 없다. 우리의 인간관계와 가족을 이해할 수 없다. 성(性)과 돈을 이해할 수 없다. 종교와 정치와 정부를 이해할 수 없다. 세상 모든 것을 창조하신 분에게서 시작하지 않고서는 우리 인간이 지닌 영과 감정, 몸, 성격, 합리성, 심리학을 이해할 수 없다. 하나님이 정해 주신 한계들을 고려하지 않는다면 인간의 합리성은 반드시 불합리로 이어질 수밖에 없다.

하나님을 아는 지식은 인간 존재의 모든 것에 필수적이라 하나님은 예배와 말씀으로써 그분을 더 깊이 알아 가도록 교회를 마련하셨다. 교회가 그분을 더 깊이 알아 가기 위해 사용하는 방식 중 하나는 그분의 이름을 찬양하고 강해하는 것이다. 다음과 같은 이름을 기억하라. △

* 엘로힘 : 권능자, 유일한 신(창 1:1)

* 엘 샤다이 : 전능하신 하나님(창 17:1)

* 여호와 이레 : 여호와께서 준비하심(창 22:14)

* 여호와 라파 : 여호와께서 치료하심(출 15:26)

* 여호와 닛시 : 여호와는 나의 깃발(출 17:15)

* 여호와 샬롬 : 여호와는 나의 평강(삿 6:24)

* 아도나이 : 주님(삼상 24:8)

* 여호와 라아 : 여호와는 나의 목자(시 23:1)

* 엘 엘리온 : 가장 높으신 하나님, 지존하신 하나님(시 57:2)

* 임마누엘 : 하나님이 우리와 함께하신다(사 7:14)

* 기묘자, 모사, 전능하신 하나님, 영존하시는 아버지, 평강의 왕(사

△ 다음 목록은 대니얼 버녹(Danielle Bernock)의 "What Are the Names of God Found in the Bible?"을 참고한 것이다. Christianity.com, 2022년 9월 9일, www.christianity.com.

9:6)

* 여호와 치드케누: 여호와는 우리의 공의(렘 23:6)

* 여호와 삼마: 여호와께서 거기 계심(겔 48:35)

* 옛적부터 항상 계신 이(단 7장)

* 예수: 자기 백성을 그들의 죄에서 구원할 자(마 1:21)

* 선한 목자(요 10:11)

* 아빠 아버지(롬 8:15)

* 유대 지파의 사자(계 5:5)

* 알파와 오메가: 처음과 마지막이요 시작과 마침(계 22:13)

하나님이 자신을 소개하기 위해 선택하신 이름들에서 하나님에 관해 많은 것을 알 수 있다. 하나님은 우리의 공급자요, 치유자, 목자, 평강의 왕이시다. 하나님은 우리의 주인, 전능자, 우리와 함께하시는 구원자시다. 우리는 필요한 모든 것을 그분 안에서 찾을 수 있다.

그래서 우리는 하나님의 이름으로 모인다. 찬양으로 하나님의 이름을 서로에게 들려주기 위해 모인다. 우리는 영광의 하나님이 놀라운 은혜로 인해 그분의 자녀인 우리를 위하신다는 사실에 감사하기 위해 모인다. 하나님을 알아 갈수록 그분이 우리를 아시는 것이 얼마나 놀라운 일인지를 더 깊이 이해하게 된다.

하나님이 예로부터 내려온 하나님의 이름들을 하나님의 말씀에 포함시키신 것은 우리가 그분을 알고, 이런 놀라운 이름을 가진 분이 은혜로 우리 아버지가 되신다는 놀라운 사실을 함께 모여 묵상하기를 원하시기 때문이다.

요한복음 17장 3절   영생은 곧 유일하신 참 하나님과 그가 보내신 자 예수 그리스도를 아는 것이니이다.

베드로후서 1장 2-8절   하나님과 우리 주 예수를 앎으로 은혜와 평강이 너희에게 더욱 많을지어다 그의 신기한 능력으로 생명과 경건에 속한 모든 것을 우리에게 주셨으니 이는 자기의 영광과 덕으로써 우리를 부르신 이를 앎으로 말미암음이라 이로써 그 보배롭고 지극히 큰 약속을 우리에게 주사 이 약속으로 말미암아 너희가 정욕 때문에 세상에서 썩어질 것을 피하여 신성한 성품에 참여하는 자가 되게 하려 하셨느니라 그러므로 너희가 더욱 힘써 너희 믿음에 덕을, 덕에 지식을, 지식에 절제를, 절제에 인내를, 인내에 경건을, 경건에 형제 우애를, 형제 우애에 사랑을 더하라 이런 것이 너희에게 있어 흡족한즉 너희로 우리 주 예수 그리스도를 알기에 게으르지 않고 열매 없는 자가 되지 않게 하려니와.

숙고 ◆ 더욱 깊고 풍성한 예배를 위하여

앞에서 소개한 하나님의 여러 이름 중 처음 들어 본 이름이 있는가?

더 깊은 통찰을 얻기 위해 관련 성경 구절을 읽어 보라.

나눔 ◆ 삶이 예배가 되도록

나, 다른 사람, 주변 세상을 설명하거나 이해하려고 할 때 그보다 먼저 하나님을 아는 것이 왜 중요한지 이야기를 나눠 보라.

주일 공예배는

그 무엇으로도 막을 수 없는 은혜를

눈앞에서 똑똑히 보기 위한 시간이다.

이 은혜는 오늘뿐만 아니라,

다가올 모든 날에 대한 우리의 소망이다.

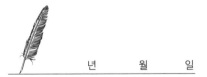

년   월   일

상처 입은 마음이 모여 사랑으로 치유받다

아내와 나는 교회에 놓을 신선한 꽃을 사러 자주 시장에 간다. 그런데 꽃을 살 때마다 모든 것은 시들고 썩어 없어진다는 교훈이 생각난다. 며칠이 지나면 어느새 시든 꽃들을 잘라 내야 한다. 그런 다음 아내는 남은 꽃들을 훨씬 작은 꽃병으로 옮겨 심는다. 마침내 모든 꽃이 다 죽어 버리면 아직 살아 있는 잎이라도 전시해야 하나 고민한다.

우리 삶의 다른 아름다운 것들도 다 마찬가지다. 아내와 나는 신혼 초에 찍어 뒀던 사진들을 차곡차곡 모아 두었다. 그 사진들을 보고 있노라면 점점 분명해지는 한 가지가 있다. 안타깝지만 이 순간에도 우리 몸은 죽어 가는 중이라는 사실이다. 언젠가 우리는 죽고 영원의 저편으로 갈 것이다.

스웨터가 축 늘어나고 해지면 더는 입지 않는다. 식당에서 남은 음식을 포장해 와 냉장고에 넣어 놨다가 결국 썩어서 버리기 일쑤다. 새로 산 자동차의 번쩍이는 광과 새 차 냄새 역시 며칠 안 간다. 언젠가는 여기저기 망가져서 더는 수리할 수 없을 날이 온다. 우정도 어느 순간 왔다가 가 버린다. 친구들도 내가 원하는 만큼 내 곁에 오래 머물지 않는다.

우리는 예전에는 좋았지만 지금은 시들해진 것들을 그리워하곤 한다. 영원의 이편에서 우리는 참으로 덧없는 삶을 살고 있다. 세상 모든 것이 일시적이라는 사실을 받아들여야 한다. 우리는 살면서 지금 믿을 만한 것이 모두 끝까지 믿을 만하지는 않음을 배워 간다. 지금 우리가 의지하는 것이 결국 우리를 실망시킨다. 지금 우리가 쓰는 서랍장, 식료품 저장실, 차고는 결국 박물관의 유물 신세가 된다. 집집마다 가득한 오래된 휴대폰, 헌 안경, 해진 옷, 닳은 접시, 낡은 가전제품과 운동기구, 온갖 시대에 뒤떨어진 문명의 이기들이 창고에서 썩고 있다. 우리는 이제 쓸모없는 것들을 한군데 다 처박아 놓는다. 우리는 세상 것들이 영원하지 않고 결국 기능을 멈춘다는 사실에 이미 익숙해졌다.

하지만 오래가지 않는 것이 소중한 친구나 가족일 때는 이 사실을 받아들이기가 쉽지 않다. 이사한 친구를 창고에 처박아 둔 채 아무렇지 않은 듯 살아갈 수 없다. 우리 모두는 지나간 세월이나 거리, 삶의 변화, 잘못을 저지르고 우리 곁을 떠나간 소중한 이들에 대한 슬픔과 상처를 안고 살아간다. 너무 큰 상처를 받은 이들은 인간관계라는 모험에 아예 뛰어들지 않는다. 어느 누구에게도 다시는 마음을 열거나 주지 않는다.

22년간 함께 살던 아내가 한순간에 떠나는 바람에 충격과 원망에 휩싸인 한 남자 곁에 말없이 앉아 있던 기억이 난다. 그는 이렇게 말했다. "다시는 그 누구도 사랑하지 않겠어요." 상처가 얼마나 깊으면 그런 말을 할까 싶으면서도 사람을 멀리하고 혼자 살면 얼마나 외로울까 하는 생각도 들었다. 인간의 사랑은 그를 실망시켰다. 그는 또다시 상처받지 않으려고 인간의 사랑을 철저히 멀리하기로 다짐한 것이다.

이렇듯 많은 이가 가족이나 친구, 교인에게서 받은 상처를 안고 살아간다. 많은 이가 그 상처로 사람들에게 다가가지 않고 사람들이 다가오지도 못하게 담을 쌓고 살아간다. 그들은 마음 열기를 거부한다. 많은 이가 옛 관계에서 비롯한 상처를 그대로 끌어안은 채 새 관계로 들어간다. 누구를 새로 만나도 예전처럼 마음을 다 열지는 않는다. 많은 이가 타인과 함께하는 것보다 혼자 사는 편이 더 안전하다는 결론을 내렸다. 많은 이가 망가진 것을 수리하고 부서진 것을 복구하는 법을 모른다. 많은 이가 털어 버리고 일어서는 법을 모른다. 많은 이가 누구를 믿어야 할지 몰라 불신 속에서 살아간다.

인간관계에서 경험한 상처가 그대로 하나님과의 관계에 안 좋은 영향을 미치는 경우가 많다. 우리는 하나님도 우리를 떠나실까 봐 그분께 온전히 마음을 열지 못한다. 하나님이 우리의 아버지라고 친히 말씀해 주시면 즉시 육신의 아버지에게서 받은 상처를 떠올리며 고개를 갸웃거린다. 예수님이 우리의 친구라고 친히 말씀해 주시면 깨진 우정의 상처를 떠올리며 고개를 갸웃거린다. 하나님이 그분의 약속을 굳게 부여잡으라 말씀하시면 약속을 어긴 숱한 사람을 떠올리며 고개를 갸웃거린다. 우리 모두는 이미 너무 많이 상처를 받았다. 그래서 자신을 하늘 아버지께 온전히 의탁하지 못하고 영적 사이드라인 바깥에서 머뭇거리고 있다.

그래서 더더욱 우리는 우리처럼 이 타락한 세상에서 지독한 실망을 경험하고 상처 입은 사람들과 함께 모여야 한다. 함께 모여서 하나님은 세상 친구나 육신의 가족과 같지 않으심을 되새겨야 한다. 하나님은 모든 면에서 항상 온전히 신실하시다. 하나님은 단 하나의 약속도 어기시지 않으며, 그분의 자녀를 절대 버리시지 않는다. 우리는 찬양과 말씀을 통해 멈추지 않고 부으시는 하나님의 은혜와 결코 끊을 수 없는 그분의 사랑을 계속해서 다시 떠올려야 한다. 이 진리가 로마서 8장 28-39절에 아름답게 묘사되어 있다.

우리가 알거니와 하나님을 사랑하는 자 곧 그의 뜻대로 부르심을 입은 자들에게는 모든 것이 합력하여 선을 이루느니라 하나님이 미리 아신 자들을 또한 그 아들의 형상을 본받게 하기 위하여 미리 정하셨으니 이는 그로 많은 형제 중에서 맏아들이 되게 하려 하심이니라 또 미리 정하신 그들을 또한 부르시고 부르신 그들을 또한 의롭다 하시고 의롭다 하신 그들을 또한 영화롭게 하셨느니라 그런즉 이 일에 대하여 우리가 무슨 말 하리요 만일 하나님이 우리를 위하시면 누가 우리를 대적하리요 자기 아들을 아끼지 아니하시고 우리 모든 사람을 위하여 내주신 이가 어찌 그 아들과 함께 모든 것을 우리에게 주시지 아니하겠느냐 누가 능히 하나님께서 택하신 자들을 고발하리요 의롭다 하신 이는 하나님이시니 누가 정죄하리요 죽으실 뿐 아니라 다시 살아나신 이는 그리스도 예수시니 그는 하나님 우편에 계신 자요 우리를 위하여 간구하시는 자시니라 누가 우리를 그리스도의 사랑에서 끊으리요 환난이나 곤고나 박해나 기근이나 적신이나 위험이나 칼이랴 기록된 바 우리가 종일 주를 위하여 죽임을 당하게 되며

도살당할 양같이 여김을 받았나이다 함과 같으니라 그러나 이
모든 일에 우리를 사랑하시는 이로 말미암아 우리가 넉넉히
이기느니라 내가 확신하노니 사망이나 생명이나 천사들이나
권세자들이나 현재 일이나 장래 일이나 능력이나 높음이나
깊음이나 다른 어떤 피조물이라도 우리를 우리 주 그리스도 예수
안에 있는 하나님의 사랑에서 끊을 수 없으리라.

우리는 다 같이 함께 모여 우리 하늘 아버지의 사랑이 인간의
사랑과 같지 않음을 기억하고 또 기억해야 한다. 우리는 함께 모여
그 무엇으로도 하나님 은혜의 행진을 멈추게 할 수 없고 그 무엇도
그분의 사랑에서 우리를 끊을 수 없다는 사실을 되새겨야 한다. 우
리는 함께 모여 하나님이 우리에게 그분의 아들을 주시고 지금도 우
리에게 필요한 모든 것을 아낌없이 주실 뿐 아니라, 모든 것이 합력
하여 우리의 영원한 선을 이루게 하실 정도로 우리를 사랑하신다는
사실을 다시 마음에 새겨야 한다. 우리는 계속해서 함께 모여 그분
의 완전한 사랑에 흠뻑 젖어야 한다. 그럴 때 우리의 상처는 복음을
통해 밝고 흔들리지 않는 소망으로 변할 수 있다.

예레미야애가 3장 21-24절 이것을 내가 내 마음에 담아 두었더니 그것이 오히려 나의 소망이 되었사옴은 여호와의 인자와 긍휼이 무궁하시므로 우리가 진멸되지 아니함이니이다 이것들이 아침마다 새로우니 주의 성실하심이 크시도소이다 내 심령에 이르기를 여호와는 나의 기업이시니 그러므로 내가 그를 바라리라 하도다.

로마서 15장 13절 소망의 하나님이 모든 기쁨과 평강을 믿음 안에서 너희에게 충만하게 하사 성령의 능력으로 소망이 넘치게 하시기를 원하노라.

히브리서 10장 23-25절 또 약속하신 이는 미쁘시니 우리가 믿는 도리의 소망을 움직이지 말며 굳게 잡고 서로 돌아보아 사랑과 선행을 격려하며 모이기를 폐하는 어떤 사람들의 습관과 같이 하지 말고 오직 권하여 그날이 가까움을 볼수록 더욱 그리하자.

지난 인간관계에서 비롯한 내 상처가 나를 하나님께 온전히 의탁하지 못하도록 어떻게 방해하고 있는가?

하나님의 백성과 함께 모이는 시간이 이 상황을 바로잡는 데 어떤 도움이 될 수 있을까?

하나님의 완전한 사랑과 공급해 주시는 한없는 은혜를 기억할 방법에 관해 이야기를 나눠 보라.

주일 공예배는

독립적인 삶에서

하나님을 겸손히, 기꺼이, 기쁘게, 꾸준히

의지하는 삶으로

나아가기 위한 시간이다.

년　　　월　　　일

식물이 열매와 꽃을 맺으려면

뿌리에 영양분을 공급해 줄 물이 필요하다.

물이 없으면 식물은

싹을 틔우기 전에 시들어서 죽고 만다.

몸의 모든 근육이 제 기능을 하려면

힘을 주고 성장하게 할 영양소가 필요하다.

영양소 없이 몸은 약해지고 위축되어

제 기능을 못 한다.

몸의 모든 지체는 다른 지체 없이는

제 기능을 못 한다.

몸의 모든 지체는 혼자서 기능하지 않고

언제나 서로 협력하여 기능한다.

쉽게 늘일 수 있는 부드러운 진흙 덩어리는

솜씨 좋은 토기장이의 손길이 필요하다.

진흙 스스로 유용하고 아름다운 무언가로

빚어질 능력이 없다.

양 떼는 스스로를 돌보도록 창조되지 않았다.

양 떼는 돌봄을 받고 먹이를 공급받고

인도받고 보호받도록 창조되었다.

자기 힘으로 자랄 수 있는

아기는 세상에 단 한 명도 없다.

모든 아기는 사랑 많은 부모의 지속적인 돌봄이

절실히 필요한 상태로 태어난다.

하나님의 드넓고 다채로운 피조 세계를 둘러보라.

피조물 하나하나를 유심히 살펴보라.

홀로 존재할 수 있는 피조물은

단 하나도 없음을 발견하게 되리라.

창조주의 설계에 따르면

아무것도 홀로 존재할 수 없다.

세상에 독립이란 없다.

하나님이 창조하신 모든 것은 무언가에 의존한다.

에덴동산에서의 그 슬픈 순간은

독립이 위험하고 유혹적이고

기만적이며 파괴적이라는 사실,

독립이 언제나 우리를 우리의 창조주에게서,

우리의 창조된 목적에서,

서로를 의지하는 공동체에서

멀어지게 한다는 사실을

계속해서 기억하게 해 준다.

당신이 생명수가 계속해서 필요한

식물이라는 사실을 오늘 다시 마음에 새기라.
은혜라는 영양소 없이는
당신의 근육은 약하다.
당신은 몸의 한 지체다.
제 역할을 하기 위해서는
몸의 다른 모든 지체가 필요하다.
당신은 토기장이의 솜씨 좋은 손길이
필요한 진흙이다.
당신은 목자의 돌봄이 필요한 양이다.
당신은 부모의 돌봄이 필요한 자녀다.

기꺼이, 겸손히, 기쁘게,
아이와 같은 마음으로 하나님을 의지하면
그분의 돌보심으로, 은혜의 공급하심으로
가는 문이 열린다.
하나님은 자녀 한 사람 한 사람에게
필요한 것을 공급하셨고, 공급하고 계시며,
계속해서 공급하실 것이다.
당신이 홀로 살아가도록 설계되지 않았음을
늘 기억하라.
당신은 부족한 존재로 창조되었다.
그 부족함 때문에 창조주께 달려가

그분 안에서 필요한 모든 것을 찾게 하기 위함이다.

만물이 서로 의존해서 살아간다는 사실을

다시 마음에 새기며 주의하라.

독립에 관한 기만은

당신에게 그 어떤 유익도 끼치지 못한다.

우리는 기쁘게 모여 하나님이 우리를 날마다 보호하신다는 사실을 기억해야 한다. 우리는 독립을 찬미하는 기만의 유혹을 떨쳐내고 하나님의 은혜를 함께 찬양해야 한다. 그 은혜만이 계속해서 하나님을 의지할 때 누리는 쉼과 안전으로 우리를 이끈다.

잠언 3장 5-6절 너는 마음을 다하여 여호와를 신뢰하고 네 명철을 의지하지 말라 너는 범사에 그를 인정하라 그리하면 네 길을 지도하시리라.

하나님을 겸손히 의지했더니 그분의 돌보심과 보호하심과 은혜로 가는 문이 열린 경험이 있는가?

몇 가지 피조물을 골라 그것들이 생존을 위해 무엇에 의존하는지 이야기를 나눠 보라.

나는 누구를 의지하고 있으며, 우리는 왜 도움이 필요한 존재로 지음받았는지 이야기해 보라.

주일 공예배는

오늘이라는 시간을

'세상 끝 날에 대한 하나님의 확실한 약속'과

그 영광에 따라 살기로

결단하는 시간이다.

년　　　　월　　　　일

이 일 후에 내가 보니 각 나라와 족속과 백성과 방언에서 아무도
능히 셀 수 없는 큰 무리가 나와 흰 옷을 입고 손에 종려 가지를
들고 보좌 앞과 어린양 앞에 서서 큰 소리로 외쳐 이르되
구원하심이 보좌에 앉으신 우리 하나님과 어린양에게 있도다
하니 모든 천사가 보좌와 장로들과 네 생물의 주위에 서 있다가
보좌 앞에 엎드려 얼굴을 대고 하나님께 경배하여 이르되 아멘
찬송과 영광과 지혜와 감사와 존귀와 권능과 힘이 우리 하나님께
세세토록 있을지어다 아멘 하더라.

요한계시록 7장 9-12절

우리는 하나님 말씀을 통해 이 놀라운 하늘의 광경을 들여다보
도록 초대받았다. 구속받은 자들이 하나님의 보좌 앞에 다 모였다.
시대와 지역을 막론하고, 모든 민족과 종족과 언어권에서 모인 이들
이다. 오직 어린양의 핏값으로만 그 자리에 올 권리를 누린다. 말할
수 없는 감격에 젖은 그들의 입에서는 찬양만 터져 나온다. 경배만
이 그들이 할 수 있는 전부였다. 이 순간, 불평이나 후회 같은 건 없
다. 그들은 하나님의 구속하심이 이룬 더할 나위 없는 만족을 경험
하고 있다. 그들은 최후 승리를 얻었다. 축하 중의 축하요, 잔치 중
의 잔치가 벌어지는 자리, 그야말로 진짜 예배가 드려지는 자리다.
하나님 자녀들의 이 모임은 영원히 지속될 것이다. 구원이 완성되

었다. 하나님이 승리하셨다!

우리는 성경 어느 부분을 읽든 하나님이 왜 그 부분을 기록하게 하셨는지 그 이유를 물어야 한다. 우리가 이 특별한 광경(하나님의 구속 사역이 완성된 것을 축하하는 자리)으로 초대받은 것은 지금 우리가 사는 현재가 전부가 아님을 알기 위해서다. 하나님이 여전히 역사하고 계신다는 사실을 아는 게 중요하다. 하나님은 시작하신 일을 완성하고 계신다. 하나님은 죄와 사탄이 최종적으로 영원히 패배하기 전까지 그 일을 멈추시지 않을 것이다.

이 사실을 아는 게 그토록 중요한 이유는 우리가 영원을 바라보며 오늘을 살기 위해서다. 이 사실을 알면 현재 순간을 '준비 기간'이 아닌 '목적지'로 여기는 삶에서 벗어난다. 현재를 목적지로 여기는 삶은 이 현재 순간에 모든 소망과 꿈을 둔다는 뜻이다. 현재의 쾌락과 안위와 성공에 모든 시간과 노력을 쏟아붓는다는 뜻이다. 자신의 행복 외에 더 큰 무언가를 추구하지 않고 그저 현재 속에서 좋은 것을 얻고 소유하고 경험하기 위해 산다는 뜻이다. 지금 세상이 전부라면 이 순간의 행복과 쾌락을 위해 사는 것이 지극히 당연하다.

안타깝게도 많은 그리스도인이 사실상 영원을 믿지 않는 '영원 불신자'로 살고 있다. 신학적으로 영원을 믿지 않는 것은 아니다. '아직'의 개념을 공식적 신앙고백의 중요한 일부로 삼기는 한다. 하지만 실제로 살아가는 모습을 보면 전혀 다른 그림이 나타난다. 내가 원하는 것, 두려워하는 상황, 무엇에서 행복을 얻는지, 어떤 경우에 실망하는지를 보면 내가 영원이 존재하지 않는 것처럼 살고 있음을 인정할 수밖에 없다. 수많은 그리스도인이 '내세의 존재를 부정한 지 오래된 세속 문화'가 제시하는 좋은 삶을 별다른 거부감 없이 받아들이고 있다. 진정한 만족을 얻기 위해 이것도 저것도 필요하다는 세상의 소리에 귀를 쫑긋 기울인다. 그래서 말로는 영원을 믿는다면서 정작 일상 속 선택과 행동에서는 영원이 존재하지 않는 것처럼 산다.

현재를 준비 기간으로 보는 삶은 현재가 전부가 아님을 안다는 뜻이다. 하나님의 역사는 아직 완성되지 않았다. 하나님은 여전히 보좌에 앉아 계시고 여전히 적들을 발치에 두고 계신다. 하나님은 마지막 적을 패배시킬 때까지 세상을 다스리실 것이다. 그러다 세상이 끝나게 하시고 우리를 그분의 영원한 나라로 들어가게 하실 것이다. 그렇다면 이 현재 순간은 최대한 많이 소유하고 경험하기 위한 시간이 아니라, 하나님의 은혜와 역사를 통해 다가올 세상을 준비하기 위한 시간이다.

나는 나를 위해 다가오고 있는 영광을 감당할 준비가 되어 있지 않다. 그래서 하나님은 나를 더 준비시키기 위해 내가 원치 않는 상황으로 나를 이끄신다. 내가 매일 상호작용하는 장소와 관계에서 가장 중요한 것은 현재의 사람이나 장소나 물건에서 얻는 일시적 행복이 아니라, 나를 성장시키는 하나님의 은혜다. 나의 가장 큰 기쁨은 내가 소유하거나 성취하는 것이 아닌 하나님의 임재, 사랑, 용서하고 변화시키시는 은혜, 진리, 그 무엇으로도 막을 수 없는 구속 계획에서 발견된다. 준비하는 마음으로 현재를 사는 것은 요한계시록

7장에 기록된 최종적 축하 잔치의 장면이 현재 상황이나 장소, 관계에서 내 가치관에 영향을 미친다는 뜻이다.

물론 이것이 내게는 쉽지 않다. 이 땅의 것들이 자꾸만 나를 세게 잡아당긴다. 때로는 순간의 즐거움이 너무 크게만 다가온다. 또 다른 즐거움을 누리려는 욕망에 넘어갈 때가 많다. 개인적 성취가 너무나 중요해질 때가 많다. 이 땅의 것들을 즐기는 게 잘못이라는 말은 아니다. 다만, 이 땅의 것들에 지배당하면 자신이 누구인지, 하나님이 무엇을 행하고 계신지, 우리가 어디로 향하고 있는지 쉬이 잊어버리게 된다. 우리 모두는 영원을 망각할 때가 있다.

그리하여 하나님은 예배와 가르침과 교제를 위한 교회와 그곳에서의 주기적 모임을 우리에게 허락하셨다. 하나님은 우리가 영원의 확실성과 영광을 계속해서 다시 볼 수 있도록 교회를 주셨다. 하나님은 우리가 그리스도 안에서의 형제자매와 함께 모여 장차 구속의 잔치 자리에서 울려 퍼질 찬양의 목소리에 우리 목소리를 더할 수 있도록 교회를 주셨다.

하나님은 목사와 설교자가 계속해서 다가올 것을 가리키며 현재만을 위한 삶의 위험을 경고하도록 교회를 주셨다. 하나님은 모든 자녀의 마음 세포 하나하나에서 죄가 영원히 씻겨 나갈 때까지 그분의 역사를 멈추지 않으실 것이다. 하나님은 우리가 이 사실을 확실히 알고 살도록 교회를 주셨다. 다가올 영원을 툭하면 잊어버리는 우리에게 이 얼마나 감사한 일인가!

요한복음 12장 25절 자기의 생명을 사랑하는 자는 잃어버릴 것이요 이 세상에서 자기의 생명을 미워하는 자는 영생하도록 보전하리라.

고린도후서 4장 17-18절 우리가 잠시 받는 환난의 경한 것이 지극히 크고 영원한 영광의 중한 것을 우리에게 이루게 함이니 우리가 주목하는 것은 보이는 것이 아니요 보이지 않는 것이니 보이는 것은 잠깐이요 보이지 않는 것은 영원함이라.

숙고 ✦ 더욱 깊고 풍성한 예배를 위하여

내가 영원을 바라보며 살도록 교회가 어떻게 도움을 주고 있는가?

어떻게 하면 다른 사람들도 영원을 바라보며 살도록 격려할 수 있을까?

나눔 ✦ 삶이 예배가 되도록

왜 영원을 믿는다고 하면서 실제로는 믿지 않는 것처럼 사실상의 '영원 불신자'로 살아가기 쉬운지 이야기해 보라.

주일 공예배는

현재의 고난과 실망스러운 일을

우리가 측량할 수 없는

미래의 영광이라는 렌즈로 바라보게

도와주는 시간이다.

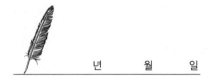

년   월   일

어느 날 갑자기 조이는 상사 사무실에 불려가 해고 통보를 받았다. 당황한 나머지 상황 파악이 잘 안 됐고, 뒤통수를 세게 얻어맞은 듯 멍했다. 조이는 누구보다 자신의 일을 사랑했고 또 맡은 임무를 잘 해냈다. 그동안 회사에서 많은 표창을 받았고 승진도 여러 번 했다. 자신의 자리가 확고하다고 확신했으며, 이곳을 평생직장으로 여겼다. 그래서 더더욱 마음의 준비가 돼 있지 않았고, 전혀 예상치 못한 일이었다.

상사는 나름 친절한 말투로 상황을 설명했지만 그렇다고 해서 조이가 받은 충격이 줄어드는 것은 아니었다. 조이가 몸담았던 산업에 지난 10년 사이 뿌리를 뒤흔드는 변화의 바람이 불었고, 결국 회사는 그 부서 전체를 정리하기로 결정했다. 즉 단순히 지금 일자리를 잃은 것에서 끝나지 않고 앞으로 자신의 전문성을 살려 새로운 직장을 찾기도 어려워진 것이다. 책상을 정리하고 짐을 싸는데 속에서 참을 수 없는 분노가 끓어올랐다. '도대체 왜? 이러려고 내가 지금껏 그 고생을 했나?'

◆◆◆

로즈는 꾸준히 운동하기로 다짐한 뒤로 토요일마다 자전거를 타고 15킬로미터씩 달렸다. 어느 화창한 봄날 아침, 그날도 그녀는 자전거를 타고 길을 나섰다. 바람이 기분 좋게 귓가를 스치고 지나 갔고 민들레 홀씨가 사방에 흩날렸다. 이보다 더 좋을 수는 없다고 생각하던 순간, 끼익 소리와 함께 눈앞이 깜깜해졌다. 한눈을 팔던 운전자가 그녀를 덮친 것이다. 그 한순간이 그녀의 인생을 송두리째 바꿔 놓았다.

병원에서 눈을 떴는데 머리가 멍하고 두려움이 밀려왔다. 누워 있는 내내 머릿속에서 수만 가지 질문이 떠올랐다. 의사는 목숨을 건진 것만 해도 기적이라고 했다. 그러나 안 좋은 소식이 있다고 덧붙였다. 왼쪽 다리를 살릴 수 없었으며, 무릎 위까지 절단해야 한다고 했다. 그 충격을 무슨 말로 표현할 수 있으랴. 의사가 자리를 떠나자마자 주룩 눈물이 흘렀다. 흐르는 눈물이 몇 시간이고 멈추지 않았다. 그녀는 울부짖었다. "도대체 왜? 그날 도로에서 자전거를 타던 하고많은 사람 중에 왜 하필 내가? 이제 어떻게 살아야 하지? 도대체 왜?"

◆◆◆

제라드와 시드니는 할 수 있는 한 노력하고 또 노력했다. 그러다 끝내 지치고 말았다. 자신들이 통제할 수 없고 변화시킬 수도 없는 이 상황을 이제 받아들일 수밖에. '우리 부부는 아이를 가질 수 없다.' 실력 있다는 병원이란 병원은 죄다 찾아다니며 최고의 시술을 받아 봤지만 아무런 소용이 없었다. 제라드는 아내가 이 아픔을 극복하도록 최선을 다했다. 하지만 시드니의 슬픔을 달랠 길이 없었다. 설상가상 시드니는 자기만큼 아파 보이지 않는 남편에게 화가 났다. 큰 실망감은 이내 질투심으로 이어졌다. 아기를 안고 있는 부부만 보면 속에서 끓어오르는 질투심에 자기도 모르게 주먹을 불끈 쥐었다. 그녀는 하나님께 화가 났다. "왜 저희에게 이런 시련을 주시나요?"

◆◆◆

살다 보면 누구나 이런 순간을 마주한다. 고난은 어떤 식으로든 모든 사람의 삶을 뒤흔든다. 저마다 예기치 못한 상황과 원치 않는 일을 겪게 된다. 실망스러운 일이 우리를 기다리고 있다. 아무리 인생 계획을 번듯하게 세워도, 아무리 지혜로워도, 아무리 철저하게 대비책을 세워도, 고통을 완전히 피할 수는 없다. 내가 고통을 겪고 있지 않더라도 가까이에 있는 누군가는 고통을 겪고 있다. 또 지금 내가 고통을 겪지 않더라도 언젠가는 반드시 겪게 된다. 그렇기에 어떤 고통을 겪느냐가 아니라, 고통을 어떻게 겪느냐가 삶에서 중요하다는 사실을 기억해야 한다. 고통을 어떻게 다루는지에 따라 고통 이후의 삶이 완전히 달라진다.

인간은 끊임없이 가치를 계산을 하며 산다. '내가 누려 마땅하다고 생각하는 삶'에 비추어 현재의 삶이 어떠한지를 평가한다. '하나님이 약속하신 것'에 비추어 내가 받은 것을 평가한다. '내 능력'에 비추어 눈앞의 난관을 평가한다. '내가 무엇을 원하는지 혹은 어떤 감정을 원하는지'에 비추어 내가 어떻게 느끼고 생각하고 행동할지를 판단한다. '다른 사람들이 어떻게 반응하는지'에 비추어 내가 어떻게 반응할지를 판단한다. 우리는 모든 일에 정신적 계산을 하며, 이 계산들이 나와 내 삶, 인간관계, 하나님에 관한 내 생각을 형성한다.

로마서 8장 18-25절은 고난의 경중에 대한 판단을 완전히 바꿔 놓는다.

> 생각하건대 현재의 고난은 장차 우리에게 나타날 영광과 비교할
> 수 없도다 피조물이 고대하는 바는 하나님의 아들들이 나타나는
> 것이니 피조물이 허무한 데 굴복하는 것은 자기 뜻이 아니요
> 오직 굴복하게 하시는 이로 말미암음이라 그 바라는 것은
> 피조물도 썩어짐의 종노릇한 데서 해방되어 하나님의 자녀들의
> 영광의 자유에 이르는 것이니라 피조물이 다 이제까지 함께
> 탄식하며 함께 고통을 겪고 있는 것을 우리가 아느니라 그뿐
> 아니라 또한 우리 곧 성령의 처음 익은 열매를 받은 우리까지도
> 속으로 탄식하여 양자 될 것 곧 우리 몸의 속량을 기다리느니라
> 우리가 소망으로 구원을 얻었으매 보이는 소망이 소망이 아니니
> 보는 것을 누가 바라리요 만일 우리가 보지 못하는 것을 바라면
> 참음으로 기다릴지니라.

바울은 여기서 가장 먼저 고통의 보편성을 가정하고 있다. 그는 "몇몇 사람이 겪고 있는 고난"이란 말로 시작하지 않는다. 그 대신, 이 서신을 읽는 모든 이들이 자신이 쓸 내용을 직접 경험해 봐서 잘 알 것이라 가정한다. 바울은 그들이 망가져서 신음하는 세상에 살기 때문에 그들도 고난을 겪고 신음할 것이라 가정한다.

하지만 바울은 이 서신을 읽는 모든 이들이 각자 자신의 고난을 보며 계산을 할 거라는 사실도 가정하고 있다. 그래서 그는 현재의 힘든 순간들이 하나님의 자녀로서 누리게 될 고통 없는 영원한 삶에 비할 바가 못 된다는 점을 상기시킨다. 영원한 삶이 없고 이 순간이 우리 삶의 전부라면 고난의 짐은 훨씬 클 수밖에 없다. 하지만 이 힘든 순간이 은혜로 주어지는 영원한 삶에 비해 순간에 불과하다면 우리는 고통을 전혀 다르게 경험할 수 있다.

그리하여 우리는 우리의 고난이 궁극적인 것이 아니며, 하나님이 우리의 결말이심을 다시 마음에 새기기 위해 계속해서 모인다. 우리가 겪는 온갖 어려움은 영원히 지속되지 않지만 우리의 존재는 이 어두운 날을 지나 영원토록 이어질 것이다. 예수님의 은혜로 보장된 영광스러운 운명을 통해 보지 않으면 현재의 고난을 제대로 이해하거나 평가할 수 없고 고난 가운데 소망을 품을 수 없다. 우리는 이 사실을 다시 기억하기 위해 고난받는 다른 이들과 함께 모인다.

우리는 언젠가 그 영원한 모임에 참여할 것이다. 그때 우리는 형언할 수 없는 영광에 둘러싸여 구속의 찬양을 부를 것이다. 그때는 말라 버린 고난의 눈물이 까마득한 과거 순간의 흔적으로만 남을 것이다. 우리는 다가올 영광을 기억해 현재의 고난 속에서 소망을 잃지 않기 위해 모인다.

빌립보서 3장 8-11절 또한 모든 것을 해로 여김은 내 주 그리스도 예수를 아는 지식이 가장 고상하기 때문이라 내가 그를 위하여 모든 것을 잃어버리고 배설물로 여김은 그리스도를 얻고 그 안에서 발견되려 함이니 내가 가진 의는 율법에서 난 것이 아니요 오직 그리스도를 믿음으로 말미암은 것이니 곧 믿음으로 하나님께로부터 난 의라 내가 그리스도와 그 부활의 권능과 그 고난에 참여함을 알고자 하여 그의 죽으심을 본받아 어떻게 해서든지 죽은 자 가운데서 부활에 이르려 하노니.

묵고 ✦ 더욱 깊고 풍성한 예배를 위하여

로마서 8장 18-25절 말씀은 고난을 바라보는 내 시각을 어떻게 바꿔 놓았는가?

나눔 ✦ 삶이 예배가 되도록

위 빌립보서 3장 8-11절 말씀을 읽은 뒤 사도 바울이 어떻게 고난 가운데서도 소망을 가질 수 있었는지 이야기를 나눠 보라.

주일 공예배는

부활해 다스리시는 구주 안에서

우리가 쉼을 누리며

그분을 예배하고 섬겨야 한다는 사실을

계속해서 기억하기 위한 시간이다.

년   월   일

누구나 큰 변화를 겪은 순간을 잊지 못할 것이다. 내게는 여름 수련회 때 내 죄를 고백하고 처음으로 하나님께 용서해 달라고 부르짖었던 순간이 그렇다. 대학 시절에 목회로의 부르심을 느낀 순간, 평생의 동반자이자 가장 좋은 친구와 결혼을 한 날, 마음 따뜻한 한 남자가 낙심한 목사인 내게 격려의 말을 해 준 덕분에 목회에서 도망치지 않게 된 순간, 삶을 송두리째 바꿔 놓은 병을 진단받은 순간······. 다 내가 한 번도 잊은 적이 없는 인생의 중요한 순간이었다.

이 순간순간이 내 정체성, 삶의 방향, 내가 하는 일을 형성했다. 내게 너무도 중요하지만 다른 사람들에게는 별로 중요하지 않은 순간들이기도 하다. 내 일생일대의 순간이라고 해서 다른 사람들에게도 똑같이 문화적·역사적·우주적 중요성을 지니는 건 아니다. 이건 어디까지나 그저 내 개인적 인생 이정표일 따름이다.

하지만 한 사람의 역사적 순간이 곧 인류 역사상 가장 중요한 순간이 된 사례가 있다. 지금까지 살았던 모든 인간의 소망이 바로 이 순간에 달려 있다. 이 순간이 없었다면 타락한 인류와 죄로 망가진 우주가 완전히 회복될 소망이 전혀 없다. 이 순간이 없었다면 기독교 신학은 종교라는 체육관에서 하는 쓸모없는 운동에 불과하다. 이 순간이 없었다면 성경은 그것이 쓰인 종이의 가치 그 이상도 이하도 아니다.

이 순간이 없었다면 우리가 그리스도께 둔 믿음은 헛된 것이다.

이 순간이 없었다면 당신과 나는 영적으로 죽어 여전히 죄의 감옥에 갇힌 신세다. 이 순간이 없었다면 기독교는 한껏 부풀어 올랐다가 이내 사그라진 수많은 다른 소망과 꿈의 쓰레기 더미 위에 버려져 있을 것이다. 이 순간이 없었다면 하나님은 없고 세상의 그 어떤 소망도 없다.

매주 드려지는 주일예배의 중요한 필수 기능은 부활하셔서 승리하시고 다스리시는 구주 예수 그리스도를 예배하고, 그분에게서 배우며, 우리 삶의 모든 것을 위한 그 궁극적 승리의 순간이 어떤 의미인지를 깨닫게 되는 것이다. 기독교 신학은 부활 신학이다. 그리스도인의 삶은 부활의 삶이다. 기독교의 소망은 부활 소망이다. 복음을 전하는 것은 곧 부활을 전하는 것이다. 그리스도인의 능력은 부활의 능력이다. 예수 그리스도의 부활의 신학이 역사 속 실제 사건에 근거하지 않는다면 우리가 모일 이유가 전혀 없다.

사도 바울은 그리스도의 부활이 지니는 비할 데 없는 중요성을 다음과 같이 기술한다.

> 그리스도께서 죽은 자 가운데서 다시 살아나셨다 전파되었거늘
> 너희 중에서 어떤 사람들은 어찌하여 죽은 자 가운데서 부활이
> 없다 하느냐 만일 죽은 자의 부활이 없으면 그리스도도 다시
> 살아나지 못하셨으리라 그리스도께서 만일 다시 살아나지
> 못하셨으면 우리가 전파하는 것도 헛것이요 또 너희 믿음도
> 헛것이며 또 우리가 하나님의 거짓 증인으로 발견되리니 우리가

하나님이 그리스도를 다시 살리셨다고 증언하였음이라 만일

죽은 자가 다시 살아나는 일이 없으면 하나님이 그리스도를

다시 살리지 아니하셨으리라 만일 죽은 자가 다시 살아나는

일이 없으면 그리스도도 다시 살아나신 일이 없었을 터이요

그리스도께서 다시 살아나신 일이 없으면 너희의 믿음도 헛되고

너희가 여전히 죄 가운데 있을 것이요 또한 그리스도 안에서

잠자는 자도 망하였으리니 만일 그리스도 안에서 우리가 바라는

것이 다만 이 세상의 삶뿐이면 모든 사람 가운데 우리가 더욱

불쌍한 자이리라 그러나 이제 그리스도께서 죽은 자 가운데서

다시 살아나사 잠자는 자들의 첫 열매가 되셨도다 사망이

한 사람으로 말미암았으니 죽은 자의 부활도 한 사람으로

말미암는도다 아담 안에서 모든 사람이 죽은 것같이 그리스도

안에서 모든 사람이 삶을 얻으리라 그러나 각각 자기 차례대로

되리니 먼저는 첫 열매인 그리스도요 다음에는 그가 강림하실

때에 그리스도에게 속한 자요 그 후에는 마지막이니 그가 모든

통치와 모든 권세와 능력을 멸하시고 나라를 아버지 하나님께

바칠 때라 그가 모든 원수를 그 발아래에 둘 때까지 반드시 왕 노릇

하시리니 맨 나중에 멸망받을 원수는 사망이니라.

고린도전서 15장 12-26절

이 순간을 이보다 더 강력하게 묘사할 수 있을까? 바울은 그리
스도께서 부활하시지 않았다면 다음과 같은 상황이 벌어진다고 말

한다.

우리가 전파하는 것도 헛것이요

또 너희 믿음도 헛것이며

또 우리가 하나님의 거짓 증인으로 발견되리니……

너희가 여전히 죄 가운데 있을 것이요

또한 그리스도 안에서 잠자는 자도 망하였으리니

만일 그리스도 안에서 우리가 바라는 것이

다만 이 세상의 삶뿐이면

모든 사람 가운데 우리가 더욱 불쌍한 자이리라.

이 강력한 성경의 표현들은 그리스도의 부활의 승리가 반드시 필요함을 이해하게 해 준다. 부활이 없으면 위와 같은 상황이 벌어질 뿐 아니라, 그리스도가 지금 이 순간 그분의 통치와 백성들과 나라를 대적하는 모든 적을 파괴하시는 일도 없다. 최후 승리도 없다. 영원한 의와 평강의 나라도 없다. 현재에 관한 실질적 소망도 없고 미래에 관한 확실한 소망도 없다. 도덕적 절망만이 탄생에서 죽음까지 모든 인간의 상태이며, 아무런 내세의 소망도 없다.

하지만 그리스도가 부활하셨고, 그로 인해 모든 것이 달라진다.

우리가 믿는 모든 것, 하나님의 모든 약속, 모든 신자의 현재와 미래에 관한 모든 소망이 승리의 빈 무덤에 달려 있다. 부활이 없다면 기독교는 없다. 믿을 만한 성경의 세계관도 없다. 죄를 이길 소망도 없다. 복음도 없다. 교회도 없다. 부활이 없다면 이 모든 것은 허상이다. 죽어서 패배한 채로 무덤 문 뒤에 갇혀 있는 메시아와 함께 모든 소망은 날아간다. 죽은 메시아와 함께 하나님의 모든 약속도 죽는다. 우리는 여전히 굳게 닫힌 무덤 밖에 서 있다가 이내 몸을 돌려 갈 뿐이다. 그곳에서 어떤 생명도 발견할 수 없다.

하지만 예수님은 부활하셨다. 돌문은 굴려져 있고 그분은 무덤에서 사라지셨다. 그분은 살아서 많은 사람과 이야기를 나누신 뒤 하늘로 올라 아버지 우편에 앉으셨으며 승리 가운데 다스리고 계신다. 우리는 죄와 죽음이 패배한 역사 속 그 순간을 계속해서 기억하고 또 기억해야 한다. 우리는 죽은 철학에 소망이 없음을 되새기기 위해 모인다. 기독교는 살아 있는 진리다. 승리의 부활 후에 온 우주를 다스리고 계신 그리스도가 그 중심이시다. 그 예수님이 지금 그분의 백성 가운데 살면서 그분을 죽음에서 일으킨 능력을 그들에게 주신다. 그러니 이 복된 소식을 어찌 계속해서 축하하지 않을 수 있으랴!

고린도전서 15장 1-5절 형제들아 내가 너희에게 전한 복음을 너희에게 알게 하노니 이는 너희가 받은 것이요 또 그 가운데 선 것이라 너희가 만일 내가 전한 그 말을 굳게 지키고 헛되이 믿지 아니하였으면 그로 말미암아 구원을 받으리라 내가 받은 것을 먼저 너희에게 전하였노니 이는 성경대로 그리스도께서 우리 죄를 위하여 죽으시고 장사 지낸 바 되셨다가 성경대로 사흘 만에 다시 살아나사 게바에게 보이시고 후에 열두 제자에게와.

숙고 ◆ 더욱 깊고 풍성한 예배를 위하여

부활을 대수롭지 않게 여긴 적이 있었는가?

나눔 ◆ 삶이 예배가 되도록

부활의 의미가 무엇이며, 부활을 기억하고 축하하는 것이 왜 그토록 중요한지 이야기를 나눠 보라.

주일 공예배는

베들레헴에서 태어나신 예수,

영원한 용서, 영원한 삶,

결코 쇠하지 않는 소망을 주실 수 있는

유일하신 그분께

계속해서 시선을 고정하기 위한 시간이다.

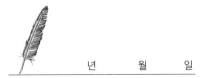

년   월   일

주 예수보다 더 귀한 선물은 없네

오하이오주 톨레도에 살던 어린 시절, 우리 집은 부유한 편이 아니었다. 화려한 생일 파티를 연다거나 휴가를 간다거나 할 여력은 없었고, 평범한 도시의 평범한 동네에서 살았다. 우리 부모님은 성탄절을 진심으로 사랑하셨다. 어머니와 할머니는 성탄절 시즌이 다가오면 2주 정도 함께 지내면서 쿠키를 만들었다. 쿠키 굽는 소리와 달콤한 냄새가 온 집안에 가득한 날들이 나는 정말이지 너무 좋았다. 어머니와 할머니가 부서지거나 망친 쿠키를 줄 때면 얼마나 신났는지 모른다. 나는 거기서 만족하지 못하고 몰래 쿠키를 훔쳐 먹으려 시도했는데, 그때마다 번번이 들키는 그 과정마저 즐거웠다. 드디어 쿠키가 완성되면 어머니는 성탄절이 오기도 전에 우리가 쿠키를 다 먹어 치우지 않도록 그릇에 담아 집안 곳곳에 숨겼다. 할머니가 쿠키를 구우러 우리 집에 오면 우리는 환호성을 질렀다. 성탄절이 왔음을 알리는 신호였기 때문이다. 그 쿠키는 우리 가족에게 행복한 선물이었다.

평생 잊을 수 없는 특별한 성탄절 선물이 또 있다. 아홉 살쯤이었을까, 당시 나는 새 자전거가 너무도 갖고 싶었다. 나 빼고 동네 친구들 모두 자전거가 있었다. 가족과 장난감을 보러 백화점에 가도 내 눈에는 온통 자전거만 보였다. 번쩍거리는 새 자전거가 마치 기적의 기계 같았다. 나는 자전거를 타고 멋진 이곳저곳을 가는 상상의 나래를 펼쳤다. 그리고 하얀색 손잡이와 커다란 은색 바큇살

이 있는 번쩍거리는 빨간색 자전거를 달라고 간절히 기도했다.

하지만 자전거 이야기를 꺼낼 때마다 아버지는 사 주고 싶은 마음이 굴뚝같지만 당장 살 돈은 없다고 했다. 가을이 되면서부터 마주칠 때마다 자전거 이야기를 꺼낸 내게 아버지는 듣다못해 이제 다시는 자전거 이야기를 꺼내지 말라고 경고했다. 그해 성탄절은 실망스러울 게 불 보듯 뻔했다. 자전거 선물은 어림없었기 때문이다.

마침내 성탄절이 왔다. 동생과 나는 포장된 작은 선물 상자들을 하나씩 차례로 풀었다. 작은 장난감도 물론 멋졌지만 내가 진짜 바라는 선물과는 거리가 있었다. 결국 우리는 트리 아래에 있는 아름답게 포장된 선물을 다 풀었고, 나는 실망한 표정을 애써 감추었다. 선물 증정 시간이 끝났다고 생각한 우리는 장난감들을 갖고 놀기 시작했다.

그런데 잠시 뒤, 방을 나간 아버지가 번쩍거리는 새 자전거 두 대를 끌고 다시 들어오는 게 아닌가. 한 대는 파란색과 흰색으로 된 자전거였고, 또 한 대는 빨간색과 흰색으로 된 자전거였다. 눈에서 눈물이 왈칵 쏟아져 나왔다. 나는 쏜살같이 일어나 자전거를 붙잡고 방방 뛰었다. "지금 타 봐도 돼요?" 그러자 부모님은 한껏 흥분한 내가 귀엽다는 듯 웃으면서 장난을 쳤다. "지금은 안 되고, 아마도 나중에?"

지금까지 나는 사랑하는 사람들에게 많은 선물을 받았다. 그 선물 하나하나는 내게 특별한 의미가 있다. 대부분의 선물은 이미 내 곁에서 없어지고 기억에서도 지워졌지만 말이다. 때로는 내가 원한 선물을 받기도 했다. 사람들이 내가 좋아하거나 내게 필요하겠다고 생각해서 준 선물도 있었다. 내게 맞지 않거나 잘 작동하지 않는 선물을 받은 적도 있었다. 나를 웃게 한 선물도 있었고 나를 울게 한 선물도 있었다. 도대체 무슨 생각으로 준 것인지 알 수가 없어 고개를 갸우뚱하게 한 선물도 있었다. 하지만 이 모든 선물은 상대방이 나를 사랑해서 준 선물이었다.

그런데 그중에서도 나를 완전히 바꿔 놓은 선물이 있다. 오랜 세월 동안 나는 내게 이 선물이 얼마나 필요한지를 온전히 알아차리지 못했다. 선물 중에서도 으뜸인 이 선물은 물건이 아닌 사람이다. 사실, 선물을 주신 분이 바로 선물이다.

이 선물은 바로 우리 주 예수 그리스도시다. 어느 놀라운 밤, 베들레헴의 한 마구간에서 우리는 우리가 받을 수 있는 가장 놀라운 선물을 받았다. 천사들이 노래하고 목자들이 경배하고 헤롯이 분노했지만, 대부분의 세상은 이 선물에 주목하지 않았다. 인류 역사상 가장 놀라운 선물, 세상의 비참한 역사를 바꿔 놓을 선물이 별 볼 일 없는 목수와 그의 아내를 통해 찾아왔다.

모든 인류의 궁극적 적인 죄와 사망을 멸하기 위해 인간의 몸을 입고서 오신 창조주 하나님. 우리를 대신해 의로운 삶을 살고 희생의 죽음을 치르도록 자신이 기뻐하시는 아들을 내주신 하나님.

빛 중의 빛, 메시아, 구세주, 세상의 소망, 놀라운 보혜사, 전능하신 하나님, 영존하시는 아버지, 평화의 왕. 이런 분이 오셨다. 구속에 관한 구약의 약속이 이루어졌다. 하나님의 아들, 인자, 다윗의 자손, 임마누엘이 오셨다. 그런데 충격적이게도 그분을 위한 처소가 한 군데도 없었다. 그분을 위해 마련된 편안하고 아름다운 아기 방을 갖춘 화려한 왕궁은 없었다. 환영 위원회도, 그분을 보호할 경비대도, 심지어 그분을 위한 평범한 집도 없었다. 임시로 묵을 만한 곳조차 없었다. 들어갈 만한 곳은 이미 다 꽉 차 있었다. 세상은 그분을 고대하며 기다리지 않았다. 세상은 하던 일을 멈추고 기뻐하며 축하하지 않았다. 환영회는커녕 선물이신 아기의 머리를 누일 곳조차 없었다. 그분을 위한 그 어떠한 방도 없었다.

인류 역사상 가장 큰 모순이다. 스스로 알든 모르든 모든 인간에게 절실히 필요한 선물의 처소가 없다니. 하지만 단순히 그분의 탄생을 위한 방만 없었던 게 아니다. 예언된 대로 구주는 사랑으로 성육신의 사명을 감당하시는 내내 멸시와 거부를 당하셨다. 그분은 간고를 겪고 질고를 아신 분이었다. 사람들은 사랑의 사명을 품고 오신 분에게서 자신들의 얼굴을 가렸다(사 53:3). 그분은 그들이 살도록 자신의 생명을 주기 위해 오셨지만 그들은 그분을 영접하지 않았다(요 1:11).

나도 그랬다. 한때 나도 내게 절실히 필요한 그분을 위한 장소를 마련하지 않았다. 지금도 나는 다른 것들을 너무 귀하게 여긴 나머지 선물 중의 선물이신 그분을 하찮게 여기고 그분을 위한 처소를 마련하지 않을 때가 많다.

주일예배는 구주이신 예수 그리스도라는 선물을 계속해서 다시 보기 위한 시간이다. 주일예배는 그분의 영광과 은혜에 주목하는 시간이다. 주일예배는 선물이신 예수님에게서 오는 깊은 만족과 기쁨이 여전히 내 마음을 가득 채우고 있는지 점검하는 시간이다. 주일예배는 다른 어떤 선물도 '예수님이 내 안에서, 나를 위해, 나를 통해 해 주실 수 있는 것'을 해 줄 수 없다는 하나님의 엄중한 경고를 듣는 시간이다. 주일예배는 그날 밤 베들레헴의 그 마구간으로 돌아가 "내게 그분을 위한 방이 있는가?"라고 묻는 시간이다.

누가복음 2장 1-20절   그때에 가이사 아구스도가 영을 내려 천하로 다 호적하라 하였으니 이 호적은 구레뇨가 수리아 총독이 되었을 때에 처음 한 것이라 모든 사람이 호적하러 각각 고향으로 돌아가매 요셉도 다윗의 집 족속이므로 갈릴리 나사렛 동네에서 유대를 향하여 베들레헴이라 하는 다윗의 동네로 그 약혼한 마리아와 함께 호적하러 올라가니 마리아가 이미 잉태하였더라 거기 있을 그때에 해산할 날이 차서 첫아들을 낳아 강보로 싸서 구유에 뉘었으니 이는 여관에 있을 곳이 없음이러라 그 지역에 목자들이 밤에 밖에서 자기 양 떼를 지키더니 주의 사자가 곁에 서고 주의 영광이 그들을 두루 비추매 크게 무서워하는지라 천사가 이르되 무서워하지 말라 보라 내가 온 백성에게 미칠 큰 기쁨의 좋은 소식을 너희에게 전하노라 오늘 다윗의 동네에 너희를 위하여 구주가 나셨으니 곧 그리스도 주시니라 너희가 가서 강보에 싸여 구유에 뉘어 있는 아기를 보리니 이것이 너희에게 표적이니라 하더니 홀연히 수많은 천군이 그 천사들과 함께 하나님을 찬송하여 이르되 지극히 높은 곳에서는 하나님께 영광이요 땅에서는 하나님이 기뻐하신 사람들 중에 평화로다 하니라 천사들이 떠나 하늘로 올라가니 목자가 서로 말하되 이제 베들레헴으로 가서 주께서 우리에게 알리신 바 이 이루어진 일을 보자 하고 빨리 가서 마리아와 요셉과 구유에 누인 아기를 찾아서 보고 천사가 자기들에게 이 아기에 대하여 말한 것을 전하니 듣는 자가 다 목자들이 그들에게 말한 것들을 놀랍게 여기되 마리아는 이 모든 말을 마음에 새기어 생각하니라 목자들은 자기들에게 이르던 바와 같이 듣고 본 그 모든 것으로 인하여 하나님께 영광을 돌리고 찬송하며 돌아가니라.

언제 나는 '선물 중에서 가장 크고 중요한 선물'이신 그분보다 다른 것들을 더 귀하게 여기는가?

지금까지 받은 선물 중에 가장 기억에 남는 선물이 무엇인지 이야기를 나눠 보라.

성경에 기록된 예수 탄생 이야기에서 내가 가장 좋아하는 이야기는 어느 부분 인지도 이야기해 보라.